真實的佛法
與佛學研究
佛法
上下集
小師／著

目錄

自序

今天，對小師而言，絕對是值得剪剪綵，放放炮的日子，緣者若是不小心看到本書也絕對應該對小師按個讚，來聲喝采的，為什麼呢？倒不是因為小師好不容易熬到近花甲之年，而是有勇氣再拿起睽違多年的稿紙，準備認真的搏命演出，塗塗抹抹，了卻一段文字債。誰的債？小師認為是「菩薩債」。睽違多久？大概二十幾年了！信不信由你，久到小師拿起稿紙，還顫抖了一下，原因無他，太久沒寫東西，搞到有些字還要查查教育部的電子辭典才能下筆，心態上，看到稿紙時，總覺得像「搞死人的紙。」那種心情，大概像剋期要交貨的碩博士論文，心態才能比擬一二的。至於啥事這麼嚴重稱之為「菩薩債」？而一拖再拖，混過再混，至今才繼續鼓起餘勇提筆，此事因由就讓小師於此娓娓道來。

話說當年，小師還有點英姿勃勃的時候，大概時年三十六、七，辭掉了一份很是穩定而且還是有點讓人羨慕的公家工作時，變成了待業中年。箇中原因，除了當初對菩薩許下的心願外，主要是小師當時心態上，還是典型「憤青」，不僅如此，還加上一顆從小就很敏感的心，這個原因，就可以想見在公家內會有什麼結果了。反正那時候，腦瓜子裡面就是不自主的想著：「該走了，該走了。」當下與同修商量了一下，由於我們多年無子，她更是穩定的公職正式人員，她竟然同意了。在生活絕對過得下去，不會餓了肚皮，於是銀牙一咬，把辭呈丟了出去。照例，公家對要走的人，都會辦個歡送會，會到海產店辦個三、四桌，順便打打牙祭，但小師當時想到的是：三、四桌水族眾生，無端含冤而死，當時辦的人，也沒問過小師，於是小師歡送會當日，啥也沒說，沒有出席，心中想著不想共業，就這樣，搞得一些老同事莫名其妙，小師卻心如止水也不了而了之，背後的幾字經國罵就不在話下了。這樣，緣者你說小師算不算瀟灑動人？別懷疑，當時真是這樣。但是緣者若是認為小師是腦子特別嚴重進了水，或是腦子照了X光一定是裝滿了水泥，黑壓壓一片，那你就會犯了邏輯上「遽下結論（jump to conclusion）」的錯誤，小師為了不讓緣者錯認小師就是那麼英明神武，英勇過人的智障，就在這裡如實交代一下，小師為何能在那時，有著超人般道德勇氣的演出。那是因為小師在進入公職之前，已是三十一、二歲，真的有點體會什麼是命運乖舛的味道，雖然總是覺得凡事善心待人任事，但社會回饋你的卻不一定是這麼一回事。小師雖然沒有飢寒交迫，但也搞得身心俱疲，放眼將來，不知去路，心中那種悲涼，大概至少輕度憂鬱症的程度才能體會吧！那時，心中也有著想要一份穩定公家的工作，要不就了此殘生的念頭開始滋生著。就在那時，躊躇不前困坐家中的時候，就發生這麼一檔事，是否為巧合小師不知，但是小師回想起來總覺得透著幾分神奇，應是個小小神蹟發生在小師身上，小師餘生也這麼認為著。

事情是這樣的，就在小師未入公家還在家中萬般無奈地思索前程該怎麼走下去，想到極處，不禁悲從中來，於是向觀音菩薩心中默默祈願，若能找到理想穩定工作，一定淡泊自持，不讓社會習氣有絲毫汙染自己，努力工作。沒幾天，就看到家中角落，有張報紙，由於那時候家中從不訂報，回想起來應是包便當或採雜物所包的半張報紙，當時不知怎麼地心血來潮，竟將這半張報紙，仔仔細細的看了起來。不看還好，一看是欣喜若狂，因為其中就有一則公家徵人啟事，徵人條件，小師自思所學尚能符合應對。只是公家徵人是要公開筆試，考試日期不到七日，其中應試科目還有一科是小師從未涉略的法學科目，但不管三七二十一，小師還是買了相關書籍，猛嗑了下去，如期應考。應考之日，更是靈思泉湧，英文試題有一堆是沒見過的生字，也矇對意思，順利極了。錄取之後，才被人告知，小師是該類組中，打敗了包括台大研究所畢業生在內，國內知名各大研究所幾位高手，從百餘人中，脫穎而出的唯一錄取者，事後方知真是自己何其僥倖與幸運。但這份工作對小師卻是萬分重要，因為沒有這份工作，小師成不了家，成不了家，也就沒有之後的穩定，沒生活穩定就沒有這本書應世的可能。而在這份工作中，也因為有著同事所不知小師前述誓願，小師真做到不貪不污，不怕任何職場內的威脅利誘，清白自持。也因這份誓願，當小師覺得在公家的環境業已不適合久留時才能無所畏懼的辭去工作，也才有前述歡送會那一段不畏眾人眼光，不顧世情，但又不為人知的故事。同時，在辭去公家後，才開始廣泛蒐集、閱讀結緣的佛書，開始想了解佛法，學佛是怎麼一回事，而之後才有巧遇陳師姊的一段往事，才有自認是「菩薩債」的由來，才有本書的撰寫。

本書主旨在陳述「陳師姊」的一段事蹟，是小師當年巧遇「陳師姊」後，前後總共約莫花了二年光陰反覆交叉詰問得出的結果，小師加以整理出來的「東西」。至於為什麼花了那麼久的時間才能得到這點「東西」，除了日常養生活口工作的時間外，就算有時間與師姊當面談個三、四個鐘頭，也大概才能明確的得到書中「上、下集」中一、二條道理。為什麼會這樣?小師只能如此一比，緣者就可自行想像為什麼那麼費時費工，與她對談的景象可以想像當時小師就像一個有著像著名漫畫「柯南」偵探精神加上宗教所有著研二實力並充滿現代邏輯研究精神的研究生，遇上一位對「佛法」任何名詞，名相一無所知，卻又確知佛法是什麼，但在書寫表達邏輯、組織、思想集中力及各方面能力卻如一個國小二、三年級的小學生。而進行的過程大致是這樣，為了避免小師個人的心理投射，也為了試煉陳師姊是否真實知道，也為小師的意思表示能精確的傳達及確認陳師姊是否真實了解接收小師的問題與真意，小師對任何一個佛法名相及名詞，加上小師為了測試師姊了解與否所做刻意的誤導至少要準備三、四個選項，由小師用一般的意思表示及比喻再確定陳師姊了解後才由她選擇與解釋，如果在解釋的過程中小師有所疑義，可能還是要由小師前述的過程再表示及比喻，確定了解選項再由師姊解釋才能確定一項佛法中名相的概念。這段緣者看不明白吧！小師隨舉一例，你就會知道了，比如說要弄清佛法中的「空」字概念，小師會用是「斷滅」、是道法「自然」、是「因緣所生的假」，還是電磁學的「電磁」，或者是「畢竟空」，還是「分析空」，用一般的意思表示及比喻確定陳師姊了解後，再由其選擇及解釋—就像對小二學生的解釋，解釋過程中如對一個名詞或者一句話的意思時，她的回答小師如有不懂或有疑義就用上述的方法再確認、再解釋，不斷的循環、測試才可能確定「空」的概念或意思。在這過程中是無比繁複及雙方耐心的傾聽及表達，如果其中再加上「為什麼？」或是「為什麼不是？」那就再用那過程一次或數次確認及解釋，翻成現代的年輕人語言就是：「喔！我的老天鵝啊！」由此，緣者大概推想知一個「空」字，可能就算每週或面談或電話聊平均就算四小時，大概也要談個兩三週。而且，就算小師確定了解「空」這字的概念或意思，為了再確認、再測試，小師可能在數月或半年重新藉由其他的主題，再故意混淆師姊的視聽，或再問深層一點的題目，諸如二個月所確立「空」的概念或意思與中道中「空、假、中」的空或是心經裡的「空」有無差別，再解釋，比喻再確認，陳師姊總是能肯定知道，她是真知道，小師心中真的那麼認為，而且相信就算一個佛研所畢業的碩士，恐怕也經不起小師那麼問的，何況陳師姊—各方面（尤其表達能力）就像個國小二、三年級的小學生那麼難以表述她的真意。

就這樣匆匆過了三年，期間小師開始加緊蒐集閱讀各種結緣佛書及購買一些佛書，當時上網還是電話撥接的，網路文章並沒有那麼多及好蒐集，以當時小師的程度所能問及的問題也無可再問，加之當時小師與陳師姊各有因緣，才停了下來。但小師在這三年後，必須說，對陳師姊是讚嘆的，他的佛法是真實的，是佛菩薩教授的。只是這種事蹟即使在4G上網普遍的今日，搜遍網文及典籍，也沒有這樣的，這叫小師如何去說呢？說了會有何人能信呢？但在另一方面小師知道陳師姊的事蹟應該不是只給她或小師的，於是乘著記憶清楚鮮明時，便將這事蹟及當時所問到的佛法完整地紀錄下來。同時，在一、二年後送給剛入佛門學術界的大學講師看看，她看完後，只丟了一句話「像本善書」，小師心中有那麼一點涼了半截，便將這書擱置下來，但是心中老是盤著菩薩債的念頭，同時，小師心中有著「本書不出，小師必不會死」的莫名信心，而且隨著歲月越來越強。也就是說，如果此書不該出，小師自然死去，也不會有念頭或機會出它，但若緣是在我，則事有前定，則非小師莫屬，就聽其自然，於是就本書出版或以任何方式發布的事，擱置了下來。

書這一擱，就擱了二十年，但巧遇陳師姊這一事，早就無形中徹底改變小師的生命，小師從那時名利之念頭頓絕，只要有飯吃，家中安穩，便決心遊於書海，從命理、星象、催眠、風水、靈學、預言、外星人乃至量子物理，凡有興趣的無所不摸、不讀。加上近十年來，內地地區，佛法興起，很多高僧大德在台的絕版好書垂手可得，小師就在這種悠遊書海，但又有點渾渾噩噩的狀態中過日子，談不上修行什麼，但小師也更加弄清楚及肯定世間的「玄學」與「佛學」是什麼，同時在這歷程中更肯定陳師姊當年所說的佛法在一些高僧大德的語錄或傳世文集一些細節中可以得到印證無誤。

一直到近日，小師對當年在遇見陳師姊之前，自己用功所遇一境（後文行文時自有交代）。在參閱古今高僧大德文章有了定奪之後，說也奇怪，功夫自來尋小師，頗有必須啟修之勢。同時突然想起後文中陳師姊的故事中有關「滿山滿谷的人」，都喝了觀世音菩薩淨瓶中所流出一口水，但水不減一滴」的境遇，才彷佛明白這境遇的真正意義，才急忙連絡近二十年很少見面的陳師姊。（這二十年雖很少謀面，但音訊近況消息，卻也不曾斷掉，所以很快就找到了。）再見了陳師姊之後（此時或許該稱她為淨師父了，因為在約十年前她已皈依白雲禪師門下，法名「蓮淨」，但在小師心中，她還是當年的陳師姊，沒什麼差別！）。小師問了當年未問幾個問題，並問及她的「上、下集」到今天有無她的信眾或親近之人知悉？她除了彷佛「上、下集」又歷歷在目外，並回答了說：「全天下，知道我的『上、下集』也只有你一人！」這下子，小師想偷懶或可不寫之心，頓時夢幻泡影的破滅，只好硬著頭皮，回家奮筆疾書下去，反正，因緣在此，事有前定，只求本書早成！

總之，這本書若能出世，前後歷經了二十年，書中「陳師姊」這一章，小師膽敢提頭保證，是原汁原味的真實事，其他的章節不外是小師今生親身見聞或閱歷或泛遊書海的心得與結晶，與緣者諸君分享，沒有想到絲毫的名利之心。唯一想到是或許可減少緣者在學佛的誤區或摸索的時間，也或許可減少像小師當想進入學佛乃至修行之門，卻在一堆經書、文集中摸索或不知所云的苦處。因此，小師不拘文體，盡量簡單明白，撿重要的說。同時，索引文章或事蹟大體上在今日的陸、港、台網路或 YOUTUBE 影片，原則可自去參見一些資料以判定小師所述之真偽或延伸擴大閱讀，對緣者自有益處，也因此小師不需也不想用嚴謹的學術文章去處理。

最後交代的用小師之名撰寫本書的意思，那就是明明白白地先告訴緣者，小師絕非什麼大師，凡夫一個，除了陳師姊的事蹟外，再怎麼說也是一己之見。用這種方式去陳述就可以不像法像莊嚴的大師那樣說話語表達那麼嚴肅，萬一一些緣者從本書中有點所得或悟入，不小心被小師搞成一尊大、小羅漢，或大、小菩薩則應不負「小師」之名，功德無量。但萬一緣者，早已是某種某某大師、大德或大善居士或修行老參，想來對小師說東說西或指指點點，小師也會如實的跟你說，小師只是說了一些事，純然就是一己之見，小師凡夫一個，修行肯定沒你好，莫怪小師到時跟你急。

總之，小師只能跟緣者保證，小師是誠誠款款地說了一些真事。反正，小師希望自己寫的很慈、悲、喜、捨的，希望緣者也能開開心心的早證菩提，這之後的造化，小師在所不計，緣者尚需各自努力。尤其年輕的一輩，生活不易，學佛更是不易，小師只是棉薄之力，千古萬世，如幻世事，說穿了就不是在知與不知、信與不信而已嗎？

自序於民國106年5月28日於新北陋室

第一章 人世間

翻開歷史，從古至今、從東至西，不論波斯、埃及、羅馬、印度、中國秦漢、蒙古乃至大英等帝國其核心思想只用二個字「征服」就可以形容完畢。即使到近代工業革命後，人們仍然無法忘情或了悟，任何的帝國終究會消失在歷史滾滾紅塵中的原因，還是要在一、二次世界大戰原子、核子武器應運而生後，人們就可發現，這世間上的一切，是植基在「達爾文主義弱肉強食」而已。在戰爭上，必須有所節制，否則打贏了、打輸了可能全球或半球毀滅，或成本過高，或沒有意義，才有恐怖平衡的出現，而只能打起有限的戰爭。然而，小師發現即使在二戰後，人們在地球暖化及網路全球化下，全球地球村的發展下，其實還是跟中國三國演義或戰國七霸般沒什麼不同。在權力者的遊戲「政治」下，還是全球的大哥、二哥及三哥間縱橫捭闔的遊戲。在全球的舞台下，把「達爾文主義」骨子裡採取精緻點、斯文點的態度與方式，在經濟、科學乃至文化上包裝起來，不論你的國體、政體是什麼，主要還是想上演「大哥說了算」的戲碼。當世界上大哥說了算到底有什麼好處呢？細究起來，主要是能在經濟、科技及文化上制定標準、規則，從中謀利。於是在律法、金融組織及國際財團以自由競爭的名義下行銷，而侵入各國。因此你會發現為什麼全球要買各種資源主要使用美元計價，什麼科技機器、設備乃至藥品總是那前幾個大哥說了算的標準、規則；在文化上也認為制度、組織、教育、娛樂甚至正義也以他們的東西最好、最優秀，乃至最健康。也因此，從有志當上大哥的二哥以下的國家、社會乃至個人，總是奉行「師夷長技以致夷」的策略，從政經、科技、教育、文化、制度、組織各方位去學，看看在餵飽了國內人民經濟富強後有沒有機會在全球的舞台當上大哥或二哥，要不然你就只能委屈點當當大哥、二哥們的小朋友、小兄弟或馬前卒了。於是乎，這就是你看到今日的世間，也是你學到的人世間，不論你是個總體或個體。

沒錯，人世間的歷史，大概就前面那幾筆就可描繪完了。也許你會問，那人世間的公平、正義、道德、良心乃至有無亙古的靈魂呢？人一世間所學只能是強國大哥們所推廣的東西？答案是有的，但它門絕不會存在於人世間的律法或法匠的判例中，它們通常只存在於最廣義的宗教下，包括一般、正統的宗教，民俗乃至鄉野傳奇的流傳傳聞與記述中。通常它們會被冠上「民俗傳說，不可迷信」的標籤，但它卻在全球各地不時被報導與記述，而歸於無法解釋的神祕事件一直傳述下去。這個範圍，通常會被人類、社會、哲學等各種人文或文化學者稱為「次文化」而保存下來。通常，各國的官方在「認為有助於世道、人心，能穩定社會」的前提下默認或默許它們的存在而不加理會。但這默認與默許是要存有一個前提他們才能睜隻眼、閉隻眼的容許這些次文化生存下去。那個前提說起來也不神祕，那就是「別給我添亂了！」也就是說只要你不在國際或國內鬧到傷人損命或巨大的斂財、騙色引起所謂影響社會秩序安定，通常也就相安無事。但如果你犯了這個標準乃至所謂動搖國本，那抱歉，憲法或國際法上的「宗教自由」就絕對不適用到你身上，只要「邪教」的標準給拍板了，那麼也就沒有「大到不能倒」的顧慮，其下場可知了，可說是古今中外皆然。

因此，若緣者真正的如小師一樣，關切人世間公平、正義、道德、良心乃至亙古靈魂的相關議題，應該很容易或者去探知小師前述的最廣義的宗教（這裡我們暫稱它為靈性的世界或靈界吧），到一般正統的宗教（無論基督、天主、佛、道、回、印度等教）得出一些共識或知識，來改善全球社會吧。但事實上又不見得那麼容易，因為小師雖學看過聖經乃至可蘭經、道家經典與見證，但因緣所致，小師是個佛教徒，又因精力有限，只能就為什麼知識分子乃至一般芸芸眾生並不見得那麼樂於與勇於真的想了解或親近佛教或一般宗教的原因，就試舉幾個最常見、簡單的問題探討申論之。而這些問題乍看之下似乎與人世間過分重視的主流價值、科學實證與功利主義有關，但細究之應不只如此，也許一些不了解或誤區還是歸諸於「所知障」來比較適當。總之這些問題的主要類型至少有下列幾項：

幾個問題

一、佛教不是科學：

這個問題，很多大師深論過，但是就小師而言，實在很想對學理工者多說幾句話，因為學理工者，這是最常持有的一個問題與論點。但就小師記憶所及，記得大學時期所讀過書，就知道不少得過諾貝爾獎或相當份量的物理學家，晚年都皈依宗教。同時，很多近年來的歐美科學家強調從宗教，尤其是研讀佛經去了解一些，以便突破科學研發之瓶頸。再者，小師總覺得學理工的、搞科學的實在也該想想所謂西方近代科學才有多少年的歷史，而又有多少階段曾被深信科學理論一一被推翻重建？科學真的這麼好嗎？值得為此推翻一切，或者執著在此，不肯去探究其它的可能不是短期可見事實或科學，那麼您真的是那麼科學乎？您又是真的稱得上忠於科學的科學家或是搞科學的？實在應該懷疑的。

當然，小師的意思不在於說科學有什麼不好或者一定很好，小師只是在說只執著在科學，而不肯睜開眼去看看其他您不懂又無法解釋，卻是那麼真實存在的領域，實在不是件好事情。

更進一步說，小師認為這個問題的關鍵，不在於佛教是不是科學，而是科學是什麼？最簡略的講科學不過是可以反覆實驗、驗證假定結果所建立的一些理則或事物而已。那麼佛教所說的是否可以驗證的?答案是肯定的，不過那是要您用自身來做一個長期實驗的對象，而且控制條件雖然是簡單，卻是極嚴苛的，但是如果您做到了，保證結果是一樣，也就是說是可驗證的。這也是一般人不太了解為什麼有學理工的拿了碩士、博士後向父母頭一磕，就急著去當和尚，您說他笨、不孝順……，他只好說您不了解，那麼誰較笨?您又不是乘願再來的大菩薩，您怎知他的願力與修行程度，對此，小師只能說，這涉及到焦點問題。為什麼呢?因為這也是一般人常忽略的一個問題，那就是您的理工腦袋所裝的東西，到底是什麼來的?如果夠切身、夠冷靜地去想，您就會知道，那些東西都是您在社會化以後被填出來的，您或許就如一般人般，早期只是聯考或各種考試的產物，然後就事業、家庭、子女、名位……，這般您死我活得過日子，然後深陷於其中，於是腦袋最基本的東西，從未被挑戰過。再來因為您就是學理工的，執於理工，學法的，執於法，學心理的，執於心理的各種專家，然後為了維持這專家的名位，您無心也無力於其他，然後說了或做了午夜夢迴您自己也弄不清的事，然後……到一生終站。這說明了什麼，您腦袋中裝的是一種「焦點」的產物。如果您肯抽點時間，將既有「焦點」移到一個比較新，但也許是真實的，或者不比您原有所學容易理解的領域，乃至在佛學或宗教領域上，甚至如同求學時期好好的攻讀上一、二年，您所眼見耳聞後的眼界會驚訝為何那麼廣、那麼多、那麼真實且周遭都是。那麼您也許會如小師一樣是深信不疑的，所以小師說這是「焦點」問題。記著，小師不是說理工或科學不好，但是如果您夠愛護自己，關切自己家庭、社會，您實在不宜只受理工或科學焦點的限制，因為您還是會生老病死，不論您曾多麼英明神武，最後您、我皆一般，只是結局會不同。

二、佛教只是哲學或宗教：

這問題稍微容易混淆，因為對一般人而言，小師不能直接地說它的答案一定不是，主要要看您從什麼角度去認知與界定。但依小師來說它應該不是，小師說不是的原因，主要在這角度－其實它所論斷的事就如 H2 加上 O 是水那麼簡單，人需要空氣才能活那樣真實，那是種普遍的存在，比您眼見的事物也許還來的更真實，因為我們眼所見的還有可能是魔術，人世間學問上各種各類的魔術或幻術，最後您才發現，事實不是那樣的。這些種種魔術包括各種生活上各種層面，也許是政治的、社會的、人文的乃至所謂科學的。小師會特別提出這一點，實在是因為小師不能同意，一些讀過幾本社會學、人類學乃至一般社會科學的人或所謂專家，草率的將佛教或任何宗教定義為或意義為是人類無法抵禦大自然所產生的種種儀式、習俗或迷信，或者是種安定社會的力量，或是種特殊社會下文化的產物，從而不曾正面的研究、調查它，或者是去發現它事實究竟是什麼，然後就在教科書或課堂上照本宣科的說，它僅不過是文化遺俗而已，其實它可能是比科學還科學的事物，但終究淪為是遠古神話的東西。同時，小師也不能同意將佛教或任何宗教論斷為僅是一種哲學，因為哲學所探討的，不論形上、形下或不論其種類定義為何，大都是所謂哲人－一種特殊的聰明人，腦袋瓜中所推理、演繹出來的東西，也許有其特殊的社會價值或其他價值，但不一定關乎真實，只能說您是欣賞、喜愛與否，但是否有必要花時間去了解，就不一定那麼重要。因為小師發現古今中外各種所謂哲學、聰明人腦袋中的邏輯推演，是種世智聰明，不論是否被包裝的多麼神聖，事實上只有是否被所謂多數人所接受的問題。換言之，不論您是否認為它是在特定地區多數人所鼓掌叫好的，不論其內容是多麼不切實際或卑俗，或多麼通不過時間考驗，反正您如果是在該地區生存，您不跟著叫好，您就倒楣了。這些東西我們可稱為各種思想、主義或意識形態的東西。來舉例：諸如馬克斯、自由乃至各種歷史上的形態主義或思想，經過歷史上的檢證後各種主義效力為何?或者各種思想哲學的效力為何?您大可翻開歷史的教科書去檢視，主義與主義間各種拼鬥，在中西各種時代裡固為精彩刺激，但狂熱的對峙下總是血流成河，為王的勝者真高明到哪裡去?答案是不見得，敗下的是否就真的不值一顧，也可能未必，反正人類智商的加總或不加總，小師看來都不太高的。所以小師覺得不要太輕率地將佛教或任何宗教視為只是一種哲學或者文化遺俗，因為事實上沒有那麼簡單，不管您是信仰它與否，也不論您智商為何。

三、佛教只是心理上的催眠或者需要慰助者尋求支持的文化遺物：

與前述論題相關，結論也應相同，就是佛教乃至任何宗教都不是所謂世智聰明或者任何學科或科學可以輕率論斷的。因為它無論您喜歡與否、信仰與否、支持與否，您無法輕率以各種學科或科學給它結論，除非您能了解它是一種事實。這種論點，事實上在前述論題，就可涵括其內，但是小師會將它特別提出是因為在電視上見過所謂催眠大師，將佛教或其他宗教，武斷的歸類為是人的自我催眠，也曾見過不少的社會或心理學家將接受任何宗教的人與事，都僅將它視為需要尋求慰助者的產物，於是佛教及其他任何宗教最後都僅是人類尋求慰藉的文明產物或是社會的產物。小師雖然不是什麼心理專家或催眠大師，但是憑著大學時曾與心理系同學混過一陣子，加上那時及其後對心理分析與病態心理的熱愛也看過幾本書，再加上小師後半輩子的研究，還是想說幾句話：小師認為，雖然有點相關，但應該不是那麼簡單。對所謂催眠大師，或社會或心理專家而言，小師覺得超心理學也才算是較正面的、皮毛的來正視或接觸佛教乃至其他宗教的一個起點，心理學大師雖不乏人來就此存在事實做探討及結論，不過終究都只是起點而已。甚至我想告訴學催眠的朋友，您該好好的察看佛經對它的看法，您也會訝異佛經上早已論置了這個問題，對學心理的朋友，小師還願意告訴您除了看看唯識學這種佛經上的法門外，您也可以檢視、搜尋所謂心理學變異或多種人格的人，在真實案例中，您會發現很多不是單純的心理挫折、退縮或失覺失調可解釋萬端的，即使其中一些是小師所承認，但那些解釋是絕對不足的。甚至小師願意進一步的說，不管您贊同與否，我們不是說任何人都有點精神病，從心理學的角度而言，那麼我們會不會是一種謬誤，就是太過將重心側重在心理學上所隱含的一種價值，也就是我們將標準設定在處理所謂社會行為的容許度，也就是說在此種價值下合乎社會標準行為，那麼這個人就沒問題，超乎社會容許標準或範圍就是有病的，我們就須處理，而不論事實是什麼，這標準會不會導致您對真實或者宗教的認知，這種標準值不值得檢視，恐怕是您需要重新思慮的，套一句華視的流行影集「X檔案」的話：「真理遠存於那裡（The truth is out there）。」

四、佛教或任何宗教是勸善的，西方的耶穌與佛教的佛陀都是一樣神：

當然所有的宗教都有勸善的性質，不過體認的事實與層次實在有差異，而將各種宗教輕率地歸諸於勸善的，不但忽略了宗教教義的差別性與了解、體認「真實的」程度差異性，也暴露出對宗教了解與認知上嚴肅性的不足，但是其實很多人卻是持此看法，真是徒乎奈何。同樣的將西方的耶穌與佛陀乃至於其他神祇混為一談，也是有前述思考上的瑕疵，但更多數是因佛教徒以外信仰者，因執於既有信仰而未能或未便對佛教有著一定層次的了解所致。小師在此良心的建議，有持這樣看法的人，不妨花點時間，去看看楞嚴經及其他經典中，對一般所謂「神祇」的種類、層次、能力與結果記述是如何詳實，那麼您將不再輕率的有此想法，細心的人甚至也可以從中發現類如基督教之「上帝」是如何的被記述，如此您便能了解佛陀的智知是如何的詳博與浩瀚。

五、大家看法，價值觀不同：

這當然是事實，但是這是個相當未被深思與解析的事實。為什麼這樣說呢？因為不論有無社會、人文科學的解釋，這種看法早已存於古今中外人類的社會，而將來亦必繼續存在，或存在於社會中各個次群體之中。不論其政治、經濟、社會的外型之中，只有主流或非主流的差別，有若陰陽消長般的「有時天光、有時月明」，而不論其名詞或名義看似新潮或八股，或有變形或有扭曲，其實在歷史的輪迴中，人類還是玩著自己相同或相似的遊戲，呈現著相同的現象，只是切入者角度不同。但嚴格地說，不管您是哪種學家，都無力將這些現象一一整理或解析。更精確地說，應該是沒有徹底了解過，充其量本身只是大框框底中，去了解其中一、二個小框框，除非他是徹底悟道的聖者。但是聖者們好像也沒有被世界公認著，而聖者們好像也在歷史中來匆匆去匆匆。那麼人類是那麼沒救、沒光明？尤其在沒有出現聖者的時候？小師認為倒也不見得，但至少小師覺得可對過分執著多元價值或看法者，以及對這些價值與看法一律採齊頭式平等的接納，或對這些價值與看法無力抗拒與解析的人一點建議，也許您可以去深想。建議是這樣的：淺點來說，您至少弄清楚有些事不論您或他人愛不愛、想不想，它都是於古今中外中存在的，你先持開放、客觀的態度去嘗試、了解它，然後再冷靜的面對自己；也就是說，您該冷靜地去區分事實與偏好價值問題，而事實遠比您個人或多人的偏好、價值，來的更重要，否則您只是混沌的過一生。如果您願意回到或思考到最後或最初的一個問題是「人到底有無生前、死後的問題或事實存在？人活了一輩子到底在死後，您能得到什麼？或者有無亙古的靈魂問題？」這個問題不論您的身分、學識、教育程度、經濟狀況與年紀，都必須去面對的。一旦弄清楚了，您再來檢視「多元看法或價值」，或是「流行的價值」，如果您只是無篩選的去屈從或齊頭式的接納，您會發現那會是種多麼不堪的一種想法。深點來說，您腦袋裝的東西，只是一些知識或經驗與習氣的系統而已，而這些知識或經驗並沒有您想像的那麼偉大或值得被特別誇耀，因為，它並不是如您想像只要努力或用功就可得來的，也未必是您的腦袋特別聰明或工作特別強的結果。正確地說，它需要的是地理位置之社會、家庭、父母、經濟、個性、特質甚至是命運、福報的結果，而你取得的也只是時空中一小片段的所謂知識。舉個簡單的例子，您縱使智商 200 以上，或是生在非洲或在台灣給您貧窮或牢執不尚讀書的家庭，或是賦予一個要命的性格或疾病，您人生的結果可能是個罪犯或是一事無成的人，哪能成就一個太空博士的知識與經驗，而享有尊榮的身分、地位與金錢。而就算您是個太空博士您所知的知識也不過是二十一世紀「最新、最高的知識」而已，在二十二世紀您卻可能已是最無知的。而佛法對上面這些冗長文字的敘述只有一句話就擺平了，那就是「隨業受報」。也因此，「多元價值與看法」並沒有什麼特別了不起或特別需要被尊重，因為它並不能遮掩時空永存在「真實」或「事實」，不管您愛不愛、想不想；次者，它也必定是貧乏而有限的知識與經驗，除非您也明確知瞭聖者之所知曉的知識與事實；再次，其實它也不過是佛法上所稱「隨業受報」此一事實所呈現的結果，然而本質上，它確實是被過分崇拜或濫用的假象而已。由此看來「價值觀、看法不同」這句話，對真實事物的了解不是面大而無用的金牌，您期待它能用來成就或處理您的一生嗎？

以上所舉是小師個人常遇到不肯學佛或對宗教嗤之以鼻的人所提出的看法或原因，提出個人的淺見。小師所提的觀點倒不是在給其周延的解釋，而在於使緣者更能以客觀的態度去省思，對事業愛情以外的真實，願意去探索與體認。事實上，原因也絕不止這幾個，小師甚至見過外國的翻譯暢銷書，也有將耶穌、佛陀視為外太空人，並誓言是其親身的體認與經驗。對此，對其它的原因與問題，小師都沒興趣著墨太多，因為寫下這些，目的不在出書了事，而是機緣所致，小師只是寫下所知道的事實供人分享、研究、探索與了解而已。另外，不論人世間的問題或「所知障」再多，小師倒是相信芸芸眾生去真實的去探索廣義的宗教、靈界或小師所認同的佛教或其他的宗教會越來越多或相對多元的。小師會持有這種想法，倒不是僅因很多書中預言 2012 年前後會是一種人世間從物質漸漸翻轉的世紀，中西乃至兩岸三地會是更多物理、心理、超心理及各種人文學者，經由研究氣功、特異功能或人體潛能領域，藉由科學儀器與實驗，在符合「實證主義」的標準要求下，逐漸跨越傳統物質或物理研究，到達「心」、「靈」乃至「宗教」範疇的研究，有著顯著進展，從而將傳統形而上的課題拉下凡間，蛻變成必須正視到小師前文中所謂的「事實」。而且從量子物理的興起後，宇宙間的複數世界及暗黑物質的可能存在，從而解釋傳統的宗教或佛法所說的比較貼近的實證可能僅是一種簡單又亙古的事實。同時，透過世人無不認識的「谷哥菩薩（GOOGLE）」及 YouTube 的保存，全球化的傳播及了解，宗教乃至佛法在接下來的世紀是會更簡明的被了解的。

第二章 真實的存在–探索與一些結論

小師在遇見下章所說的陳師姊之前後，著實花了不少時間與力氣想去了解所謂的「命運」、「靈界」、「佛法」與「科學」這些主題及相關議題。從網路還是使用電話撥接時期至4G連網至今斷斷續續的蒐集資料閱讀，乃至土法煉鋼的「野地研究」，更至本人親眼親聞，大致花了近三十年頭，自然會有一些未涉入或已涉入此領域但終生未解之人所見不到的心得，本章就提出一些案例及心得與緣者分享。但有言在先，小師只能提出個人「判定為真」或盡量脫離主觀所探討出的真實，但不保證一定是對的，因為有色眼鏡不知道戴在何者身上，是緣者？是小師？還是經驗表述者自身？這就不得而知囉！這部分需要緣者自行請谷哥菩薩幫忙，自行研判了。同時，以佛家而言，常說這世界所見是幻有的，反而真實的世界或恆永存在的真實–法界的訊息，卻只有一些蛛絲馬跡可以尋獲。雖然嚴格的說，它其實極普遍的存在，但人類的「知識障」或執著，使一般人都抱著或有或無，或者遠比身家財產的重要性相去甚遠的心態去對待，落得總是言者諄諄，聽者渺渺的下場，始終無法正面、客觀的偵知自己或家人、人類的重要性。為什麼會這樣？其實小師相信無論從世法或佛法都有更多層次與角度可以置論的，但那對小師而言，實在是太麻煩了。小師相信最簡便的說法應該是：「事實就是事實，不論您愛不愛、信不信，或任何學問的解析，都不會影響它的存在。」對這種存在小師也不想去勸服任何人，只能將小師所知道的盡量呈現給有緣的讀者，而且不是全部，只是重點，然後有興趣的人，自會去探索，並了解它的存在對自己的重要性。最後，相信您會有「今是而昨非的感覺」。另外要說明的是，小師不是交遊廣闊的人，只是小師向來願意抱持開放的心去聽聞，然後審慎地去下判斷，同時，小師有法學背景，也有幾年法務經驗，小師自然知道弄清事實與自己主觀需分離的重要性。同時，小師還願意說自己約在三十歲左右，還是跟一般人抱持「或有或無」的態度去理解與聽聞，然而近三十年累積下來的一些事件與聽聞，透過心情沉靜下來時細細審思與判斷，小師無法否定這些存在。或許因緣所致，老天也給小師足夠的時間與環境，小師願意將這些記述下來，與緣者分享。再者，小師也強烈建議看下面的事述時，縱然您可能置疑或不信，但也不要用聽坊間鬼故事一般，看完就算了，而是用比較細心的態度設想一下情境，體會與掌握情節中的事實與訊息，那麼緣者就可能會掌握法界的片段與真實，也不至於流於人云亦云的謎團與陷阱了。同時，也不會糟蹋小師記述的苦心，更也許您就能體會「贏了地下，失去天上」的道理。

走筆至此，小師就將曾經印象深刻或較有深意的記述，於此分享緣者，而且就比較知名或較有公信力的先行介紹，而這些案例應有當時媒體競相報導或有網文可稽的。

案例一：司馬中原的前世今生或者是此世沒有喝孟婆湯的人

司馬中原的鄉野小說系列及秉燭夜談系列，相信是四、五年級甚至六年級生的共同回憶，其中什麼《路客與刀客》、《紅絲鳳》、《十八里旱湖》……等書更是小師求學時代的好讀物，總覺得他們比起倪匡的小說好看太多，透過那文字的傳述，總覺得可以一篇篇的聽到父執輩所談鄉野奇案，津津有味。但更令人訝異的是，小師不知何時知道他自述是沒喝過孟婆湯的人，所以他可以帶著前世的記憶，一出生就能夠說話，因他在民國二十二年江蘇淮陰出生，當時當地的鄉土誌還記載著此轟動一時的鄉野傳奇。司馬中原寫他的前世記憶大致如下：他小時記憶就很好，一、二歲時家中一些事都依稀能記，只是有時腦中會出現奇怪的畫面，像是青樓女子的相貌、地獄受苦的情景；到六歲那年由篤信一貫道（當時稱鴨蛋教）的外婆帶他到神壇燒符咒、開天眼，從此上輩子縱橫交錯的記憶才連貫串連起來，成為歷歷清晰的前世影像。

他的前世記憶裡，他是個農村少婦，在大戶人家當童養媳，因為姿色不錯給老爺污辱了，後來又淪落到青樓，騙了不少人，最後也被小白臉騙得床頭金盡、人財兩失，心中起了強烈瞋、苦之心，最後難忍煎熬而後投繯自盡。死後到了地獄道，受到萬蛇穿身的苦行，然後遇一神靈，以心靈感應的交談方式告訴他：他不信神佛、不尊重父母、撒謊、欺騙、從事青樓這種不道德的職業，並利用美色騙害某男子致死，也因此被人騙，所以才會來到地獄受苦。而前神明指出在其接受處罰後，一定要修行。然後在神靈離開後，其就受到如「廣論」所說的利刃道般苦刑，後又入石磨碾軋之刑、赤銅柱燒炙之刑、鉤斷舌根之刑及被油鍋重複續炸的刑罰。在受這些刑罰之時，皮肉神識都受到極致的苦痛，但瞬間身體又回復了，又能重複受刑，重複痛苦。這些記述，部分與後文陳師姊的故事中，告訴小師的完全相符。受完刑罰後，因覺得事有蹊蹺，而未食一碗白色濃湯後便被引到另一執法者處，祂同樣以心靈交談告訴他，將要受輪迴並投胎為女生，並對其囑咐千萬不要欺騙人，要多做善事多修行。但是他一直想當男生去報復，所以在投胎處有各色牌投胎為各種動物或是男女生的人中，趁靈界差役不注意搶了別人可以投生為男生的藍牌，到藍色門跳下去，便到了很多房子的地區，依其號碼進屋，走了過去投胎成為今世的男眾。在今世，這前世的人物也都和他今世相連。他這世父母就是前世青樓養父母，前世騙他的小白臉，就是他這世的初戀情人，前世被他所害致死的男人，就是他今生的太太，所以她對他有恨，但他還是得賺錢養她還前世債，且因前世惡緣，前世不愛她，今生會無端生怨，而她雖受他很多財富，卻從沒滿足。前世幫他打抱不平的男子，則為今生好友。到今世他學「廣論」之後，他才了知一切無非貪著金錢及執取情愛，才遭此果報。而在今生償還業報時，因有這種在地獄所染的習性，曾受油鍋煎炸之苦，所以他怕熱不怕冷，這輩子看到了轉動的石磨便會心生恐懼並起雞皮疙瘩，這是由於他在地獄受報的習性一直未曾消失。而當他回顧這一段痛苦的記憶時，他由二次的神祇與執法者的指示，得到指引明白做人一定要講信用，不要騙人，不要肆意傷害別人，做違背良心的事。同時他了解到：人是無法作主的，一切由業來決定，所以不要瞋恨心，害他的人也不是故意來害他。透過這些示現，他希望能懺悔前過，謹記教訓，不要再種地獄因外，並希望後人能引以為鑑。透過司馬中原所自述的故事，如果緣者細看的話，就會如小師所看到的，有因果、業力、業習、地獄、輪迴、神祇，今生知善緣、惡緣及受業等情況存在了，如果緣者如小師相信他的自述。

案例二：借屍還魂的朱秀華故事

這是小師在青少年時期就略聞的一個故事，即使是在那思想相當箝制的時代，在當時的台灣仍是甚為轟動的案例，然而小師一直無法清楚其來龍去脈。雖然至民國八十六年間小師曾在港制的錄影帶「大神蹟」及白冰冰「驚異第六感」的節目，以及三台電視都有約略的報導及專訪，但詳實的情形仍不能掌握，一直至機緣偶遇下，小師得到一份資料，才能完整掌握事件之始末。在此，小師願意把它再做完整而簡略的介紹，主因即是在民國八十六年時，主角年紀不過六十許，仍可說是可查證的活標本，而且在當年就有台灣的科學界，包含醫科、精神科的研究而無法否認此一神奇的現象。而其後不僅台灣各媒體爭相報導可以徵信，甚至香港、日本及歐美都有專家、學者或媒體來台探究，所以參考性相當高。

事情是這樣的，約在民國四十八年左右朱秀華是個年僅十八歲的金門人，她從小念佛茹素，因當時共軍砲轟金門，朱秀華連同父親、家人及其他難民搭乘逃難的漁船離開金門，在海上漂流過久，船上缺糧，多人餓死。後船漂流至台灣台西鄉，被當地一漁船所發現，該船約有十數名漁民問其漂流原因後，不但不伸出援手，反而在洗劫逃難船上生死難民的黃金後，將難民船推到遠海，朱秀華亦被投擲海中喪命。魂魄在海豐島，徘徊十數日後，被海豐島張李莫三府王爺收為門下，受「三王爺」指示，說其陽壽未盡，可借麥寮吳秋得之妻吳林罔腰的屍體還陽，乃暫時住王爺府。不久吳秋得至海豐島五條港承建工程完竣後，朱秀華魂魄即尾隨其回鄉待機，直至吳秋得之妻吳林罔腰病危不省人事，魂魄離開後，但陽氣未滅前，在「三王爺」協助下，耗時二十餘天，才借屍還魂。而在此期間吳林罔腰之肉身二十餘天內並無進食任何茶湯，然而，有一日她在無意識的情況下即自己下床行走，此際以朱秀華口述是一道日光出現在其魂魄眼前，其後即轉入吳林罔腰肉身內。此後十八歲朱秀華之魂即在四十歲吳林罔腰肉身內，然而所謂的「吳林罔腰」在語言腔調、舉止、健康狀況乃至宗教知識能力與宗教信仰、記憶及飲食習慣皆是朱秀華的了，而且經好事者查證朱秀華舊址亦無誤；換言之，一個原是四十身體狀況極差吃葷，操麥寮腔的中年文盲婦女，在一日間變為體況極佳、吃素，操金門腔而且有書算、說流利國語能力而神情卻為十八歲少女。此一海豐島謀財害命的事情當場亦有一位林清島先生目擊，並曾勸阻行劫漁民未果反遭恐嚇不得聲張為證，確有此事。而那些謀財害命之漁民下場，是多人在不久後就因漁船撞上岩石粉身碎骨了。少數倖存之人不久後皆發狂而亡，只剩下一個神經病的孩子，瘋的很厲害。而此一念之善的林清島，卻反之事業如意。同時間朱秀華曾表示，曾夢觀世音菩薩之救助，曾帶他遊山玩水，而觀世音菩薩是位端莊秀麗的白衣女。細究此案例中有因果、善惡報、神祇、魂魄、借屍還魂、前世記憶、投生方式，真足以讓鐵齒者細辨之。又據八十六年二月初的第四台有關報導及訪問本人的親述，此時其為八十一歲，現為雲林麥寮處玄天大帝的道場的主持，具有陰陽眼能力，專渡治「冤魂」纏身者，甚有其效。而其親說當她被害時本不願申冤報仇，但諸多海上冤魂，勸其申冤，其乃向閻王申冤，閻王令其四年內報，是以加害之仇人乃於四年內盡數受報，而觀世音菩薩之救助，本就有意欲以其身例，使世間人知道善惡終有報此一事實，至於現其肉身原有主人之神識（靈魂），亦曾來訪，謂其壽終後亦為道業中人。

案例三：韓國記得前世記憶的小孩

如同朱秀華之案件之記憶深刻，是韓國有前世記憶的小孩的故事，因為他正是韓國的活標本。同時在民國八十五年一月二十日衛視中文台播出二個小時節目中，當時十六歲的小孩受到心理學家、語言學家、漢文學家，乃至醫學家嚴格的科學檢驗與場地研究都無法否認其現象，唯一的瑕疵是在催眠時無法進入所謂前世的潛意識，無法加強其證據力而已，然而種種證據與檢驗無法否認這自小就轟動韓國而且證明人是有前世今生的案例。這小孩名字似叫「延得」，在四歲時家人即發現其用不知名語言「自言自語」，五歲時釜山日報報導過，七歲時即發現能說寫日文與對話，但卻無人教授，專家鑑定是其口音與其略懂日文的祖父不同，而且是會「標準語」。綜合各專家檢驗與查探鄰居結果如下：小孩的適性能力與語言學習能力僅是一般，但是先天會七國語言，尤其中、日文及中國古文特佳，經查證其過去鄰居，鄰居們證明其先天即會，而且鄰居老人還需向他學漢文。其自稱前世曾住過中國天津及日本福岡，甚至還記得其前世友人在中國唐朝當宦官，名字為李去非，而此名字在「古文觀止」書中存有，總之此人在現代科學的一番驗證後，雖然無法肯定的下結論，但卻也無法否認。

案例四：此膝只跪救世師父及三寶（記陳居士事，住苗栗縣苑裡鎮西平里七鄰43號）

台灣有號稱大肉身菩薩或「全身舍利」，其中包括汐止慈航堂的慈航法師、北投安國寺瀛妙老和尚、新店海藏寺清嚴法師、唯一女性的德休師父及高雄龍發堂開山住持釋開封，再加上其後桃園市龜山區民國八十七年往生，以自然坐化修道而成「肉身舍利」的謝石得老師父外，知名道場如北「法鼓」，中「中台」，南「佛光」，外加北部傳聞是大羅漢的承天禪寺的「廣欽老和尚」及苗栗九華山大興善寺傳聞為初地菩薩的福慧法師。所以台灣這彈丸之地，實在是堪稱福地。其中九華山的平安麵及佛水，小師年輕時候只要有路過必去吃幾碗，還偶得由其信眾親身體驗福慧法師救渡自己的故事集成「救世菩薩行化感應錄」。該書特點是每個人在該書所記述之事，必留下姓名及所住地址，以供人查證，以驗事實。此書得手近三十年為小師珍藏之一，不知絕版了沒，特將其中一個記述最長、最神奇，也最恐怖的故事，簡述於後，留於後人知曉。這就是這個標題為「此膝只跪於救世師父及三寶」的故事，也是所謂向閻羅王請准，可報冤索命，但又能僥倖逃生的故事。故事是這樣的，陳居士開鐘錶店，於民國六十年脖子、背部生了許的腫瘤，到處求醫，群醫束手無策。某日一婦人為其相命，謂其命須佛菩薩法力始能搭救，陳居士的第二女兒X花在某公司上班，平日乖巧，所賺得薪俸皆全部交給父母，不留分文。病發之前，早期陳居士及女兒在浴廁間曾遇穿一襲白色長衫，留著長髮的男眾黑影，隨後消失。到後來X花在工作入神時，聞背後有人呼其名，驀地回首即見那白衣黑影，一晃而逝，連續三日皆如此，至第三日下班返家，剛入臥房，即見白衣者正坐在自己床沿正中間，X花大驚失色，連續病了幾天，送醫院求醫無效。X花自己要求返家，正準備回家時，X花昏迷不醒，全身發黑，狀若已死，其魂其實已飄至奈何橋上，於是菩薩在其胸口拍三下，教其速回，不可再續前。當其魂歸來時，彼冤魂即趁這段時間，蓋於其上，投身至X花之身。二個多鐘頭後X花甦醒，對陳居士說：「我非汝女，只是來借屍」。自此，X花對其父百般折磨，陳居士四處求神問卜，燒紙錢祭拜，那時X花站在他的面前譏笑說：你燒再多的紙錢也是無效的，祭拜的東西我也不領用。因此陳居士才求助於苑裡「救世菩薩」，經師父允可，誦經加持迴向，但誦至一半停了很久，搖頭後又繼續誦完，乃告訴在場的徒眾說：方才誦經時附在X花身上的冤魂，跪在面前突泣，哀求我不要為陳居士解開怨仇，說陳某過去慘害他死於非命，今日已向閻羅王請准可報此冤，要逮陳某全家人性命。我告訴他，請觀我之情面饒陳某全家人命，但可凌辱對方以洩心中之恨，彼魂方應諾而去。隔日，陳某至寺，師父乃將陳居士宿世因果明告訴於他：你過去是位富家獨生的千金小姐，嬌生慣養、水性楊花，從小指腹為婚，男方是位貧窮老實人，二人長大後，你父招贅為婿，由於性格不同，不合你意，有一日你從綉樓中窺見街上有位風采翩翩的美男子，甚中你意，乃吩咐隨身的婢女招之入內，其納之為夫。由於第二任丈夫也是老實人，仍不滿意，又招第三任丈夫，是位王孫公子，性格與你頗同。第一任丈夫見此狀，忍無可忍當面指責，你乃與隨身婢女設下毒計，當他以手指著你時，你以簪插其脖，砍斷其雙臂，復斷其雙腿，你夫怨恨交加以眼瞪之，說你心地殘忍之時，你復挖其雙目，使其痛苦難當，臨死之際，乃咒惡願：不論你生生世世，出生何道，必纏在你身逮你全家人的性命，以洩我心中之恨。當時第二任丈夫跪地極力勸阻，惜你不聽，強對第一任丈夫施加毒刑，致第二任丈夫亦懼中而亡，臨死之際亦如是咒願。你即是那位千金小姐，你妻即千金小姐的第三任丈夫。X花即是隨身婢女，當時同謀有份，故魂借此因緣，附在X花之身，冤魂即是你前生的丈夫。他於我誦經時以長衣捧著自己手腳哭求於我，我已為你說情，不再索你之命，但可凌辱、毒打你，你需心甘情願跪著領受不可還手，隨緣消業障。若今世因果未了結還須拖至來世，你脖子、背部所長之瘤是因果病，你前世丈夫要以此逮你命，又嫌報得太慢，冤魂乃附X花之身，欲索你全家人，你必須以虔誠之心求佛菩薩，否則這個因果未了，另一個因果會繼之而起。此後X花每日隨意捏造一個理由，譬如地板沒掃乾淨，便拿起掃帚毒打他的要害，如胸口、太陽穴，痛入骨髓，一日毒打十幾次，家中的每支掃帚柄皆打斷。受傷的次日，陳居士必回來求師加持，師父為他打通全身血脈，治療傷痕。有時他不免抱怨：X花心真狠，每打必傷其要害。師父含笑言：X花不狠毒，過去的你才狠毒。但奇怪的是有成年的鄰居或客人來，就算X花正毒打其父時，X花必當停手，親切的招呼客人，所謂「冤有頭債有主」，所以X花凌辱其父，他的鄰居卻無人知曉。有時由於陳居士被打未還手，X花打完後問其父言：沒想到過去你是那麼狠毒，今世會變得如此善良。接著就會說些因果故事開導他。其實鬼本具有五通，能知曉許多事，嘗言「查部老（台語父親），你可知呼？一切車禍肇始，皆因許多冤魂推其車所致，非開車本人之意，阿哉是螃蟹精來轉世的，其行走亦與螃蟹相似。」X花平日仍上班幫忙家務，所領薪俸亦全數交給其父，其父怪而問之：「既要打我，怎麼又要賺錢給我呢？」X花說：「住人之屋，償人之債。」……，如此這般日復一日。有日陳居士至寺時，師父告訴他：「你須以更虔誠之心求佛菩薩化解，否則第二個因果會接著而來。」不數日，果真12歲的女兒，中午從學校回家吃午飯時，瞥見身著長衫馬褂黑影，她就突然於座椅上嘻嘻呼呼起來，隨後如其姊X花，開始凌虐其父，方式亦如X花。經數日後，亦即X花開始報仇事實發生二、三個月後，某日晚，師父才告訴陳居士：「今晚十二時前須離開你家四十九天，立刻準備行李離開，四十九日圓滿歸來須先回寺才能回家，除你妻以外，絕不可讓你子女知道你離家。」陳居士依師父吩咐而行，期間Ｘ花曾問救世師父、其母，皆說：「不知」，而小女兒聞後乃言：「可能被我打怕了，恐懼而逃之夭夭。」其母稱是，小女聞後乃言：「從此以後，不再責打他了。」不久之後，小女兒已先行恢復正常。四十九日離家外出圓滿後，陳居士即回寺禮佛法，面見師父，師父告訴他說：「從今以後，Ｘ花若只以口罵你，你不可動手打他，任她罵個夠，若是Ｘ花打你，你即可還手。」以後陳居士若遇受打之時，即依師言，還手摑其耳光，輔以師父教他口含佛水噴其面，Ｘ花懼而逃之，只敢經常藉機毒罵陳居士，從此因果慢慢解開了。

雖然因果慢慢化解，Ｘ花不敢打其父，Ｘ花仍另想方法或誘惑、或詐騙去折磨其父。諸如想方設法讓他重造新業，陳居士不敢將此事稟明於師，然師於此情形卻瞭若指掌。某日陳居士回寺禮佛時，師父以手拍胸膛告知他說：「為人父心需正，你需夜眠於另一室。」師父此言出，一針見血，陳居士嚇得目瞪口呆，滿臉通紅。乃知師父道行高超，猶如活佛再生，因此曾言：「陳某此膝不跪他人，只肯跪父母，跪苑裡救世師父。」此時一計不成，另生他計，某日Ｘ花騙其父言：「查部老，我們需搬家，此屋到處皆是鬼魂瀰漫，非久留之地。」陳某懼而告於師，師乃言：「此是Ｘ花之計，騙你搬離此地遠離佛菩薩，趁機讓你變成精神散亂。」陳居士聞言，乍舌而止。由於陳居士深知宿世因果，經常以己例告訴世人，讓世人作為借鏡，又以虔誠心求佛菩薩，做佛寺義工，隨緣消業障，無半點怨言，業力乃逐漸減輕。經過數年後，Ｘ花的魂告訴陳某言：「查部老耶，我明日就離開了，可是我的老大（即是鬼王）要接此位。」鬼王來後，一如Ｘ花仍以種種方法凌辱於他，但仍每日上班賺錢給陳居士……。又過了數年，某日Ｘ花告訴陳某：「查部老耶，明日我就要離開了。」隔日清晨起，X花見陳居士即叫「阿爸」，凌辱多年，業力終於解開了。X花自找到對象，組織了一個家庭。

小師奮力疾書，寫到這手都酸了，不知緣者系看到什麼？鬼王蟹精？因果可畏？佛菩薩的調解手段？還是佛法高深？就各憑緣者領悟之了。

案例五：柯媽媽的故事

另外有一件不得不書，令人慟心感人的故事，同時這事件亦是中華民國會有汽機車第三人強制責任法，且提早通過的主因，這也是敘述柯媽媽為何催生這個法案的故事。而一個教育程度甚低的媽媽為什麼會是一個充滿利益糾葛但是確實不易討好民眾的法案催生者？這背後卻是隱藏一個極動慟人的故事，而這個故事是在經抗戰八年約民國八十六年初三讀通過汽機車第三人強制責任險後，由柯媽媽在台視「鬼話連篇」及第四台數個靈異節目中親自現身說法，小師才詳知的。事情約莫是這樣的：記憶中柯媽媽原是個年約五十尋常的家庭主婦，教育程度不高大概是國小畢業，膝下原有一位前途極為光明就讀大學醫科的男孩，不料一日騎機車發生車禍而死亡了。柯媽媽當然日夜以淚洗面，然而就在一日夜夢，柯媽媽的兒子回來了，安慰了媽媽，並且跟他媽媽說：「不要哭了，我們應該想辦法幫助跟我們同樣遭遇不幸的人。」然而柯媽媽說他自己什麼都不懂，如何幫助呢？他兒子則說他自有辦法，只要他媽媽依其指示配合即可。於是其後數年柯媽媽與兒子不定期的在夢中相會，夢中兒子說什麼，該辦些什麼，柯媽媽白天醒來就記下來，跟著就去辦，由於記下來時柯媽媽也記下自己感想，於數年間柯媽媽自己說已累積記錄了數巨冊。也因此什麼都不懂的柯媽媽依兒子的指示，就去見可以幫助的人、找資料、寫信、成立團體、陳情、召開記者會，大概前後花了八年時間的努力與奮鬥，終於感動立法院袞袞諸公，不分黨派的立委。通過這件不僅是台灣，也許是全世界最特異與感人的力量所形成的法案，造福了台灣民眾。無怪乎一些靈修的人總說台灣是個福地，只是一般人都不知掌握修行的好時光，一生空過了。這個法案通過後，它的結尾，也是小師個人認為是最值得注意的一點就是：在法案通過後，柯媽媽的兒子在夢中跟柯媽媽要告別了，並且跟柯媽媽說（記憶中大概是這樣）：「在這宇宙中有太多的靈體，人在宇宙中實在是太渺小了，只如沙粒，在人間一遭，應做點有意義的事，並說其本來不願意，但他現在要跟菩薩去西方繼續修行了，望媽媽自己珍重，不需以他為念。」據說這是柯媽媽最後一次夢見他兒子所說的，此後便不復夢。

案例六：尋訪諸神的網站

曾任台大校長的李嗣涔教授寫過「人身極機密—人體 X 檔案」、「難以置信：科學家探索神秘信息場」、「難以置信Ⅱ：尋訪諸神的網站」等書。其中所述大抵是與高橋舞、T 小姐及大陸國寶級的特異功能人士孫儲琳女士，用科學儀器諸如腦電波、紅外線、功能性核磁共振攝影術等儀器測量、實驗，研究範圍從早期的手指識字、氣功、人體潛能或特異功能。最後在 1999 年的實驗中，某位學佛的陳教授在手指識字的紙堆中混進了一個「佛」字，令實驗進入一個轉捩點，發現有些宗教所描述的世界，並不是幻覺或哲理，而是真真實實的存在。實驗的進展中到處充滿驚喜及種種不可思議，甚至進入了「信息場」或佛經中的法界，或是宇宙級的世界，而其中談到高層次的生命存在，又在往後數年的實驗逐一證實。有學者稱之：「推翻了三百年來科學界『以人為本』、『人定勝天』的中心思想。」而小師的感想是：至少各教徒大可各安其份，不用再指責對方的宗教是不存在的，至於誰高誰低，就各憑因緣，反正佛教徒、基督教徒乃至各大宗教徒之間，跑來跑去也是常見之事。而小師更大的感想是：李教授的發現是功德無量，至少小師不用再向生命中所碰到學理工的大、小朋友，對那些大抵裝滿了所謂神聖不可侵的「科學理性」，有如灌滿了水泥，硬梆梆的腦袋的人，那麼無奈、那麼不厭其煩地去解釋，他們眼中所謂的「迷信」、「不信」或「巧合」，其實只是一種「真實的存在」。換言之，這些人才有真正的機會去張開心眼，真正的了解自身的渺小，從而改善自己並發現什麼才是改善社會的真正力量。因此小師特此摘述李教授在「尋訪諸神的網站」一書中的一些精彩片段分享緣者，至於意猶未盡或狐疑不決的人，那麼小師只能說自己找書去看吧！

「自從 1997 年和中國地質大學人體科學研究所沈今川教授及孫儲琳女士合作探討人體特異功能以來，就經常聽孫女士述說天眼裡的種種情境，還有天界或靈界的師父會在地打坐的時候，出現在天眼裡親自指導她。這些師父能力高強，可以教功能人各種特異功能的技巧，像藥片穿瓶，死亡花生返生發芽等，也可以告訴功能人過去或未來要發生的事情。」

「沒想到 1999 年 8 月 26 日在十多位物理、心理學家的見證之下，台大物理系的陳教授以一個『佛』字打開了一扇門，讓我們從此踏進了信息場的世界。多年以來做手指識字的時候，功能人 T 小姐都能看到正確的字，但是當日第一次看『佛』字的時候，卻沒有看到字，而看到了一個『亮人』在對我笑。接下來的『佛』字又看到了亮的螢幕，聽到了宏亮喜悅的笑聲，還有看到亮人出現在實驗室裡。後來以『菩薩』、『耶穌』等特殊名詞測試，功能人的天眼裡也分別出現了亮人、發亮的十字架等異象。但是只要換上普通的字眼則異象消失，仍然看到正確的字。」

「決定性的證據來自半年後對藏文、希伯來文的神聖字彙以及回教神聖圖案所做測試，實驗者及功能人完全不懂這些文字，但當功能人以手指去識藏文的『蓮花生大士』、『瑪哈嘎啦』（密宗白教的守護神）、希伯來文的『I am that I am（上帝）』、回教的代表『阿拉』的圖案等字條的時候，天眼裡都出現特異的景象，看到各式的光芒……，由此證實了在我們四度時空的物質世界之外，有一個信息場存在。它好比一個龐大的網路世界，裡面存在著各式各樣的網站，這是我們文化裡、宗教裡所講的『虛無世界』、『無色界』、『形而上』、『靈異的世界』或『天堂與地獄』。而這些神聖字彙就是一個頻道或網址，讓功能人能接上了信息場的電台或網址。」

「第二年我又訓練了一批小朋友，其中徐小妹的功能比較強，我也讓她嘗試一些特殊的字彙，『佛』和『耶穌』，她卻像平常依樣看到正確的字；但是『藥師佛』三個字卻讓她看到不一樣的景象，『藥師佛』三個字背後有一道強光，像太陽一樣亮，照的眼睛睜不開，而『彌勒佛』則是沒看到字，只看到彌勒佛佛像。後來有機會請大陸的高功能人孫儲琳女士也試試以手指觸摸神聖字彙的試驗，結果，「佛」字讓她看到了萬道金光，而『佛山』則讓她看到了一座晶瑩剔透的琉璃山。同樣的字彙雖然可以讓功能人都看到特殊的景象，但內容卻有很大的差別，這是怎麼回事呢？如果信息場是網路的世界，神聖的字彙是網址，那麼功能人功能的高低或許就是網路瀏覽器的版本新舊。」

「神聖的字彙的網址要寫得正確，或者聲音要對，而且功能人的功能要高，大腦的網路瀏覽器要新，才能連上信息場內神佛的網站，直接與神佛溝通。」……「我們試了『觀音』一詞，繁體寫的『觀音』都會導致景象，看到很亮的銀幕，看不到文字。但是改成簡體的『觀音』則銀幕的亮度大幅減弱，字也出現在銀幕上，似乎神聖的意義減弱了。」……

「我也曾經嘗試以文殊菩薩的文殊兩字，分成四種寫法，……，結果只有由左到右及由上到下的『文殊』產生異象，有亮光及亮字，其他兩個與閱讀習慣不合而沒有產生異象。這也表示閱讀習慣也就是文化因素，摻入了心物合一的初階辨識過程。」

「經過T小姐的手指識字實驗，我們獲得初步結果如下：『關公』，最先會有嚴肅的感覺，接著字就出現了；『玉皇大帝』出現亮的銀幕；司人間祿籍的『文昌帝君』在銀幕上出現有些暗有些白的花紋；『媽祖』看到有一點亮的人；『濟公』看到一個亮人或亮的銀幕，亮的程度只比佛或菩薩略低。禪宗初祖『達摩』看到有一點亮的銀幕，……，看來『文昌帝君』的網站也是人們集體意識所塑造出來的。由此推論，像佛、菩薩等神通廣大的眾神，不但自己有能力建立網路，再加上千百年來人間大規模的祭拜，極有可能出現滾雪球效應，形成超級大網站。」

「因此我們就嘗試用『耶穌/SAM』來做試驗，T小姐第一次屏幕打開時，果然又看到遠遠有個十字架，內部光芒四射，接著屏幕消失。等到第二次屏幕打開之時，她竟然走向大門口，感覺像是十字架像她靠攏過來，成功了！用兩個神聖字彙的聯集果然有效。我問她：『十字架有多大？』她在紙上畫了一個中空的十字架，然後在下方點了一下，表示那一點是她的大小，原來十字架是一座高聳入雲，宏偉壯闊的大門，內部充滿了光芒。」……「妳說『哈利路亞』試試看。T小姐心裡說聲『哈利路亞』，十字架立刻迎面急速飛馳而來，接著便感覺自己全身浸沐在一片光芒之中，她進入了大門。」……「不過我們這次的實驗發現：口中說出密碼，提出請求，才能結網站其他網頁，不能只靠書寫的文字，或者換個角度看，信息場這個網站除了書寫網址或以網址的聯集來連網外，還可以自接向網址，主動提出口頭請求，來看網站的內容。」

李教授在本書裡其實談了很多其他的東西，諸如參訪藥師佛的花園、靈療、符咒、宇宙、自由意志、動物溝通、預言、古文明、外星智慧甚至宇宙起源，撓場及隱密能量等探索，但受限於……不是篇幅而是小師手酸了，就再介紹兩個片段，我們就休息了。

「在信息場的世界中似乎沒有時間的限制，過去、現在與未來同時存在，因此信息場的靈體可以看到物質宇宙的未來。」……「我們也就預知未來與自由意志衝突的問題向師父請教，他的回答是英文，大意是：『一個人一生有很多不同的路，其中一條時早已決定了，其他的則是由妳自己的決定。』」……「我們又問了另一個問題：『信息場的神靈如此的多，功能也很強大，會不會您看到的未來被另一位神靈以念力改變，而導致預測錯誤？』師父的回答又是英文，意思是：『不是我們神靈去改變它，而是你們才能改變它。』這告訴我們，自己的命運自己掌握，神靈也沒辦法替你改變。」……「累積了很多實驗與邏輯思考的結果，我們發現師父所告知的未來如果當事人能夠控制改變，則往往不會發生。因為當事人若知道它的未來，他會有一套自己的想法，努力的目標。一旦知道了自己的未來，則容易瞻前顧後，甚至時時考慮，是否真的想要這樣的未來？或者由於相信了這個未來，碰到談判或下決定時該讓不讓，結果反導致了不該發生的事情發生了。自由的意志常常干擾而改變未來。信息場師父預測對於阿富汗的戰爭正確但對於 2003 年所展開的美伊第二次波灣戰爭，卻與我們我認知的事實不相符。」

「我們請教 T 小姐的師父，請其開示：人為何會生病？是 (1) 身體的機械問題或是 (2) 靈的問題所造成？師父回答說：

『都有。』再問何者較多？答曰：『(2)，(2)是比較難。我在 2001 年經朋友介紹了一個大靈療者，專治靈所引起的各種病症，包括一些現代醫學認為是絕症的病例，令世人震驚與敬畏。治病的原理完全是佛教所講的因果業力，藉由談判、協商、做功德迴向，找出雙贏或多贏策略，而達到治病的效果，完全不需要吃藥。我觀察到的一個案例如下：案主是一個三十多歲的年輕人，患有近三十年的嚴重氣喘，一直要靠藥物控制，他的父親是榮總的醫生，但是也只能控制症狀而無法根治。經過大靈療者判定氣喘的原因是由於靈的干擾，只接受三次治療，就治好了三十年的病疾，沒吃任何藥物，到現在已經兩年多了沒發病過。……經過將近三年對靈療的觀察，逐漸了解這宇宙－包含物質時空與信息場，有著我們無以名之，因而明知因果或業力的運行規律，『諸惡莫做，眾善奉行』、『不是不報，時候未到』，這些遠古的智慧，或許是先聖、先賢們與信息場溝通後所獲得的寶貴經驗吧。……靈療者之所以能夠洞悉真正的病因並進行治療，也就是和致病的靈進行協商，最基本的條件就是『看得見』，看得見一般人看不見的事物，也就是俗稱的『開天眼』或『天眼通』。不過根據我們的觀察，所謂天眼有許多不同的層次，所見的世界也大不相同。」

小師在年輕的時候是好事的，怎麼個好事呢？在三十歲以前，對玄奇的事總是半信半疑，從最基本的命理、風水到神壇、通靈等事總是愛聽。甚至為了人有無命運，而自學命理，成了紫微斗數的小師，最多的時候那些東西命理靈奇蒐集起來近百本，同時也開始對人免費服務，也藉此增進功力，勘定有無。那段時期，只要有電視播的真人真事或現身說法的或從有緣的長輩瞭解、得知來的，只要有觸動心中或覺得很特別的事，無一不記錄起來。在那還是電話撥接上網的時代，不知不覺中記錄大大小小的事蹟幾乎數百，同時，只要近的、奇的、能力所及的也會去看一看，瞄一瞄是否真的有那麼一個人或如他所述的那麼神奇，小師就會去做一個小小的冒險，探訪一下，那個心情就像愛吃甜食的小姑娘碰到一道精緻的法國勃朗峰栗子蛋糕，或馬卡龍般的興奮與不可自拔。舉例言之，有次看到電視上曾經是個混道上的大哥，自述其最後進入了苦窯，在監獄中與一女鬼談起了戀愛。該女鬼就苦心勸這位大哥，並說其投胎將近，只要大哥願意洗心革面，該女鬼願意在轉世投胎為人後與這位大哥結成連理，餘生相伴，並說了一定履約，且一定能再遇見這位大哥，請其一定要信，一定勿憂。這位大哥信了這位女鬼的話，洗心革面而且在出獄後，苦等了二十幾年，終於與這投胎為人的小姐結婚，並因為這位小姐靈界記憶尚存，便一起做起為人靈療的事業了。這位大哥便將這奇事的始末與其處理的靈案，寫成一本書出版。小師不但買了這本書，還隨書上所附地址去看，果見一小公寓中，排了十幾位民眾有如醫生掛號問診般等待靈療，也真的見到那位當時五十幾歲的大哥，與一個二十幾歲的「世間小姐」，這對老夫少妻，小師才摸了摸鼻子，心滿意足的回家了。至於這本書的書名，小師向緣者很抱歉的說，已經忘了，原因是十幾年前有次政大六、七個心理系的學生來找小師聊聊「超心理學」的事，小師便送了這本書給這些小朋友影印參考，可能沒有還回來，小師遍找書櫃，已找不到這書了。但這事小師負責任的說是真的，是小師親眼目睹的。總之，小師在此還想向緣者分享小師這輩子見聞一些真人真事而且有深意的事，在看完後，然後再想大膽地談一談所謂靈界或法界小師所相信的一些結論。

命理

案例一：

約在三十二歲左右，小師經同事推介，去探訪一個沒有掛招牌，只靠口碑推介的紫薇高手，以當時而言，其費用也在中上，地點應該是永和其家中。當時說了很多，只是事涉以前的記憶不太清楚了，印象較深的是他極有把握的說我將來會幹公務員，對當時的我而言，要走這條路是不可能的，因為在此之前小師是有機會進入的，要嘛早走了，而且當時也無一絲興趣去幹公務員，記得當時還頂了一句：「怎麼可能？」。誰知一、二年後，僅憑念了幾天書，很故事性的（如序所說）去徵試中央標準局（現改名為標準檢驗局）的約聘研究員，百中取一打敗了很多法研所高材生，莫名其妙的幹了二年多短命的法務。

案例二：

收集中有些雜七雜八的命算古書今印，簡單的算法及簡單的解語就斷了小師自己一生的側寫，記得一本書批示是：「閩南生人，崇信佛教，身閒心苦，好春風，心慈無毒」幾句話，混至今日，只能說不差。

案例三：

沿著台北汀洲路好像過了忠孝東西路有個號稱葉子仙，收費極廉，一、二年前走訪過也是印象深刻。算命方法是從一枝榕樹樹枝中，僅憑小師隨手摘的一葉片樹葉就對小師說了幾句要點：「過去十年間，不甚好過，成佛非一世可成」，問題不在他說的對不對，令小師訝異的是在一句不吭下，就能道破潛隱在自己心中的掙扎處與想法，問到他的師承，他說其師父是唐山秀才，傳他有口飯吃，非法術也，好玩吧！

案例四：

小師以前住景美，在興隆路一、二段有個小宮，大概就是一間普通店面大，宮雖小但名氣好像還不小，因為白冰冰在第四台的節目「追緝第六感」就曾簡略的報導過。它之所以出名，在於它的宮廟主持有特異的命相方法，常常吸引全省的人來此問卜前程，小師一向對這種宮廟，抱持較謹慎的態度，於是先觀察了一兩次，但每次看了掛號滿滿的人，無不目瞪口呆的回去，不得好奇一試；它的問卜方法是拿個八卦，內外八卦各置三個象棋，要問卜之人隨手翻出六個棋子後，由主持一一解說，一個人不到二、三分鐘就解決了，原因是主持絕不猶疑，話話點到重點或隱私，難怪一晚可解決數十人。小師也試了一次，雖不細盡，但的確是掌握重點，同時也不亂嚇您，算一次只要燒個二、三十元的金紙，也算難得的經驗。

各種算命的形式五花八門，未能書盡，但小師當時的心得是它的確是存在的一種事物。說僅是遠古的知識或僅是種統計，則未免太小看它，但盡信或盡百分之百準確則亦太難，小師個人相信若是稱它為一種知識，也必是古聖先賢所遺留殘缺的知識，同時解讀它的人，修養造詣與專攻則決定了準確的有限性，雖然它是在準確上有限性，諸如七、八成好了，還是有其更大的價值與意義。這種價值在小師個人認為是在透露及證明吾人所存有世俗外的生命或宇宙，存有未熟悉的世界—法界與靈界，其目的不在準確率多少，而在提供您省思的機會，而不論它所提供或證明的訊息層次有多低。比如說就算一個人八字在尋常各種命算之後，姑且不論其精準是否百分之百，但吾人不可不承認，每個人的格局與人生重大事件您很難跳脫，無論您愛不愛、信不信。事實上，小師所知道的是：如無非常努力的修持，您是很難跳脫這格局與特定事件的，所以您不覺得「為什麼每個人有一定的格局與特定事件」？就是一個供您可細細思考的起點，您要在乎的只是命運好不好、順不順？還是您為什麼會有這樣格局及背後的意義？

風水

風水的故事很多，小師對風水的研究，必須承認還僅是略有研究，但硬是要判定的話，小師相信它是存在的。只是這種存在，是否如一般風水書籍所說，小師還在觀察，但是一個原則似乎是成立的，那就是「福地福人居，無福者無能居福地」，福地是不可非分強求的。搜尋記憶中，有個老伯講述其經驗，就在此一提：在中標局任職時，有很多出差的機會，而且多數都由同事們開車往返，但回程時，因任務圓滿後就較輕鬆，因此與同事就會在回程沿途或順路小玩，尤其挑山景秀麗的途徑回家。一次，地點大概在桃竹附近的省道，隨意地逛到一處家庭式小小觀光果園摘橘子，守在果園中只有大概六十左右的樸質台籍老伯，子女都在外地工作了，這老伯看起來挺老實，也不是愛吹噓型的，只是似乎難得見著外人，就有些許攀談。然後就說了以下的事情，記憶中大概是這樣：他說他有表兄弟輩的子女婚後求子相當不順，大都女胎，而且常流產或是殘疾，後求神問卜方知似其祖墳妻房間不合，且墳地似乎須加修整，於是請人修整告祭後，果求子得子。在這過程中有修墳工人，大概在路程中有誤觸他墳，回來後小腿腫脹如大腿，不良於行，於是各方就醫但治療無效，老伯及親朋好友曾推想大致是沖犯不敬所起，曾加建議回原工程施作的附近燒紙錢請罪，但該工人甚鐵齒而不加理會。奇怪的是，經過一段時間就消腫了，但是更奇怪的是其後二三十年間，那工人腿定時的又腫脹如初，然後一定期間後又消腫了，最後那工人只好投降，乖乖的行禮如儀請罪去了才不復發。老伯強調說，那工人是他熟悉的，在那幾年，當他到市鎮中，常看那工人拖著腳走路，而且小鎮中也多人知曉此事。

鬼沖

這事也是小師當時直問當事人而確信的，小師有個熟友服務於教育界，其妹亦為該界中的國小教師，一日朋友來電告知小師，其妹帶領班上學生去畢業旅行，地點好像是在奮起湖一家旅社。在接近午夜時分，其妹及同事正在床上休憩，準備入眠時，突然見到一個流血滿面的小童，由其房間的落地窗外飄入，曾一度靠近其床邊後就沿床邊飄向房門外的走廊。其妹的腦中正在想，奇怪，落地窗外就是山崖，怎麼會有小童入室，會不會是眼花了，正此時，房外的走廊傳來吵雜聲，就趕緊起床出房門外到走廊，當時她看見其他班的同事正在安撫一男二女三個小學生，小男生撞到柱子頭流著血，而且也撞到了小女生。他班同事以為小朋友是半夜上廁所，跑跑跳跳難免發生狀況，而其妹正狐疑著一些事，也不敢吭聲。其姐告訴小師時，小師曾問其妹，回來後是否安康，其妹答稱：安康如昔。小師只好默不作聲，聽完了事，但心中在想，怎能沒事？因為以小師所知鬼類固然不一定不是善人，但是此種情境恐非如此善了。終於有日走訪吾友，其妹亦在，小師亦是第一次見到，她雖已婚生子，但因才三十左右，個性上仍有點活潑刁蠻兼頑皮的影子，於是逮住機會詳問一番，才發現其姐疏於告訴小師的地方。其姐說她雖非篤信佛教，但平時也常隨喜念佛號，手上也帶著六字大明咒戒指，事發之日那流血小童鬼魂亦曾嘗試接近，但其戒子有束小白光衝射出，小童就離床而去，而且該次旅行之同事，在事後一人離婚，一人送精神病院就醫，如此說完，小師認為合理，合理的原因是符合氣運低時易遭鬼欺。

冥婚（取鬼妻）

這個故事大概在小師三十三歲時，因小師準備結婚之前，要重鋪家中地板磁磚，所請到的地板磁磚工人夫妻告訴我的。而這對工人夫妻，男的大約四十許，感覺樸實誠懇勤奮，教育程度可能國中以下，其夫人是原住民，更是沉默的緊跟其夫，而不發一言型的女人，而且可能因辛勤勞累過度，臉上黝黑憔悴的樣子，看起來反倒像接近六十左右的人。他們是屬零工性質，小師是看他們在鄰近工作時，覺得應為可靠才請他們來幫忙。大概是看到當時小師家中沒有擺設任何神像（因為當時小師總覺得信佛或任何神明，重在心中的誠敬），所以就問小師：你信神嗎？當時小師還對這種事之理解如一般人，不敢置論，就與他有一搭沒一搭的，沒想到反而勾出他一段經歷。他說：您信不信有次我開小貨車回家，距離大概如從台北到宜蘭那麼遠，可是開車不是我，您信不信？小師忙問到怎麼回事？下面就是言語間整理出的事情。

事情是這樣的：他說早在幾年前他就諸事不順，開始不以為意，到後來有女子經常托夢給他，說其與他有宿世因緣要嫁給他，他還是鐵齒到家不加理會，因為在那段時日，亦有所謂神明要抓他當乩童，他也不加理會，任由其父執輩出面找人申說不願之事，所以一概不理。哪知那女子還是常來，他還是不加理會，只是結果越來越慘。最慘的一次是有次打工時，旁邊卡車上的大吊車，不知什麼原因溜翻了下來，大吊車上的鐵鉤，不知如何的從其後股插入，鐵鉤尖由大腿穿出，那次事件讓他足足躺了半年有餘。也就是那次學乖了，傷癒後即找人辦婚事，而且經查這女子亦確有其人（好像就在鄰近村鎮），結婚後，則諸事大吉。而那次開車回家的那檔事，就是在他冥婚後，有次有人請客，他帶著酒意開車回家，但半途上他就人事不知了，只不過車不但開到他家，而且妥妥當當的停在車庫中，次日才由其妻告知，而開車的就是他冥婚的二老婆。小師聽到這裡還抱著讀書人「實事求是」的態度，問他仍在埋首工作的老婆，也就是在旁工作，自始至終不發一言的老婆，為什麼您知道開車的不是他呢？當時他不是醉到不醒人事嗎？他老婆才暗啞的開了喉嚨說了一句：「聲音、表情都不是他嘛。」就再低頭繼續工作，那種樸質到沒有表情的表情，讓小師至今仍印象深刻，至此小師已無言了，再問的只能是：「有那種冥婚的老婆有什麼好處？」他回答說類如大家樂那種簽賭，她都會告訴他，大獎是沒有，但小獎總是不斷，雖然不是每期都會告訴他，加上開車等事，還是很幫家的。這件事後，小師的反應是自己開始請了第一張菩薩像在家供養，也可說是此生小師的一張菩薩像的緣由。

黑白無常

小師在早期常思考有無所謂的黑白無常或有關地獄的事，一般都是寺廟中的書所見，但到底存疑著。一直到媒體對玄異的節目持開放態度後，才比較有個人述及本人見證的節目，諸如觀三姑（觀落陰）及有關的書籍，見證這類似地獄觀光旅遊團的旅程，發現奇怪的是都有其一致性，所謂的一致性，就是旅程的站別及所見所聞有其一致性，當然這種一致性，是否為地獄的完整面貌，以小師所知應該不是，他們所見的層次應該是「滿觀光」的，也就是將一定層次的訊息反應出來而已，或者是說反應「有無地獄」出來。姑且不論其他，最有代表性的例子，是老牌演員乾德門的見證，他在台視的「鬼話連篇」說過，也在第四台說過，以民國八十五年四月一日力霸的節目中表示，其遊歷地府不下十次。其歷程為先齋戒七日，後作法如儀後，開始下去旅遊，第一站為大草原，最後為和樂街夜市，也曾見所謂中國人男女本體之元神，亦即樹與花，亦曾見人在地獄受刑，也曾述在第三次途中曾遇小學同學要冥錢解決問題，但其答應後忘記，結果第四次其友再催促，次日即不敢忘記，急忙送錢，並見其友魂立於樹梢，拜謝而去，自此後乾德門加強修行，連「粗話」也不敢再說一句。不過於此，小師要說的是有關「黑白無常」的事，事實上，這也不是小師所聽聞本人見證過唯一的一件，只是滿精彩的可為一種代表性。在民國八十五年五月間，小師曾考慮換屋，然後找了仲介公司談談，閒聊問文山區三德房屋葉主任告訴小師他的親身經歷，他說：在他高中時期，常突聞背後有聲，以為是同學嬉鬧，但回首常不見其人。之後，其夜宿家中閣樓，夢中先聞靈聲吵雜及見諸靈甚眾，最後見黑白無常，舉牌示其，牌上有書其名隨即將他上鐐銬，並要他隨後跟行，後入一個山洞，洞內水流潺潺，紅、藍光四射，諸靈行走其間。他正在茫然之際，山洞頂上突然開洞，見關聖帝君金光閃閃的半身像，而關刀由洞伸入，大小如一小銅柱，他便不自主牢牢地抱住不肯前行。正此之際，隱約聽聞關聖帝君與黑白無常對話，說他為千年古靈，為關聖帝君之弟子，奉旨救其出脫，隨之夢醒。奇怪的是，醒後見其手、腳皆有受銬的瘀痕，之後並聽從靈修道友的建議，趕赴行天宮參拜，並於家中供奉聖像。於他婚後，並開始學禪坐，曾於靜坐中見「達摩祖師」，其曾懇求希望祖師收錄為弟子，祖師說若要收他為弟子須依他三件事，第一：磨去脾氣，第二：無思無想不吃不喝靜坐十日，第三：要他回答何謂「悟」、「道」二字之意義。他果真禁食十日並靜坐，期間有思怠惰睡眠之時，就覺有人打其後腦，於是只得乖乖坐正。十日之後，覺得脊椎熱流湧上，腦門腫脹，頂門麻麻，並有人要他答「悟」、「道」之義，他說尚未答之，原因是每當要答之際，便要其禁口不言（悟者之人，當知其意）。另外，前文中所提其靈修之友，如何踏上靈修之路，亦有奇特之處，附帶於此述之。依葉先生說該友是其國中同學，一日突然瘋癲狀，友母以為精神病（實為：神靈附身），後該友不久後便不由自主地離家出走，走遍中南部各地區，最遠曾至高雄，途中以垃圾為食（其友心中雖不願，但髒亂水食，仍不由自主地塞入口，但身體並無異狀），其在中南部之行程中曾入一廟寺念經，即進入，盤腿上坐，對廟中徒眾言您們供養我像，不依我道宗旨傳法，只知聚斂，實為不該。而該廟眾，原以瘋徒欲趕他，聞言後伏拜，並希其留駐該地供養、傳法，但其友口言：「不可能，且此地將衰」後便離去（該寺廟果於後日在郝柏村當政時，經檢警掃除之，負責人入獄受刑）。經此一旅程後他仍返回家中，其母仍以為瘋兒知返，又驚又喜，但隨即神靈附身示現其母一二，諸如其自稱 XX 附身，足踩花步，諸如又有謂白蛇附身，其母見其子能狀如蛇物，不僅在桌椅下蜿蜒蛇行，且能上直立之牆遊走，直至附身之靈去，才從牆上向後直直落地。最後其母信之後，方告訴其父母說：「此身此世，受其撫育，恩必報於來日，唯此身之後將由其自己負責，不要再予妨礙。」此後才開始行道，其行道的方式，似知人之前世因果，但並不告訴人而是遇某人有問題來解決或待解時，便告訴該人，查閱某經典，即可解決，至於若問其友為何採此方式行道，其答案是：「前世之因，知之無益，欲免來世之果，則需乘早修行」。

似真、似夢

在這裡想提二段故事，也是小師親自訪談的，但訂這個標題有點怪怪的，只是細想下卻無可奈何，因為二個都跟夢有關，但又不限於夢，事實上的判斷也不僅是夢，而意義、包涵又不相同。但前者故事小師自己想說的重點是生前死後是不同的，生者實不需執於事相，無論是看起來如何不堪，有點像佛典所言：善業、惡業哪個先熟，固然有些業報是於人世，但有些福報也非定在人世的問題，至於其他的意涵，緣者若不妨細想細體之；後者是有關自己小妹佛緣的事，二者反正都是當事人認真說給小師聽的，由下述之。

其一：是一個在中標局認識的，自我託大點是小師的忘年交，也是小師在短短公務員生涯中，教導與幫助小師一些公門中事的師長，小師個人非常尊敬他，小師稱他為謝老。小師敬謝老的原因，在他的耿介、厚道與豐富閱歷後的精練能融於一身，而不在其簡任的官位；但謝老還是有缺點的，在小師看來是有點頑點而不肯曲讓的習性與情執太重，只是對一個已經六十出頭的老人，小師也難說他什麼。下面要說的是謝老的傷心事，在二年前謝老的妻子，被入屋偷搶不成的宵小所殺傷後，因無人即時發現而流血過多死亡。謝老終年是暗自垂淚，因為謝媽媽不但與謝老鶼鰈情深，而且兩人攜手扶持走過無數艱辛歲月，更重要的是在謝老口中，謝媽媽是於公於家都溫良、賢嫻、勤儉，不與人爭的人，對謝老沒有一次紅過脖子，一輩子辛勤，未享絲毫清福，而家中因養育子女，近年方得輕鬆時，謝媽媽就撒手人寰。記憶中無數的感念，交盪於胸，無怪謝老垂淚終年。但謝老明確的說，謝媽於法事後，他曾清楚見謝媽著古裝坐古轎向其揮手致意，亦曾多次夢中返向其安慰拭淚，甚至亦曾著平素居家衣服現身家中告訴謝老寬心，兒子日後有益大眾，只是不許謝老近身，而其子亦果真於日後因緣牽引，服務於慈濟電視台中，並受證嚴上人大用。

說完謝老的故事後說小師小妹的，小妹是個公職護士，因體質與時差適應關係，在從事護士工作總是苦不堪言，而二年多前小師正有些許精進，也對佛教有點清楚掌握，就想告訴她一些佛教的事，她反而告訴小師一個日前才夢到的離奇夢境，當時她可說是未信佛教，對佛教而言也是一知半解的狀態。她說一日夢中她不知在何處與一個小沙彌在一起，小沙彌長的胖嘟嘟的很可愛，頭上戴著一種不知何朝代的四方形，而其後有一片布巾的帽子，小妹覺得好玩，就把玩他的帽子，一面問他叫什麼名字，那小沙彌說：「普賢」，小妹還搞不清楚，要他寫給她看，那小沙彌還在其手中，筆劃給她看，一面清楚的說著：普通的「普」，賢能的「賢」。小妹夢醒也不當一回事，直至小師跟她說起佛教的事，並且問清楚她從未聽過或到寺中見過普賢菩薩，小師才很肯定的說她佛緣到了，並對她說明一些佛教的事，她才清楚的知道佛教有個「普賢菩薩」，最後才聽我建議供奉菩薩像，這也是小妹家中供奉「普賢菩薩」像的由來。

萬物有靈

這裡要說的是早年小師家中養的金魚，小師家的魚缸只養了二隻金魚，養的原因是想添點生氣，故也不求多，就是小小的但是有長長的尾巴那種。二隻一大一小，小的小師總是覺得較有靈性，因為小師覺得牠會學習，也會打招呼似的，一旦小師招手，牠就會來。而所謂會學習是有次大的不知是否生病了，反正魚肚翻天，小的就有模有樣的學魚肚翻天，而這種狀況應不關牠有病與否，因為牠學會後達二、三年常可發現只要牠吃飽了就很滿足似的，翻起肚子在水面休憩。一開始小師以為牠生病了拍拍魚缸，牠就很不好意思似的回復正常，游到下面去了，而且活潑的很，二、三年來如此，家人也見怪不怪由牠去了。更奇怪的是家人都知道金魚如果生病了，快死了時，都會受到其他金魚攻擊，魚販也會這樣告訴您的，但小師家的金魚不是這樣的。有次大金魚已經病了兩三天了，不但奄奄一息，而且怎樣也不能平衡了，而小師仍正常餵食時，親眼看見小的金魚努力由下而上托著大金魚的身體，好讓大金魚嘴巴也能靠近漂浮餌食吃點東西，小師心裡一陣感動，過後兩三天，大金魚終於死了，而小金魚就一直單獨的活著，但還是常常四顧無人似的，翻著肚子睡覺，牠就這樣活了兩三年。最後有次牠的確病了，因為牠的姿勢不像平常睡覺也不能平衡與下游了，看牠的確是很嚴重的樣子，但小師輕敲魚缸時，牠還是努力游過來，第二天早上牠就死了，小師念往生咒並土葬了牠，小師不知道是否這就是牠最後的告別，但小師所說的都是真的，信不信由您。另外是個有關馬的故事，這是小師內人入院開刀割盲腸期間，與一位個性甚為爽朗，隨政府來台的老兵，後轉任刑警退休的老伯說的，他不但跟小師說一些當戰亂來台時所發生在他的個人經歷，使小師感受到猶同一幕幕塵封在書本中的歷史事件，突然活生生的到您面前，使您覺得歷史不再是歷史，而是同樣是鮮活的人、時、地、物組合，只是您沒有參與，甚至您會慶幸沒有參與。然而除了這個悸動外，記憶較深卻是這個故事，小師只能從其真摯的情緒中判斷其真實，而無相關的知識去判斷，但終究小師寧願相信是真實的。他說，在未入伍前，他只是在東北學著販馬的小夥子，有次有人牽著一匹生病羸弱的馬，要廉價賣給他，他覺得這匹馬有點不同，加上他亦師亦友的同行老鄉告訴他，這是匹落難的好馬，買下來必有厚利，於是他就買下來，並用肥草好好照料，等到情況不錯時，就牽到鄰近的軍營想賣給一個愛馬、懂馬的營長。結果一見營長，馬兒就顯得一副與營長有緣的樣子，營長亦是個行家，二話不說就出了高價，然而他還抓住機會欲言又止的抬價一番，最後成交的價錢是他買入的二百倍，他說那相當是一群馬的價錢。然而營長也不吃虧，因為當他還有機會見到這位營長時，營長說這馬救了他一命。營長說一日他將馬兒栓在遠方的樹下吃草，結果馬兒一反常態掙斷馬繩，就從遠方急衝過來，營長識馬有素，就立刻翻身上馬，任馬前馳，營長說在他上馬二、三分鐘後，大批紅軍就從四方包圍突擊他的軍營，而那次劫後，倖存的同僚僅數人，若非他那時已上馬前馳，恐怕也難倖免。這位養馬、識馬的老伯又說，隱隱中馬亦有倫常，他說，母馬、子馬不能交配，若一定要交配，必須將母馬矇上雙眼，否則母馬必定瞎眼，是否真如此，小師亦只能來日再就教與求證養馬之人了。

嬰靈

嬰靈的存在與否，爭議甚大，即使一般通術之流，亦莫衷一是，而佛家亦少論及，然而這裡可以提供一則事情，以供參考。有位陳師姊，是小師極信賴與熟稔的，至於小師為什麼對其這麼信賴，因為這就是下篇文中的陳師姊。在此緣者暫時了解她是個真心修行的人就好。她曾告訴小師說，有次夜夢中，清楚地看到與聽到一個約莫國小一、二年級小女生與形象看不清的二個大人來找她，小女生清楚的說到：「我是您妹妹的第X個女孩。」並說明她哥哥與弟弟叫什麼名字，請陳師姊念經迴向給她，說完就消失了，陳師姊次日就念了幾部經迴向給這小女生，然後就再不為意。直到有次她不常聯絡的妹妹遠從高雄打電話給她，她才向她妹妹提及並詢問是否有這個小孩，她妹妹很驚訝的回答她，約莫距今十數年前，因為家庭經濟與環境因素的考量，她曾瞞著先生私下墮胎，而且至今不曾告訴她先生及任何的親友，算起來是個人一直隱瞞的私密。她固然不知道當時墮胎的是男是女，而且小女孩所稱哥哥弟弟的名字，也的確是她現存小孩的名字，這個例證才使小師對一直存疑而常與斂財糾纏一起的嬰靈問題有了一定論斷。

以上大致是小師個人有機會訪談、了解的一些案例，當然案例也不僅如此，只是重要性不如前述幾個，接著下面所提到故事，雖然不是小師親自訪談，但也是由其本人在媒體見證，可以查證有據的，也值得深思參考的真人真事。小師於此略舉一二：

迴向與二次審判

這是民國八十五年十月十二日台視的鬼話連篇節目中，一位呂美秦師姊自述的事情，呂師姊是個虔誠的佛教徒，念經早晚課有十餘年如一日。有次她在電視上看到一個黑社會的大哥大將被槍決，該大哥大在行刑前似乎因己至如此田地的心理，所以在胸前配戴一小幅觀世音菩薩的圖像以赴黃泉路，呂師姊看完電視大概覺得感嘆其臨死方露善根，同時也是一種因緣，就發願誦經三日迴向給這位大哥大。數日後，呂師姊夜夢這位大哥大好像由人押解而來，向呂師姊磕頭稱謝，言其迴向的經典收悉，這對他的罪孽消除有幫助，但是無法完全免除其罪業　，他仍需在陰間受審受罰，言罷即去。

追魂索命

民國八十六年六月七日台視鬼話連篇節目中，一位王師姊自述的見證，王師姊也是個虔誠的佛教徒，自述在民國六十四年遷居至其現行住所時，即覺得與樓上鄰居齊太太甚有因緣，而齊太太是位教師平日亦忙，但兩人還算得上比僅是鄰居還好點的朋友。有日起，接連數日這位齊太太凌晨一點左右就來敲王師姊的門，王師姊應門後，就見到這位齊太太眼神呆滯，頭部轉動僵直，神色離魂，口中喃喃的說：「我無法睡覺，您的聲音每夜都在耳際跟我說您要我死。」王師姊當然莫名其妙，想問清是怎麼一回事，但仍是見其喃喃自語，最後只好半勸慰半解釋一番，說她並沒上樓也無此心念，送齊太太上樓。但接連數日都是這樣後，王師姊才意識到出乎尋常，才帶著齊太太到民生東路與民權東路附近一位具有陰陽眼或天眼的靈媒小孩求助，而這小孩才七、八歲，他們稱他為小菩薩。小菩薩見到這位齊太太後，緊張並慌忙的告訴王師姊說齊太太旁有二鬼，手持令牌與准許書錄，說齊太太欠其數命，欲求索命並一定要其死不休。最後小菩薩經與二鬼談判結果不知如何，後來建議王師姊與齊太太至知名大廟行天宮求神解冤，王師姊更至誠求神佛並願意頌經咒迴向二鬼，回家後亦如此作為；次日，齊太太便正常一陣子，但不久後，王師姊在上班中便接獲小孩來電，說樓上齊太太不知何故墜樓，王師姊至醫院才見到齊先生說其太太墜樓時幸得樓旁大樹，先撞後再墜地故幸能不死。王師姊就曾再請教小菩薩為何如此，小菩薩答道是因為王師姊所供俸菩薩護佑，回家後王師姊就聯想到是否讓齊太太自己供俸菩薩會好些，就建議齊先生，齊先生亦從善如流，從新裝潢奉請菩薩，王師姊亦教授如何禮佛經懺及迴向予齊太太，如此這般，果真相安無事過了一年，正當大家輕鬆懈怠下來時，一日齊先生心血來潮趕回家中，發現齊太太自己把自己頭按入裝滿水的浴盆，但似有人從旁按入似的，但齊太太神情恍惚亦不知掙扎，齊先生慌忙從背後一把拎起才救回齊太太一命，至此事後，齊先生就認為家中或許不乾淨，就覓屋他住，搬離了王師姊那地方。但約過一個月，齊先生打電話給王師姊問她知否齊太太下落，因為他們搬至新居後一星期，齊太太就失蹤了，當然王師姊也不知道其下落，然而就在這通電話後過一、二日，報上已刊載基隆河出現一具浮屍，經指認就是齊太太。

緯國將軍的見證

蔣緯國將軍於民國八十六年去世，一生中不羈的事蹟，小師雖有耳聞，但關於他靈異的見證是個人首次見到。小師於民國八十五年九月六日三立電視台「台灣靈異世界」節目中，蔣緯國將軍於VCR中親自現身說法，他說於民國八十五年間一次開刀期間，在一次可見醫護人員穿梭，儀器歷歷在目精神清楚的狀態下，看見蔣公中正坐在病床旁的座椅觀視其病情，但奇怪的是護士人員行動時，卻能穿越蔣公的身軀，然後就見到已逝世的黨國前輩也來探訪，其中亦包含國父孫中山先生來訪，當時蔣公欲從坐中起身，但國父按蔣公肩膀說：「不必站起，他只是來看看緯國。」之後緯國將軍亦看見有白衣大士冠白冠領戴季陶先生（傳說緯國將軍生父）來看緯國將軍，而後即隨大士消失在白色雲霧中。緯國將軍應不是佛教徒，但能如此說，想必不是子虛。另外一則蔣家故事，隨筆提起，也是小師所認識的一位老伯告知的，而這位老伯又是其方外的朋友，一位似曾隨行廣欽和尚師側的高徒閒談時提及的，他說經國先生曾經為求台灣前途之政策方針三次請見廣欽和尚，然而廣欽和尚皆不允見，最後一次，廣欽和尚說需依其見而行方行允見，經國先生同意，此次廣欽和尚會見經國先生時，曾告訴經國先生如希望蔣家後代較為平安順遂，應及早解嚴等詞，據說因此乃在身前掌政末期進行民主化是與此有關，然而是耶？非耶？請緣者自判，個人謹將此逸聞忠實表之。

蘇霈的催眠

在民國八十五年十月六日第四台一個節目中，前紅影星應采寧的先生徐明，也是個知名電視演員，後來改行為催眠師，記憶中徐明先生曾表示並不信佛法，只言自催眠立場觀之，一切都是自我催眠，於是請了還算知名且滿有人緣的女藝人蘇霈，並向其催眠，而蘇霈在小師印象中是否篤信佛法小師不知，但猜測其也該有宗教信仰了。然而節目終了後也如一般節目，草草收場並未深論，甚至催眠過程中也許二位當事人都不覺得如何，但是對小師而言，觀賞時不由心頭一震，個人只知絕非徐明先生所言如此單純，箇中神奇與深意只得緣者自行體會。在那節目中，徐明先生請蘇霈小姐要先觀想其最尊敬的神佛，蘇霈答稱是觀世音菩薩，於是徐明開始向蘇霈催眠，在進入催眠狀態後，徐明先生有點戲問蘇霈說菩薩告訴您什麼，小師記憶中是在催眠狀態的蘇霈神色迷離緩緩道稱：「身處紅塵中，世上一切，肉眼觀之，如實如幻，心眼觀之，空無所有。」然後蘇霈小姐即甦醒，徐明先生什麼也沒說。小師則嘆，二人錯失至寶，還盼蘇霈小姐慧根未來未泯，佛道早成。

法界的告知

這也是小師個人訪談，由當事人告知的一件事，補述一下因為覺得還滿有意思的，但是不知道適合的標題，姑且稱之為法界的告知。事情是這樣的：劉師姊是年約五十歲的人，早期大概因自己是中醫師，所以約有十年左右的道家信仰，一直至近三年來，才轉到佛家，現在不但對佛教活動甚為積極，甚至因小有積蓄，現在只是跟同修的夫婿足跡全省，量力行善就是他們生活重心。她跟小師說當她還在行醫時，約莫在轉向信仰佛教的時候，因當時開始學佛，並未茹素，但因為以前生活甚為優渥，所以習氣甚深，只是她盡力克制，但過程卻十分艱辛，甚至在一邊問診病患時，一邊幻想吃小牛排，直至茹素習常，葷念盡斷。一日正午，她覺得當時意識甚為清晰，忽見家中一面牆突然變成銀幕，那時有如整片牆就是一台大電視機所出現空白銀幕一般，而銀幕中跪蜷著一隻大白豬，她正想奇怪為什麼會是一隻大白豬，豬不都是黑色才對嗎？就見銀幕中出現頗為壯碩的男子，慢慢地走向這頭豬，然後伏身在豬頭身上，接著，這個人的頭、手、足乃至指頭開始變形，甚至屁股也開始長出尾巴，一直至與這豬完全相同後合而為一，直至合一後這銀幕才消失。至此之後劉師姊才完全體覺茹素的真義，一如經典所述，分毫無別，也因此更加緊修持，抱志行善。也許上述對一般人而言是甚為神奇難解，但以小師所知，真正持志修持的人，在進行自悟自修乃至應如何向上實修的各種關卡階段，以及突破後的各種階段，或隱或顯，或夢亦或日現，是十分普通的，於此分享緣者，而此境現，更能彰顯六道輪迴之不虛及茹素真義。

在看完小師當年或親聞或親自見證的一些例子後，其實小師還可以寫很多，也件件玄奇，但小師幾近不再記錄了，因為小師認為那幾近是普世的東西，只是多半秘而不宣而已，緣者從親朋好友，或是長輩耆宿大半都傳聞一二，加以現在4G上網的時代，有關的視頻與報導實際上從來未停過，而且保存在網路各站台及一些文章中，取得更易。只要請「谷歌菩薩」幫忙，加上緣者將小師前文所述的「焦點」問題調到關切你此生的「生命」、「慧命」及何去何從等問題有個基本認識，從而緣者在一般為生存掙扎或為子孫做馬做牛之外，能為自己有多一個提昇靈性與禍福的機會，甚至也可以少花點時間或少走一點冤枉路，去充實你的靈性而不枉此生，則是小師與緣者之大幸。

前文中小師說過企圖將「靈界」或法界的一些心得整理略說出來，這部分可說相當複雜的，一些是小師親自聽聞所得，一些是小師泛遊書海所得，更大半是後文「陳師姊」的故事，在小師請益下由陳師姊解惑的，小師才能豁然知曉而貫通。本想在後文專闢一節申論，但小師走筆至此，為了文章的完整及層次性，就將這部分提前在此記述，緣者也可視為後文中的一節補述。至於小師在此心得部分若有提到的文章，也可說是小師從書海中，為緣者精心挑出比較簡單或大部份認同或相信的著作，這部分就請緣者自行找「谷歌菩薩」幫忙去細讀，或可知道小師為何有此心得。至於陳師姊告訴小師的，其實乍看之下發人所未見，但如深入書海，從高僧大德的文鈔、語錄細節中可發現或證之的，或細思即可，當知事實與義理如是。小師每每閱讀到，總是會心頭震驚，興起「她怎麼知道？」的感覺。最後只能歸結於「她是有此境遇的」，才是答案。總之，小師是相信她的境遇，因此才能使小師心服口服，而這個實際上可證的境過的原則，在後文「陳師姊的故事」一篇中絕對適用，小師相信如果能深入佛書的緣者也會有此之嘆。在交代完小師心得的由來、出處，小師就請緣者「讓我們看下去吧！」

小師的心得

心得一：法界，整個法界，應該是無時空概念或限制的，至於靈界一般所指的大約是六道中的天界、鬼道、地獄道的範圍。整個法界範圍應該如李嗣涔在「拜訪諸神的網站」一書中所述：「信息場沒有時間的限制。」但是靈界中每界可能也有不同層次之別，空間是跟地球屬同一個空間，因為六道都是屬地球所產生的現象（不明這點者，可參考後文「陳師姊的故事」便可得悉），可能因光譜頻率接受的關係，一般人是無法看到其他界的，只有修行人或陰陽眼或少數動物（如：貓、犬……等）一些可見鬼道眾生，整體法界可能要佛、菩薩、耶穌等級高的神靈才可了解之，但法界無時間觀念或限制，小師在基督徒被導引至靈界的一些見證中也看過這點；或者再退一個層次思索，要不然算命或預言怎麼會有準的可能？但就個別的靈界如鬼道、地獄道，印象所及以地球你我眾生而言，是有時間差異的。小師就曾好事的就某一通靈人的記述故事中，比對其出入鬼道的時間，有八到十倍的差距，至於天界自古以來不是有「天上數日，人間數年、數十年」種種故事、傳說及典籍紀載嗎？至於有無所謂多重宇宙，講科學的書有，華嚴經上的或許是，但小師不能確知。

心得二：要了解靈界是要看點書的，以小師的建議如果小師的例子不能服您，可以看看楊大省居士所編的「科學時代的輪迴錄」醫書或者鍾茂森博士所寫的「因果輪迴的科學證明」一文，其中所舉例、分類及範圍是比小師多的多。經此之後再想看點小品通靈人的事蹟，可看蘇菲亞（本名劉湘君）的「靈界的譯者」套書的任一，以及小師同樣覺得有趣的著作是邢渲所著「望穿前世今生—一個通靈人的自白」一書。有了這些基礎後，再來看小師此生所看首部介紹靈界的電影：日本丹波哲郎所拍攝的電影「大靈界」，日本大川隆法的「靈界真話」，再回頭看號稱西方最偉大的通靈人，瑞典的史威登堡（E. Swedenborg）所著「靈界紀聞」，中文有譯為「靈界的真相」一書；同樣的台灣超心理學者呂應鐘教授也出了一本企圖整合東西靈界架構，但名字同為「靈界的真相」一書，緣者就較省力點。然後再看號稱台灣靈學之父的張開基先生（筆名醉公子），長期研究台灣無極慈善堂呂金虎大師的觀靈術，或觀落陰靈界實況而出版的「輪迴過境室」三本套書，不過這三本書網路難找，小師只找到由小馬居士所撰的「台灣觀靈術所揭示的靈界景象」一文，同樣摘入出套書主要重點情節，對了解張開基先生的主要觀點而言是不會差距太大的。看完後還該看記者楊久瑩報導「宗教與靈界—從大老闆到催眠師—吳柄松的瀕死故事」及「夢迴前世今生」，以及吳柄松先生所撰的「死後世界有無地獄」及「有無肉身的利弊」二篇最為重要，吳柄松先生是有網站的，文章不難找到。在這裡小師要鄭重的告訴緣者，從「大靈界」寫到這裡中、日、西的學者、研究者或親臨所記述的文章要一起看，要交叉比對的看，要細細的看，您就會看到一些共通處。這些文章可能以吳柄松先生的文章最為重要，而由此前行小師建議緣者再搜尋一篇網文：「一位兼職地府判官告訴我們幽冥界的真實的真相」一文記載清末明初的法律界名人，當東嶽大帝兼職冥判（分庭庭長）的故事，古今比對，緣者對「靈界」或「靈學」就此會在這些共通處打了一個穩固的基礎。由此基礎，如果緣者行有餘力，要再看東方王鳳儀先生的語錄，或其至今還存活的弟子「劉善人講病」，或台灣本土的作品如施寄青的「看神聽鬼」，記者樓蘭所撰的「台灣神祕X檔案」，伶姬「如來的小百合」系列作品，乃至吳晴月「生死簿」，或任何通靈人、催眠師（例如：陳勝英「跨越前世今生」），到個人見證的宗教書籍，真偽如何？層次如何？自然能了然於胸，不會迷惘失據。不喜愛看本土的要看看西方的，小師建議可看蘇菲亞・布朗（Sylvia Browne）「細胞記憶」系列，或是布萊恩・魏斯（Brian L. Weiss）的「生命輪迴—超越時空的前世療法」前世今生系列書籍，或者是瑞蒙・慕迪（Raymond Moody）的「生命以後的生命（或譯來生）等系列書籍，乃至比較理工版的約翰・哈格博士（Dr. John Hagelin）「往內找尋宇宙的真相」有關系列文章、訪談，乃至任何通靈、催眠及個人見證的書文，老話一句：「真偽如何？層次如何？」恐怕緣者也會高下立判。至於小師前文中所舉吳柄松、張開基、日人大川隆法及瑞典人史威登堡等人，一定要交叉比對的看，細細的看，再加上前述「兼職冥判」。緣者如果很認真的中西古今比對，答案在此小師可以先告訴緣者，你會看到共通處，而且恐怕一切是歸於佛道或佛法中，小師所持的主要理由是：只是「相」的不同、「版本」的不同或「層次」的不同而已。這個結論緣者先別不服氣，小師會有這個結論，倒不是本身是佛教徒就因此偏頗的，這些結論的原因，小師自會在後文中勉力述及，不過在細論這些時，小師還想先說其他的心得。

心得三：小師認為不論任何看似光怪陸離、靈異或無法以科學角度解釋的現象，諸如中西命理、起乩、附身、索命、託夢、魔神乃至什麼狐仙、山精、海怪、巫蠱、咒術符語、靈療、嬰靈等，只要是當事人誠心見證，或者中西社會中廣為流傳而且存續至今，不論是存於宗教或所謂民俗，乃至多人言之鑿鑿、正心記述的事，恐怕都是存在的。尤其是醫護界、刑警、法醫及所謂「氣運低」、「能量不強」、先天有靈異體質、親朋好友有事故或病狀之人，或過於「偏執」太不尊重此界之人，都較常人有機會遭遇種種靈異事件。更何況「楞嚴經」記述的更多，因此小師認為這些本來就是極為普遍的存在，只是不為一般人（尤其是學科學的人）所正視而已。小師這麼說倒不是說事事皆真，因為有心人不得已的「偽託」，至不正之人「誤導」、「詐騙」或者是認知理解程度不夠，而有所曲解或變形而誇大，或一般心理學家所謂心神上衰弱而有幻聽、幻覺的人都是有的。只是心理或精神學家，判為「解離」或「多重人格」，或變異心理學所述的一些奇異現象，反而是「外靈入侵」的現象，只是您們不知道而已。另外，緣者要知道，不論您只是單純的好奇要「鬼屋探險」、或通靈、或催眠、或到宮廟起乩參拜，乃至練練氣功、出神、脫體，或徵詢命理、五術及特異功能、或畫符改運等，其實是您正在接觸「靈界」，這倒不是說您就一定會招致「靈異事件」或必有風險，而是說如果您聰明一點，去探究其原因，或者探究為什麼有這些東西存在，去正視它、深入探討後恐怕您就會發現所謂「靈界」的存在。舉例言之，中西命理、命運從何而來？深究下去，自然會觸及「靈界」這一塊，若問「靈界」又從何而來？恐怕就會踏入「宗教」的領域，乃至各層次「修行」的領域去了。另外小師前面提到催眠、問卜、氣功……等等所謂「接觸靈界」方式，其另一層意義是指有些方式的參與，會有一定程度風險，遭致真正「靈異事件」的發生可能，這個是緣者需知的。諸如「催眠」，照理來說是一項滿科學、無風險的操作，但小師就見過一位主持催眠的網站站長，幫人催眠時催出「附身靈」，因無宗教修養，也無靈界的知識，而不知如何收拾殘局，最後生病數月關站收場。又如，有陣子台灣有些地方流行、鼓吹「出神、脫體」去觀光靈界，小師見過文章，也有聽聞出神一去不回，下場就是被精神科判為半癡呆或半植物人，那是極為危險的事。另外有的練所謂「自發功」的氣功，主張是人體自身的功能，應該是無礙的，但小師確知的是至少有些創始大師，其教授的「自發功」，後面其實應有長輩級的「靈人」教授護持，如果是「正靈」護持，道力夠強，還不致大礙，否則有的練出有如乩童起乩的也不在少數。另外，內人服務於政大，就曾告訴小師，一位宗教所的陸生，各道雜修，有次好似在桃竹地區一間小宮廟前胡亂打坐，結果滿口胡言亂語要當乩童，力大無窮，數人壓制不住，終至送到精神療養院，打了數針鎮定劑後由家人趕辦簽證來台，接回老家才了事。這說明「打坐」是需人指導，否則還是容易有事的。

心得四：小師在此要說說命理及「偽托」的狀況，以及識人的必要，純正的命理、五術是有的，不論緣者認為它是從易經推衍、老祖宗或奇人乃至是外星人傳來的，它背後的道理與自由意志的關係，小師是認同李嗣涔先生「尋訪諸神的網站」一文中，T小姐其師父的回答，大意是：「一個人一生有很多不同的路，其中一條是早已決定了，其它的則由你自己決定。」那一條路如吳柄松先生、張開基先生有關書、文中所述，高靈們或指導靈會輔助你，若出生為人，會幫你制定一張這一生的「生命藍圖」，這個藍圖如果由純正的命理師利用其所掌握中西命理知識，不論是紫薇、八字、占星……等種種工具，藉由有如一個名醫在具備養成過程及豐富的經驗後，是有能力看出你的容貌、體格、個性、福報……等基本十二大項所謂「妻、財、子、祿」等範圍，乃至所謂大運、流年中可能會遭遇到的「人生功課」乃至上、下半生的命運重大轉變，長達你一生的「命盤」所記述或描繪的事項或意象。小師現在雖已不在命算打滾，但還是有機會長期觀察十餘人，他們的遭遇也的確在依「命盤」軌跡在運行，這也就是所謂「命中註定」的事項或範圍。在這些事項或範圍之外，更多的事是您的「自由意志」所選擇，諸如有名的「了凡四訓」故事，即使命定發生的事，透過「自由意志」的改變，還是會有「重罪輕報」乃至「添福添壽」的事。反之，小事小怨就重傷或殺他人，那保證是您的「自由意志」結果，那此生後世的事極可能是「減福減壽」，就準備自行負責吧！純正的命理有如上述，但有的命理師是「偽託」的，什麼叫「偽託」？就是如張開基先生有關的文章記述，看起來像算命、卜卦，但通常是「養小鬼」、或有外靈入侵、或外靈協助，就像小師前文中舉例小宮廟的「八卦象棋算命」就一定是，或舉例「葉子仙」，小師對其也強烈且合理的懷疑是。他們為什麼要「偽託」？也許是生活所需，或行道的工具，或種種不得已。重點是他們都有一個特徵是「準得不像話」，什麼叫「準得不像話」？舉個例子，你昨天幹什麼事，恐怕比你老婆、朋友還清楚，只有你自己心知肚明；又或者是你三天前跟人打麻將，贏了多少錢，乃至放在哪種顏色衣服或褲子的哪邊口袋，這些都能說得一清二楚讓您啞口無言的，那就一定是。命理界如此，五術界亦是如此，不管這些「偽託」是個人，或小宮小廟，或號稱哪界「大師」、「上師」、「無上師」、「活佛」，不管其名稱為何，緣者就要有個常識去鑑別，他們也是人，自然有生活所需，當然也有所謂「天命」、理想或志業，但不論情況為何，千萬不要貪圖「準得不像話」或是有點「靈異」，讓你感動落淚就言聽計從。通常低調、隨緣捐獻，如您要交好友般，觀其言行是否清淨自持，不太要錢、生活簡樸、不重名利、不搞個人崇拜、平凡度日的，自是上選或無礙。但若是要搞個人崇拜、奇裝異服、出入名車華服的、氣色乃至客室昏暗、供奉神像過多，甚至要你巨資改運或稱「雙修」的，就算您願給，也給得起，或者你認為過去或現在有很大名氣，甚至他是正的，小師還是很誠摯的告訴緣者，除小心時時觀察外，還是少碰為宜，免惹一身腥，因為還有個「由正變邪」的可能在。而且當事人或「偽託」者其實他自己也無法認知自己是在這過程的，更不用說這個個人，或宮廟、團體早有爭議，當然緣者有「自由意志」，是福是禍就各憑抉擇，小師只能說能體會到這道理是觀察本土五術及宗教界各種光怪陸離的現象，心中有感，能說的還有很多，只是這話題小師只能點到這裡了。

心得五：如果有細看小師本篇所舉的例子與所謂打穩要了解靈界的基礎書或相關文章的緣者，您會發現一般所謂的「靈界」的各界都有其類如人類的組織、法律、職級、政策及界線。所謂的正廟正神，是有本尊及其授權的分身「偽託」，因而有數百、數千乃至上萬不同編號的「濟公」、「保生大帝」、「媽祖」、「關公」、「觀音菩薩」及各種神祇。也有比較執著尚未收編在各道，滯留人間趴趴走的鬼魂，諸如命不該絕而死的人，或種種原因錯過投胎時機，來找冤親債主的附身靈等孤魂野鬼，這也是所謂有「陰陽眼」的人最能見到的鬼，也是所謂「通靈人」最容易通到的鬼。換言之，通靈人是有機會通到「神」或通到「鬼」。那麼為什麼這些鬼神要藉由通靈人辦事解冤？為什麼有的解得了冤，有的解不了？又為什麼鬼也「偽託」神祇的名號來辦事？小師想起下篇陳師姊告知小師的話來作補充，陳師姊曾告訴小師整個法界或靈界最重要的是「功德力」，鬼不但有五通，而且還有您想看到什麼就給你看到什麼的能力或現象，也就是隨著你的心術虛應你的可能而未必真實。也就是不論鬼、神本來就有對人善、惡意念所顯示光彩來知道或了解你靈體所紀錄的能力，更不說您已做下的行為。若是通到所謂的正神，他們藉由通靈人解冤、辦事或勸善，完成職責及功德圓滿，則可能提升「靈格」回去升官。至於滯留人間種種孤魂野鬼，既然在人間就得混個地方，需要人間供品香氣填飽肚子，若有幸逢各寺高僧法會或大修行人超渡或領點「功德力」，那麼好似吃了大補丸，對減免刑罰、往生善道是絕對有幫助的。小師做一比方，若像小師此生懂點命理、佛理的人，死後因故滯留人間，當然會找個宮廟寄居，也許就「偽託」為「陳搏老祖」或「邵雍小仙」，找個心地正直的通靈人混飯吃，兼對芸芸眾生指點些佛理，也許混飯外並可賺點功德。但若不幸混到的是「蘇菲亞」的那個宮廟，主事者若貪愛錢財，需跟其他宮廟火拼，搞到其靈界朋友「保生大帝」也給幹掉了，那就真的混得太悲涼了。不過小師相信，那個「李保延」不論是鬼是神是不會「死」的，因為靈魂是不會死的，只是不知往哪道去報到了。至於靈界眾生與世人若真有冤仇，附身致病也是絕對有的，陳師姊也曾告訴小師她在醫院看見病人的「冤親債主」對病人身體及其臟器施放「黑氣」，使其久病難癒或沉病不起，因此小師所知靈界眾生與世人種種冤仇，不外大、中、小的欠錢、欠情、欠恩、欠命這幾種，但不論冤仇大小，上至真菩薩，小至公廟神祇或通靈人都會遵從一條解冤鐵律，那就是不能「介入因果」，只能從旁協助，用協調、開解、勸解的方式，來平息雙方冤仇。同時，小師也知對中、小冤仇而言，也許大、中、小廟及一般通靈人、修行人或神祇，或許是有機會平息，若是有所謂領閻王「黑令旗」，奉旨可報仇至死方休的。依小師之見，絕對不要病急投醫，隨便找個宮廟、正廟，或所謂的「大師」聽聽一般之見，而是該找有正牌官方「授權」之人（如吳炳松先生）或是佛家大修行人調解，方有活命機會，箇中因由情形，小師在前文中就舉了二個，於此就不再贅述，至於「功德」或「功德力」是什麼？下篇章節，小師自會述之。

心得六：小宮小廟、一般通靈人、佛門清淨修行人或者大修行人，固然都可在「調解、勸解」的原則或鐵律下平息靈界眾生與世人的宿世冤仇，但實際接觸靈界方式及處理能力恐怕是有很大的差別。如果用靈學的角度說明會更清楚，若是一位佛門清淨的修行人或大修行人也算是通靈的話，則他有機會通到真的佛、菩薩或靈學界所謂「說法者」；而一般通靈者最多是正神，也就是靈學界所稱的「觀護神」及「指導靈」，但更多恐怕是一般的孤魂野鬼。以接觸靈界或通靈方式而言，一般通靈人可能用的是起乩、扶鑾、文字且動書寫、耳語或最多以所謂「開天眼」的銀幕顯現就很厲害了。而以清淨修行人而言，「開天眼」的銀幕顯現是起碼的，他們更有機會看到3D大銀幕，甚至可能穿越時空親見菩薩的。即使其是所謂一樣的「開天眼」，由於能力層次的不同，通靈人天眼銀幕可能是一般抽象或片段影像，而清淨修行人天眼銀幕可能就是完整事件因果的始末，小師知道這些是因見過相關案例。另外，一般通靈人所見靈界眾生形體大抵與一般人無異，只是形影如煙、不甚透明，而陳師姊告訴小師其所見的靈界眾生形體僅及其膝。此外陳師姊還告訴小師修行人在其身周遭會形成保護傘，靈界眾生入此保護傘，則其傷痛立減，而且還說再笨的靈界眾生，也會接受修行人的「超渡」。所謂「超渡」有如人間「減刑」的意義與效果，但不會找一般通靈人去超渡，原因主要是靈界眾生會辨知一般通靈人「心」的汙染覆蓋程度，是跟靈界眾生自己「心」的污染覆蓋程度是相差無幾的，而清淨修行人的「心」比較清澈光明，兩者是有顯著差別，所以靈界眾生當然選擇且樂意接受修行人的「超渡」。另外，陳師姊認為在陽世趴趴走的靈界眾生是有國界的。

心得七：最後小師於此回頭說說靈界的共通處，如果緣者有看過小師在心得二所提，要懂得靈界所需「穩固基礎」的那些書，在此我們就先把焦點擺在小馬居士（小馬居士我們暫稱他小馬哥好了！小馬哥應該是呂金虎先生的弟子）所寫的「台灣觀靈術所揭示的靈界現象」，及小師所推薦吳柄松先生的二篇文章或相關文章與「一位兼職地府判官告訴我們幽冥界的真相」這些文章中聚焦，並以小馬哥及吳柄松先生文章為主，再以「兼職冥判」為輔，細細交叉比對就可掌握全局，不會誤失，並可找出共通點。小馬哥不但將張開基先生研究其師呂金虎「觀靈術」的後續有關書籍掌握得十分完整，並曾陪同張開基先生在「觀靈術」的運用下一起遊歷靈界，他自己也曾在「我的酆都遊記」詳述了冥界首都，亦即行政中心—酆都的經歷，所以資料極為詳細與豐富。而吳柄松先生的有關文章則強調他不只是「瀕死」，而是以「死後再生」的方式進入靈界，其重生後被賦予調解靈界眾生與陽世人的冤仇，並送回漂泊在人間的遊靈回家，使其餘生從一個大老闆轉為一個以催眠師身分去完成此生這個使命。而小馬哥所述張開基先生廣義定義「靈界」應包含準天界、陽間、地獄，但其主述是以「新靈」、「自由靈」、「枉死靈」、「服刑靈」、「修行靈」，在「中陰界（或其稱靈魂過境室）」及靈界「五層空間」運作狀況的詳細說明。小師在此描述文中最大的「中層」：其中雖有高低之分，但屬世人「功過兩半，一生吃喝拉撒睡順著『人』的本能在過日子，安安分分、平平凡凡，既沒有長期虔誠的信仰，對生命的真義、宇宙的真相也抱著無關緊要、渾渾噩噩的態度，一點也不想深入去了解，甚至即使常常拜拜或上教堂，其動機也只不過出自自我保護的本能，更或者將拜神當成了談條件的交易行為，所期望也全是物質上的貪求，如升官發財之類，絕少是為了提升精神或心靈上的進階與淨化。」因此絕大多數人死後通常來中陰界的最大層報到，因為這裡的一切都最類似陽世的人間，也最適合他們暫時居住。文中所描述的最上層則近似佛經所述天界是為準天界，是要衣得衣服、要食得食的准天界，最下層的則是准「惡鬼」、「畜生」、「地獄」的情境。總之，其文章是在詳細描述中陰界及各層靈界為主旨。而吳柄松先生則劃分雖略有不同，在主述上，是主要在闡揚靈界被陽世人所扭曲靈界的原意、價值與概念。包括有：

一、輪迴的唯一目的是讓「靈」得到進化。

二、靈界沒有宗教，那是人世間的產物。

三、恩怨情仇不必生生世世糾纏，可以透過指導靈的協助盡早了結。

四、靈界是永恆而沒有時間性的。

五、靈界不需要錢，只需要能量。

除此之外，還說明人每一世死亡後面對五大考核，這五大考核不在人世間的功名與成就，而在於你是否能讓這個社會更好其中，最重要的關鍵是在個人內在的成熟與否、為人做事的動機為何及對人環境是否有真誠的關懷。換言之是在告訴你如何為「人」的目標，提升「人」自己的「神性」為主，至於中陰界其他層次乃至天堂地獄都一語帶過。由此，小師推估，吳柄松先生至少進入張開基先生所述中陰界的「最上層次」，或者更上層。而且雖然二者採訪的「靈界（或者該說中陰界及相關靈界較為妥適）」方式不同、主述不同，二者主述雖不盡相同，但其實是相互補充的，甚至有共通的地方，在此記述如下：

一、有神佛（說法者或觀護靈）、有輪迴、有法制及組織的存在。

二、皆同意輪迴的唯一目的是為了靈得到淨化。

三、皆認為「靈界」或「中陰界」有較光明或黑暗的地方存在。

四、人在陽世有既定做人的功課項目及範圍或領域，有標準語考核需修習及格，方能回到靈界繼續另一領域或層次精進。如果不及格，回到靈界必有指導靈（神佛）協助、指導下再來陽世重修。

五、對中陰界最高層（准天界）的靈，對其所需之物的能力「要衣得衣、要食得食」，根本是依念力要什麼有什麼，不需向世界索取，兩者完全相同。

六、張開基先生所描繪人的貪、嗔、癡等意念或行為所形成「心靈垃圾」，會業感到最下層或地獄，與吳柄松先生所述「心存地獄，才有地獄」相同或相通。

七、小馬哥文中所提「生死簿」及吳柄松先生文中高靈所輔導世人出生的「生命藍圖」，是否與人間命理有關，小師不敢妄斷，但推估的話，應會有一定的相關性。另外，值得注意的是，小馬哥文中尚有於靈界修行，可登陽世神祇及參觀「天界」的例子。至於吳柄松先生則主張人有肉身才能有修行的意義。靈界沒有立地成佛的契機，靈界只有檢討、反省，呈現真相顯應。沒學好，下次再領肉身，下次再投胎學習，即進入「輪迴」。反過來說，當你有肉身時，便有機會脫離輪迴，故您可以在生前經營死後，以及肉身具「轉化」的神性，由身、心、靈與內外關係互動之「了悟」，可得當下轉化契機而進化，這是死後世界（靈界）沒有的，也是俗語所說「立地成佛」的真義。小師個人相信，這也是人有肉身及「自由意志」要讓自己心靈於人生旅途中有所進展的終極意義。

在看完這二位先生相關文章後，小師願意再說明幾點，「供養」諸緣者，讓緣者進一步深思

一、如果再將二位先生相關文章再參照「兼職冥判」一文，會發現並無違和或衝突之處。基此，再參照中、西靈書，無論是通靈、瀕死、催眠、死後再生、再生為人等，乃至小師前文提及瑞典科學家史威登堡的「靈學真相」中有關「精靈界」的記述，至少您會有似曾相似或部分重疊的感覺。甚至再參照佛教界的「中陰經」及散落在各處經典談論「中陰界」及「中陰身」也無違和衝突，但具高度重疊之處，若真要論差別的地方，就在於有無加入「六道輪迴」的記述而已。因此小師將二位先生的文章視為佛法中「中陰界」及輪迴中除天界外各靈界範圍的現代版。至於中外靈書中大談「光子體」界或「外星人」界的東西，小師智慧不足，無心亦無力申論。

二、「宗教」當然是人為的，「政治」也是人為的，「政治」及「宗教」內部各派為宣揚各自相信的「教義」或「意識形態」，對外要在「宗教」及「政治」二個體制及勢力中拚搏、生存的過程中去建構，在歷史長流所顯現的結果當然也

是人為的。以宗教而言，基督教與佛教乍看涇渭分明，基本教義有別，但若是吾人剖開「人為」的外表來看，其基底的內涵或根本上要「人」了解的東西與差異也該在「六道輪迴」的有無這項東西上。究竟是「人為」的刻意隱瞞或滅除該項紀錄，或本身層次的差別，還是要如中、西靈學視各宗教為等量齊觀，小師這裡不做申辯，免得引起緣者「嘴砲」連連，此當非小師本意。反正，各宗教要的是「人」要修行，人來人世絕非莫名其妙地來、莫名其妙地走，更非混吃等死、為子孫做馬牛而已。至於什麼是「修行」？「修行」什麼？乃至「六道輪迴」有無？則各憑緣者因緣及智慧去探知，花點時間、力氣更是應該的。另外，若要探知「六道輪迴」有無，若僅從歷史沿革的學術研究胡亂推論，小師也負責任的說，必有偏頗，還是多看、多參訪、多親身體驗實例再論斷為宜，這就是「學佛學」與「學佛」的不同。

三、至於二位先生文中皆述及人來人世，是要補修人世應有的「學分」讓其合格，吳柄松先生文中提及「靈在靈界只能檢討、反省，終究還是要來人世補修學分。以及領有肉身之後才有機會於此世中轉自我神性…。」等語，這與佛法中人道為善道，唯有人道可上求天、佛之道，否則下墜畜生、餓鬼、地獄道是相同的。同時，唯有靈在肉身中修行方能有在「靈界」不同的好處，這便是佛家、道家論述「藉假修真」（肉身為假、心為真）的本意。

四、至於小馬哥、張開基先生所述人的惡念，會轉化沉積在「中陰界」的下層及最下層，乃至業感諸惡道，以及吳柄松先生「心有地獄，才會有地獄…」等語，更是佛法中「唯識學」所述明一清二楚的東西，小師在此併加述明。

第三章 陳師姊的故事

緣者以下將看到小師約在民國八十三年間遇見陳師姊後聽聞其佛法約二、三年後記述的東西，而小師走筆至此，則已經是民國一０六年六月，小英總統執政的期間。看到這些以前小師自己記述的東西，不得不一聲慚愧從心中響起，原因是小師並沒太大的進步，因為小師當時並不懂得「善護念」的道理，以至於混了二十幾年。一直到近月，小師憶起當年看了「月溪禪師」十分用功，之後有些善境，及憶起當年陳師姊「菩薩一杯水」的故事，應是要大家喝的，才會奮筆疾書決心出版本書。另一方面，看到當時小師自己的記述，心中又是一聲「好加在！」，慶幸當年有這些記述，要不以小師現在的記憶、精神及體力狀態是不可能完整寫下這本書的。在看陳師姊的故事之前，這裡還要補述及交代緣者二件事：

第一，小師當時的時空背景、經濟能力及求書環境不如今日4G上網時代，幾乎是要什麼佛書有什麼佛書，要什麼居士大德的文章就有什麼文章。在當年小師大概看過李炳南老居士、黃念祖老居士、印光大師、廣欽老和尚和虛雲老禪師語錄，以及印順導師、月溪法師、白雲禪師、元音老居士及慈航法師的一些著作及文章。經典方面則看了念佛法門的淨土三經、地藏、金鋼經、心經、壇經、楞嚴經及一些靜坐的書，有的看了數次。在小師看完後，尤其在看完「月溪法師」的一些著作，用功了一陣子，有了一次善境看起佛書則更清晰，大概知曉佛法說的是什麼，但在「唯識學」上面，當時小師雖然也看過一些文章或著作，嚴格來說是要通不通的，還是不及格，尤其在禪宗或佛教史，以及佛教主要的派別、思想及理論問釐清更是不完整，小師覺得有點是倒過來學佛學上的不足之處，許久之後才知道師姊所說的下集，可能是包含「一念無明生三細，境界為緣長六粗」及微細法執、我執的。再加上二、三十年前的小師，文中本有描述下集中「不住空有、無住生心、能行則行、能忍則忍」的部分，以當時小師的能力不懂得唯識學那部份，只知那是成大菩薩或成佛過程的一部分，而佛菩薩也會加持幫助消除其業障的那些東西。此外，小師也才知道自己不知不覺中走上了「頓教」的法門，而陳師姊則較偏向「漸教」的法門。對大修行人或大禪師而言，頓完了可能就到「長寂光淨土」去了，但對一般人而言頓完了還是要漸修，漸修的終究還是需那麼一「悟」，終究無別的。小師推想這才是陳師姊與小師真正的因緣所在，來補足及信實「漸修」的真實意義，才能從「漸教」過多的名相，掌握重點不至於迷失，不知所返。因此，「下集」的東西，以當時小師的能力是無法問及的，至今日，小師則無需再問，因為小師知道且相信「功到自成」。另外還要說明的是，雖然小師二、三十年前所寫及用的問答方式所述及內容，在今為文補述時再翻閱一次，居然無絲毫偏失，而且無論佛教各界各派的修習核心，或即使小師於二、三十年後的今日修習心得亦無出於此，小師也相信因為這是當時師姊所得「最純淨」的佛法，這是在此向緣者鄭重交待。另外小師要在此向緣者補述交待是，陳師姊約距今十幾年以已皈依千佛山白雲老和尚門下，法號蓮淨，小師不得不說她可能是小師此生所見最純樸的人，笑口常開，十分自在，有時小師故意跟她抬槓，她也不以為忤，最大缺點就是表達能力甚差兼常常失焦，聽她的東西根本是練耐性，不過有些話，回過頭來沉思再三，又不得不承認「有其見地」，也就算對小師一番指引。她起初修行的法門是拜佛及唸佛的法門，常說自己心中有部錄音機不時在心中自然放送出「南無阿彌陀佛」或「大悲咒」，關也關不掉。小師對此當然也深信不疑，因為小師也唸「阿彌陀佛」及「大悲咒」，當年在她提點後睡前唸「阿彌陀佛」唸到睡著，久而久之也就有同樣效果。不過小師這部錄音機品質就差很多，因為只有「阿彌陀佛」而且也不知什麼時候響，有時響的快又急又長又大聲，有時只有小小聲，就如小師現在撰文時，但同樣的也關不掉。陳師姊（或應叫淨師父，但為維持文章統一性，就決定這樣叫下去）也超愛打坐，一次打坐可以超過一、兩日之久，因此小師猜她是禪淨雙修。在這二、三十年間，除了小師後文的記述之外，她說她有一次小逛極樂世界的淨土，她在看完下集時，有時一個心念，不用一秒就過去了，那是到另外一個有別地球之外的星球。小師隨口問了二個問題，一是那個地方真如「阿彌陀經」所述是黃金為地？她說是的，而且她看到有一長廊，其中有不同座書廂彼此緊緊相連，每座書廂都有無數個著袈裟的僧人在那裡用功，但她並沒有看到「阿彌陀佛」。小師又問，為何只是小逛而不深遊？她說她沒有興趣，因為她的行願是要跟隨「觀世音菩薩」的行履渡眾、修行乃至在這個娑婆世界成佛道，小師聽了只好閉口。另外，陳師姊是能知人因果的，但她每次看到被害人的冤魂，無不慘絕人寰時，她總是只能做一件事，那就是「悲傷不已、淚流滿面」。最後她懇求菩薩幫她關掉這項能力，她才有辦法一如平常生活，隨緣渡眾。

最後，小師在補述至此之前二日，還去「壓榨」一下陳師姊，「榨汁」結果，陳師姊勉強擠出了：「一、『生活中以不傷自己，不傷別人』為修行人生活的總原則。二、覺照自己『起心動念』，對惡念要轉念或讓其飛走，並讓『業識消除』，才是修行的真重點，這二項道理，二十幾年前，其實業已告訴小師。」小師想想也是。但不論如何，小師真切明瞭也僅在這半年間，小師已將此二點補述於後文中，其中有關「業識消除」的功夫寫得更清楚點，除此二點，陳師姊自認「無汁可榨」，盡已告知小師，而小師自忖應是如此。總之，除了小師於此補述外，緣者隨後看到陳師姊故事中有關章節，盡是小師二十年前所寫的東西，二十年後小師暢遊書海的體認，還是認為佛法重點不出於此，謹此說明，告訴緣者，小師也「榨不出什麼了！」

一、與陳師姊結緣

記不清了，約在民國八十三年七、八月吧，那時小師正是用月溪法師語錄中所載的方法，不管三七二十一的好好用功一陣子，因此當時對他所說的東西較有信心，有信心的原因是他實際禪修的體系說的很簡明，而且他敢保證依他方法去做終究有成，因此就抱了孤注一擲的心態去做。幸運的是，真覺得是突破了什麼，身心也起了變化，再看佛經時，也覺得能更清楚是在說些什麼，好像說來說去的總是就那麼一件事。這時，心裡總想朝此方向去進修是不會錯的。但是另一方面，因為自己是沒有老師指點，而且在實際生活如何以佛法自處也未免仍有些狐疑，諸如：佛法修持談忍辱時，如欲壞人打殺至家中是否還是一味忍辱，拼命念佛賭賭運氣，或是歸諸自己因果就算了？該怎麼做才是正確的？又譬如，以今日的社會型態，如何營生才是正業？只是不偷、不搶、不殺就是正業？或者自詡無愧於心就是正業？類似此問題仍然有些困惑，但是這些問題的解答，並不易在一般佛教書籍中獲得。也許這些問題對一般人而言會覺得有點鑽牛角尖，但對小師而言，或者說以那階段的小師而言，認為是極為重要的，因為小師不願隨意聽些解釋就算了。對小師而言，有理不見得是有「道理」或是合乎真實的。小師更深信佛法在人間，是有其圓滿的道理與周延的做法，不是像一般邪師在未清淨的身心下，任意的以自己心意任性解釋，與正法行者心中的「無師智」混為一談。對小師而言，如果只是要玩些任意的解釋，只要您有在相關領域的書籍中廣泛閱讀，加上快捷的反應與流利的口才去唬唬人，小師相信自己也能做得到。因此「有理未必有『道』理，有『道』理也未必圓滿周延，亦未必是如法的、合乎真實的佛法。」所以很多邪師故能說的頭頭是道、篇篇有理，欺瞞一些在知識、反應及口才不如他的大眾，但終究只能說是冠著佛法賣狗肉，長期的深究其言行，會認清其並不是合乎佛法及其要求的，無論如何自圓其說，終逃不過明眼人的鑑識與正信者的唾棄。總之，那時小師的心態大抵如此，有時心中滴咕起來，跟相中的菩薩像說，還不如派個人來教小師算了。就在這時期，小師有個週六，因當時尚未有週休二日，特別要內人請個半天假，到離家不遠的仙跡岩打羽球、散散心。就在打完羽球，一路逛下山時，因人跡尚少，清楚的看到一個中年婦人，獨自在另一個羽球場地打坐，不禁有點好奇去探視一番。當時看她的臉色有些蒼白，心念不禁一動，心想會不會她的打坐方式有誤所造成？果真如此，就不妨將自己所懂的告知，反之，若人家懂的比自己高深，也不要放棄難得可請益的機會，於是就趨前去問候。這個中年婦女當然就是陳師姊了，當開始與陳師姊談的時候是交換打坐的經驗，談著談著各自談起學佛的經歷與體驗，到後來三個就盤膝而坐，場地山勢她在上方，小師與內人盤坐於下，倒有點像小師夫妻向人請法的樣子。對小師而言，當時小師所知靈奇感應的事也不算少了，但當日一談，小師與內人只能說是帶著文人習氣的一絲狐疑與好奇，但多數是聽傻了的狀態，足足談了三、四個鐘頭還意猶未盡，才依依不捨地留下彼此聯絡電話分別了。直到返家，與妻彼此探索心境，竟是我們絕大部分都相信她的話，只是更多對一些細節的不解，小師更抱著要探究個水落石出的心態，在有空的時候打電話去探索，不分日夜，一聊就數個小時，反正越聊越奇，越奇就越想探究，後來就索性到彼此家中不分日夜聊開，日後的交往就有如姊弟一般無所不言，這就是小師與陳師姊結緣的由來。然而需加說明的是，這個過程雖是如水到渠成，極為自然，但絕非一個簡單的過程。因為不論剛開始小師相信多少，只知道是一個輪廓，也只是心想會多聽到一個感應的故事而已，不見得值得大書特書，因為感應故事是一大堆，只要您有心訪尋的話。然而到後來小師發現陳師姊的故事，在事實與意義上非那麼單純時，就開始想要去記述，以便來日廣傳有緣時，如此一來就須更持客觀態度、謹慎求證，而越是要謹慎求證，小師就更需蒐集閱讀一些書籍、資料，乃至觀看一些電視上弘法有關節目來印證與詰問陳師姊的說法。說的簡單點那是一個自己更廣泛研讀、求證、深入詰問、確認，再整理發現新問題，再研讀……的循環過程，一直到自己心中對任何所能想及的一個小問題，從多角度思考詰問，無不求證無誤，而無不心服的地步，同時也確認陳師姊所欲表達的意思確是如此與完整地步的過程。這過程足足花了小師約二年的期間，這期間，早期不算的話，小師不知搬了多少書來看，連第四台的中西各種靈異節目，乃至佛教弘法節目都幾乎無一漏過，同時也隨緣的拜訪請益一些靈學人士。一有問題就請教陳師姊的看法，甚至同一問題與其他問題串聯起來覺得有絲毫矛盾或不解的地方，就再次請陳師姊釐清或深入確認。有時說是請益，還不如說是逼問或想起來就問，甚至有時還故意調皮混淆問題，考試一下，結果陳師姊總是讓小師心服口服。緣者也許會問小師怎麼那麼煩？因為事關重大不得不如此；另一部分原因是與陳師姊故事的境界有關，太多事情她都能了然於心，然而已塵封於記憶深處，故不得不以此方法，否則就挖不到寶。打個比方，可能緣者更能了解，陳師姊對任何事情，涉及佛法的任何問題都能很肯定的說出是非對錯，對是非對錯的理由，也能侃侃而談，包君滿意，但這理由的由來，則涉及當時的境界與記憶，同時也涉及您對她的境界與記憶理解，這部分則是較傷腦筋的部分；其他更主要的原因是，您可以想像一個研究所畢業讀了一堆書的人，與一個國小畢業不懂大部分佛教詞彙，只憑其實修境界所得的人，彼此溝通上的情況與所涉及困難度嗎？這部分，只好緣者自己去想像了。總之，套一點學術話語，陳師姊這個個案研究，從探索、了解、求證，確認大致弄清每一項細節後再加確認，已是足足花了小師約二、三年的時間，緣者以下所看到被整理的各項陳述，不論看來是多麼簡單或不可置信，還是請多惜之。對小師而言，這二、三年是滿心歡愉且用多少珍寶都不換的，事實上在其間小師還發現與陳師姊本就有宿世的因緣。

二、陳師姊的背景與學佛因緣

陳師姊是雲林縣虎尾鎮人，民國四十五年次生，父親以廚師為業，但卻是個吵遍鄉里的「聞人」，雖說不會主動去欺侮別人，也非生性暴戾之人，只是有點「龜毛」個性，一點也不能被得罪，只要略有差池，隨時就可以豁出老命準備大吵或大幹一架的，事後常需累得家人或子女四出致歉來平息風波。但奇怪的是，遇有孤苦無依的人，他卻能登報號召鄰里，對其大力相助，可說熱心的很。而陳師姊母親則是台灣典型鄉下任勞任怨的婦人，只會在極端不合理而且情急的情況下，才會以死抗爭、力諫夫婿的人，雖然沒什麼學歷，但是為人處世、情理比起先生可是分明多了，只是限於個性及角色，常常僅能徒呼無奈，也不會有太多聲音。此外，陳師姊上有二個姐姐，下有二個弟弟及一個妹妹，其中，小時候二姊曾因家貧送給有錢人當養女，卻遭凌虐，至十幾歲因獲悉受領養後的真實情境，就向其據理力爭地至有錢人家道破後，方領回家扶養。陳師姊的正式學歷是國小畢業，但事實上，才念了小一、小二兩年書，其他年級可說是老師知其家境，同情的特准她平時不上課，在考試前回校參加考試，蒙混過關，好有個基本學歷，是故在小師遇見她時，她寫個自己及家人名字，其他就無法度了。她從小就必須幫忙家計，除了餵養幾隻豬隻外，需獨自揹個及身的籃子，到離家很遠的郊外割滿整籃野菜餵飽雞鴨，也常常沒有什麼午餐可言，常吃著別人採收過後的番薯田或瓜果田裡的殘根，或在台糖甘蔗園吃根甘蔗度日，至傍晚才回家報到，日復一日後她混到所謂的國小畢業，這種日子她絲毫不覺得苦，反而覺得很恬靜自在。國小畢業後就北上於台北的紡織廠做女工，一直至二十一歲因受傷無法勝任工時較長的夜班工作，正好家中弟弟開設織毛巾的小工廠，她便返家工作，至二十五歲出閣，嫁與隨政府來台名軍醫之後，陳師姊的公公在大陸時期似曾任北京協合醫院院長，來台後任軍職期間亦曾濟人活人無數，為區里軍民共敬。陳師姊的丈夫雖僅高中畢業，確是正直敦厚，廉潔自持，因而在與陳師姊成婚後即北上台北謀生，隨即因其品德操守備受信任，被公司拔擢出任總務主管，而陳師姊偶爾也在夜市賣毛巾貼補家用，一家子倒也過的和樂融融，尤其師姊夫是個典型顧家的男人，愛妻惜子，菸酒不沾，一點也沒有所謂大男人脾氣，可想令人稱羨之。這種幸福日子，約在民國八十一年，長子國一的時候，師丈因緣盡了，一個小感冒，至醫院打了一針後，就莫名其妙地猝死了。為什麼說是緣盡呢？因為之前已有大難被陳師姊救活了，只是這是後話，後文自有交代。當時陳師姊自是如一般常人，自知對方醫院是財大勢大無法討出任何公道，滿腹錯愕、無奈的傷慟下，為先生辦理後事。誰知倒楣事卻接二連三，搬家被惡徒敲詐，再來是要到夜市營生貼補家用的載貨小車遭竊，不僅遭竊，猖狂賊人還大膽藉機數次來電勒索，聲言欲尋回失車，需付贖款若干。前述情事她曾告知員警，員警卻只告訴她，只能伴於交徒付款時捉拿，然而陳師姊嚇都嚇死了，怎敢與歹徒碰面，心中更是激憤，只覺得警察何用？天理何在？接著更甚者是，她因在夜市工作之熟識，見陳師姊心緒不佳，因而邀至其家想遊說陳師姊至佛寺念佛，藉以紓緩師姊情緒，但不知何因，在師姊離去後，其友所憶曾藏於枕頭的萬餘元無翼而飛，也不知其是否有好好尋找與查問其家人，也大概不好意思當面問師姊，卻是打電話給師姊的大姊問到：「令妹平素手腳乾淨否？」，「令妹在外有無男友？」……，時值師姊夫喪未滿四十九日，諸事不遂，已如前述，爾等話語傳至師姊耳中時，備受刺激，熟識之友為些金錢故，居然不顧她人境遇、心情已是如何難堪，隨意出口恣意傷人。何況其夫方死，若人誤信……，數事交激，整日煩慮，心頭老是覺得人世間沒什麼值得戀惜與追求的，心中頓生不想再存在於世間的念頭，數日不食不語，連家人勸慰也無法聽入分毫，對任何人都不理不睬，時間一久，人也變的恍惚。有時一天，有時二、三天，偶爾覺得餓了、渴了，才會喝點水或胡亂塞點東西，或是到自助餐店去吃點東西，但是依然不發一語，人人皆可察覺她怪異的樣子，只是她仍不理不睬。據陳師姊說，連流氓看到她當時的神情都會怕。這樣的日子，大約將近六個月，最嚴重的時候，整天腦袋只想著怎麼去死，到後來竟然到淡水河考察地點準備攜幼子投水自盡。然而就在找好了位置後，也許是因緣所致，次日到自助餐店時，好不容易開了口說句話，而這家自助餐店的老闆娘是學佛的，平日早就觀察這位神情行跡古怪的客人許久了，見師姊今日好不容易開了尊口，就連忙的湊過來搭訕，並努力誘使師姊吐露心事，在得知大概後，連忙推介並帶師姊去找她自己平素常去道場的一位女眾師父，也是奇怪，經師父略加開示，師姊如大夢初醒，如溺水遇木，不但心境盡吐並緊緊抓住學佛的機會，努力持戒念佛，不久就能二十四小時念佛，其後更是勝境連連。當時師姊雖然仍是列名北市的貧戶，靠著夜市賣毛巾或回到其弟南部的小毛巾工廠幫忙，賴以養活三個子女，但是她當日最常說一句話就是：「她是世界上最快樂的人。」以上就是陳師姊此世的家庭背景與學佛因緣，為什麼加上「此世」這二個字呢？因為小師從她種種感應與事蹟來看，很篤定的說，她是來繼續修持她的習氣和渡世的，這也符合小師所認知書籍，其中記載一些行者所透露的徵兆，這些事情在文後自有交代，縱然小師不一一指陳，明眼人自能了解與相信。

三、小師相信陳師姊的理由

在有體系的介紹陳師姊的一些事蹟之前，小師想先陳明為什麼要相信陳師姊的理由，因為這不但可以多提供一些讓緣者可研判的訊息，也可以了解小師思索的角度與態度，更能解釋為何小師可以去如此深刻信賴一個人，然後又希望以比較負責任的態度去推介這些不可否認涉及靈異的事蹟，以及希望緣者了解其中的意義，同時小師也相信這對緣者而言，是一種應予滿足的合理需求。總之，小師希望緣者知道，「信」固是入道之門，但是以學歷而言，小師擁有碩士的學位，而小師又不知看過凡幾所謂靈異的報導與書籍，也目睹台灣多少宣稱是「大師」等邪師所引發的宗教及社會事件之流毒，乃至接觸採訪所謂奇人異事之後，在這末法時期，要小師說沒有幾分嚴謹的理由，就草率的去記述推介這些事蹟，小師認為自己是不能也不敢的。理由很簡單，這麼大的因果，小師揹負不起。因此小師將自己為何相信陳師姊及其事蹟的理由，條列如下：

(一)陳師姊持戒精嚴，言行如一，不但奉持一般所謂菩薩戒，更重要的是奉持心戒。

(二)小師曾任公職，職司法務，對判別人的言行真偽自有些心得，說實在的如果是一件虛構的事件，透過不同角度、方式與不同時間的詰詢及盤問，勢必有矛盾與破綻的。然而小師與陳師姊緊密相處與談論的兩年間，或為習氣使然，或為負責態度，小師就曾大玩這種交叉詰問的把戲。而小師的發現與結論是，並無絲毫的矛盾，而且對同一件事件，不同時間的詰詢，總是同一的描述。換言之，經過長達兩年小師的考驗中，若非陳師姊生命中確有如是經驗，是不可能有如此結果的，也就是說小師相信她的佛法是真實的。

(三)陳師姊所言是如法的，可印證經教的大師語錄，關於這部分，小師就不贅述。反正在看完本篇後，緣者自可去印證與體會，而且保證不同於一般邪師東拉西扯、恣意解釋、不忍目睹的東西。此外，有些東西，是一般經典不記述的，小師先前也不知道的，但是查過一些大師語錄，才發現的確無謬。諸如投胎前的靈魂是可變換的，小師在查閱印光大師全集中有關記述，才知道真的是那樣。

(四)有些體驗是小師可以了知的，諸如陳師姊是可以二十四小時念佛，而且清楚的讓小師了解何謂二十四小時念佛的狀態，小師雖然可能未達此狀態，但是小師從睡夢中醒來或是靜下來是知道自己常在自動念佛的。又譬如小師有一段最用功的時候，有一次約七日，什麼都不在乎，甚至覺得給人殺了也不會有任何嗔心，而覺得是世界上最快樂的狀態。但陳師姊可以有長達兩年左右一直維持在那種狀態，而且至今縱有些偏離，也可以透過一段加緊用功回復到那種狀態，這種體驗雖是不足為外人道，但小師卻可以由微知著的加以知曉。

(五)教育程度的問題：緣者不要忘記前述，當年陳師姊的教育程度實質上只有國小二年級，要寫出家人名字以外的文字幾乎是不可能，而其國語識字的能力，可以打個比方，看電視的字幕或是誦經時看經文一段字句，她幾乎都是跳著看的，也就是懂此字的意思，並在其腦中所留的記憶組合，但是您要問她金剛經、心經說些什麼，她都可以給您明白、無誤的解釋。甚至有次，小師還拿了道家與佛家行者註解的金剛經，請她辨識何者才如法？何者才為真義？她可是立刻果決的分辨出來，毫不含糊。又譬如小師曾和學佛多年的朋友聊過佛法，有些還是博士班的學生，這些朋友通常對什麼是「無所住生其心」的意義或體驗，扯個半天還不能讓小師信服，但陳師姊確是很篤定、很明確的讓小師了解與信服其真意。因此，若非陳師姊有其因修持所得的勝境，很多佛理是無法以其知識背景之程度來說明或解釋的，更何況，其實陳師姊是不太能看書的。甚至小師還願意指陳一點，在第四台的講經或教授佛理節目中，有一由道入佛，立基南部，名滿台灣，弟子不知凡幾的法師，這法師也是少數談佛理深入淺出使小師不得由衷欽嘆的法師。有日，小師與陳師姊一齊在觀賞節目，這位法師演講不知心經或金剛經完畢時，這時法師極力的註釋演說，滿滿的黑板，慈悲的想給他的弟子了解他所體悟的意思。然而小師也很有把握，他的弟子大概多數很難完全了解，這時，陳師姊卻向小師說了一句話，其大意是：「法師所講的都是正確的，但是後面還有更深的意義與修持，法師還沒說，她不知道法師為什麼沒說，但是沒說的那一部分，她是清楚了解的。」這個悶葫蘆就由緣者自行慧解吧。

(六)有些事蹟是小師自身目睹或參與的，嚴格而言，陳師姊現在並沒有所謂的神通，但是她或大或小幾件事是小師自己可證知的，這部分也會在後文彙整，交代清楚。

(七)其他因素的綜合推斷，這部分小師恐怕就難以一一指陳，只能說是綜合的推斷。因為這涉及到小師長年研讀佛家大師有關聖蹟的心得，及其他因素的綜合體認。諸如其他因素之一就包括陳師姊的有些境遇，在陳師姊常去道場的住持是略有知悉，至少小師知道這位住持師父是不倒單的，甚是有些修為的，但對陳師姊的境遇至少應有些認同的，甚至有些寺務處境或有關修持的事，有時候也會徵詢陳師姊的看法。又譬如一個現入佛道，自身也有不小成就的靈療者，小師也曾特意請其與陳師姊會面並徵詢其意見，具有所謂天眼能力的靈療者亦認為陳師姊的境遇屬實。又譬如陳師姊的境遇非屬一般禪觀，或天眼能力者所及，另外小師對陳師姊事蹟的徵兆與時序的判斷，以及小師命理性的判斷等……，這些是屬於綜合性的，實在很難一一釐清。

總之，這些種種因素是小師如此信賴陳師姊不下台灣時下所知高僧大德的主因。於此，小師忍不住要向緣者說：「對陳師姊的判別與相信真是有夠麻煩的程序，小師是否有幾分理由稱得上是嚴謹呢？然而，這些因素著實是小師環顧台灣宗教環境下，自認是平心應慮的，不知緣者是否覺得然否？」

四、陳師姊的奇異事蹟

小師所知道陳師姊的事蹟，不是她告訴我的，就是小師參與的。當然有些事情是她沒有告訴小師，或者是一些小事例如代求大悲水治病、南部靈療者有心無心的試驗或一時心通的狀況、或者修行過程中的事蹟等等，小師覺得沒有什麼特異的就不說了。反正就挑小師所知或所參與，覺得比較奇異、好玩的，或者比較重要的來說。

(一)菩薩擇偶：

陳師姊與佛、菩薩的因緣是極深度的，尋常人若希冀菩薩點化，可能無緣，但陳師姊在少女時期即有此緣。話說當陳師姊從國小畢業後，即一直在台北紡織廠做事，一直至因公負傷後，才返回南部老家弟弟小毛巾廠幫忙。一直到適婚年齡了，約二十四、五歲，當時是有認識一同鄉男友，只是鄉下地區甚為保守，沒有一定進展是不會論及婚嫁的，只是傻傻的交往著，而雙方家庭也算熟識。後來師姊夫出現了，剛開始是有人要介紹親戚的女子與之相親，但是不知道怎麼的卻看上了陳師姊，接著就一陣子窮追猛打，常常來討陳師姊家中歡心。怪的是，大概面貌滿忠厚的，身材又滿高大的，陳師姊兩老甚是喜歡，顧不得師姊夫是外省人，反而有意將女兒許配給他。原來陳師姊的男友得知消息後，大概急了，不僅因之鮮明的表白立場，甚至激動時要求陳師姊準備好一切，必要時私奔。當時陳師姊心態上固然不能接受私奔這種大膽要求，但是亦如人之常情，畢竟是較偏愛相處甚久的男友。然而，兩老之命難違，不得不與師姊夫些許交往，發現卻也是難得的好人，而且真摯誠懇，時間一久，自己不僅心理矛盾，同時也常常不知如何適從，常常日子是在困惑與難過中渡過。就在認識師姊夫快滿一年的一夜，陳師姊夢到自己清楚的身處於一間大寺廟中，寺廟中空曠的只有一個大供桌，供桌上盤坐了一個有真人大小的佛像，是時下所稱彌勒菩薩或布袋和尚，胖嘟嘟圓滾滾的人，其跟陳師姊說，那個人必不好不要嫁他。當時，馬上在寺中一角出現其男友形象的一個人，躺在地上並清楚的讓陳師姊看到，其心中是烏黑一片。稍後，又跟陳師姊說那個人好，馬上於寺中一角出現了師姊夫的形象站立著，並清楚的讓陳師姊看到其心中是潔白光明的，然後夢就結束了。就因為此夢，陳師姊日後才決定要嫁給師姊夫的，事實上，再過不久，陳師姊在兩老的催促下就嫁給了師姊夫，過著一段相當幸福的婚姻生活。

(二) 菩薩治病：

就在陳師姊結婚後數年，期間日子是極幸福的，因為師姊夫是公司同事口中的大好人，又對陳師姊很寵愛，雖然家中不是很有錢，卻也豐衣足食。但是陳師姊身體卻是有點欠佳，主要原因是在台北紡織廠工作時，曾被重物撞擊頭部，因此陳師姊才辭職回家幫忙。當時師姊的頭疾，亦無法好好治療，因此常有類似偏頭痛的症狀，不過痛起來好像較嚴重點，另外還有些氣血不暢的婦人病，因此有時身體不太好，總是覺得虛虛的。一夜中，陳師姊說也分不清楚似真似夢，只記得一個穿著青色或水湖色的衣袍，神貌端莊秀麗的女子，樣子像極了民間有一廣泛流傳，空中拍攝所謂觀世音菩薩騎黑龍照片中的容貌，靜靜的坐在他的被褥邊，用根長針，鑽入手臂血管中通來通去，也不覺得有何異樣的感覺，次日之後，類似偏頭痛的箇病不藥而癒，同時，其他身上的舊毛病亦消失無蹤，身體漸漸的強健起來。

(三) 吃素的由來：

一般人會吃素，大抵都是許願、發心或者經人勸說、或者時緣已至不得不吃。而陳師姊吃素也有那麼一小段故事，就在菩薩幫陳師姊治病，身體漸漸改善大概數月後，陳師姊夜夢自己又身立於寺廟中，寺中一旁整齊排列大概有上百名身著袈裟的和尚，神態恭謹的肅立著，另一旁則排列整齊的蒲團，除了陳師姊佇立外，空無一人，此時遠處傳來一聲威嚴的聲音叫著陳師姊的名字：「陳 XX，速速吃素！」夢境就此退去。從此之後，陳師姊一聞葷腥就覺得噁心，難以下嚥，夢醒後一個月內茹素了，所以陳師姊在正式學佛時，就已經長齋數年。

(四) 夢遊地獄：

陳師姊在吃素開始起數月後，一日夜裡，夢見地藏菩薩，領著她不知在哪裡步下數層階梯看到了地獄，那景象倒不似一般坊間記述有名的「觀落陰」，以道教科儀之節目及有關書籍所描繪地獄十景。據小師所知，雖然有很多見證者有著相當一致性的指述，的確見識到是那樣的。那十景依小師的記憶應是大草原、草鋪路……直至諸如夜市為最後一站，到最後甚會見到菩薩光芒意味性質的地方與景象。但陳師姊「看到」的卻不是這樣，師姊所見的景象是一片灰濛濛的地方，較準確的形容應是像如大雨將至，天空滿布黑雲，光線因而些許濛濛灰暗的一片地方。在遠處地方似有辦公的殿堂，知道應是有人在那邊處理事情，但陳師姊沒有看清，所能看清的是別處有如我們人高的壯漢，兩邊挾持只有我們人半身高的人形黑影行動著，但絕大多數的人形黑影都是井然有序的排列成一條長龍，走向受刑地點。陳師姊記憶較深的只有二件事：一件事是所謂「炸油鍋」的刑罰，她說有個類似一般學校操場大的油鍋，然後受罰的人形黑影被扔到油鍋中，被撈出來好像已是一副白骨，然後有人用不知道什麼水倒上去，就又恢復人形黑影，繼續又回去再排隊受刑。另一件事，有一區排隊好像是要割舌頭的，但有一個人形黑影卻好像多了挖眼睛的，此時，陳師姊心生不忍，便問菩薩道：「為什麼這人要比別人多挖了眼睛？」，此時，師姊的心中傳來菩薩的聲音說到：「您不必如此，這個人，心很壞。」接著就在師姊眼前出現一個影像，先是大海漂浮著一個捆得很紮實的大包裹，繼之又出現一影像，在一個漁村中，很多人跑來跑去在接這個大包裹，此時，師姊就不知怎麼的明白了，原來這人是從海上私運毒品，害人無數的，故有此刑。就在此夢過後不久，一日有一信一貫道的友人，強拉著陳師姊至一貫道的道場去聽道，也不知道那天是不是講地藏經的東西，在其講師演講完畢，要台下信眾發表聽講心得。生平至今，陳師姊去過一貫道的道場不過二、三次，而那次就是最後一次，也說不上什麼興趣。而且師姊平素的表達能力與組織能力因教育程度關係，很是不好，往往要說明一件事，需要很耐心的聽她說完來龍去派，才知道她要說什麼，說難聽一點，心臟不好的人，還沒聽懂她究竟要說什麼，搞不好就掛了。對這點她是有點自知的，但是當時，陳師姊卻不知道是什麼力量，驅使她上台，而且還不怯場，十分流暢的向台下的一貫道信徒，詳細說完她夢遊地獄的經過，同時，在她說完後，台下有幾個一貫道信徒不約而同的向陳師姊及他們的點傳師說，當陳師姊在說明此一經過的時候，他們親眼目睹空中撒下數道金色柔和的細緻光芒，穿透他們道場屋頂，籠罩在陳師姊四周，一直到陳師姊講完後，這光芒才消失無蹤，這是他們在這道場數年從未見識過的景象。因此，這道場的點傳師在當時及事後去電多次一直遊說陳師姊說要培育她為道場講師，可是陳師姊並不覺得有什麼特別的，也沒有任何興趣，最後始終沒有再去那道場。

(五) 求藥救夫：

約在陳師姊夢遊地獄的後三年（約在民國七十八年），師姊發生了一件求藥救夫的事件，完整的經過還是得由師姊一個夢說起：一夜陳師姊夢到觀世音菩薩，在一個極為蒼翠而廣闊的環山谷地講課，菩薩所現的似一般白衣菩薩像，立於谷中高地處，而山谷中有著滿山谷的俗家居士，各據桌椅整齊排列著，大概有數百人至數千人之眾皆專心的聽課，而陳師姊也是在場聽課的學生之一。菩薩講課至一段後，突然停下來，從淨瓶中滴出幾滴水來，盛在一個大概有300cc的杯中，然後那杯子突然就裝滿了，然而這杯子盛滿淨水就緩緩地由空中飄向陳師姊的座位，途中很多學生想去搶這杯子，但是菩薩說道：「這是要給陳XX治病用的，大家不要搶。」並指名是要給陳師姊的，於是大家才各安其位，任由杯子飄往陳師姊的座位。此時，陳師姊才發現自己的一隻手舉不起來，於是用另一隻手去接住杯子，喝了幾口淨水後，發現杯子裡有八分滿的淨水，就請問菩薩剩下的淨水該怎麼辦？菩薩說道：「就分給其他的同學喝。」於是，其他的人就一人一口的傳著喝，奇怪的是，就是剛剛好不多也不會不夠，每人都喝到了，而杯水還保持原來的八分滿，夢境就此結束了。夢後數日，也沒什麼事，陳師姊就不以為意，漸漸的淡忘了此夢。又過了數週，一日，陳師姊在家中接到師姊夫同事打來的電話，說師姊夫受傷了請速往醫院照料。陳師姊就匆匆的攔了輛計程車趕往醫院。這裡，小師先解說一下師姊夫受傷的原因及有關情形：嚴格的說，師姊夫是被亂刀殺傷，而傷口主要集中在一條手臂上，為什麼會這樣呢？這就必須從師姊夫所任職公司的主管談起。在前文曾說過師姊夫是任職於華視有關出版公司職司總務一職，而師姊夫本只有高中學歷，剛進公司時不是任此一職務的，但其為人甚是忠厚老實與廉潔，是同事口中的大好人與好好先生，所以當時，這公司大概是副總職位的人吧，就相當欣賞與信任師姊夫，便漸漸地拉拔師姊夫擔任總務一職，即便有人因利覬覦此一職務而耍手段時，他也因自己個性十分耿介，便曲直分明的為師姊夫擔當起來，使師姊夫不受欺侮而安心任職。因此，陳師姊與師姊夫二人對這位副總也甚是恭敬，總敬稱他為總管。而這位總管當時年紀應為六十上下，膝下有一子年約二十出頭，身材甚是高大，但是卻患有一點精神異常，經醫師診斷是應該在療養院長期住院治療的，然而，一來總管之妻捨不得，二來發病時間甚短，平時還滿安靜的，較嚴重的時候，只要送去醫院打一針就能平復，因此就留置在家中照護。只是有一點比較麻煩的是，當總管之子發病較嚴重的時候，會大吵大鬧不願就醫，而總管夫婦又年老力衰，無法抓住年輕力壯、身材高大的兒子去就醫，這時就會聯絡身材更為高大壯碩的師姊夫，至其家中幫忙制伏這小夥子搭車就醫。當然師姊夫是義不容辭去幫忙，每次又哄又抓又架，才擺平這小夥子，圓滿地完成任務，而且時間久了，次數多了，也就習以為常。一日，總管又如往常來電請師姊夫至家中幫助制服其子，俾便呼車就醫，等到師姊夫趕到總管家時，並沒有什麼動靜，總管向師姊夫說明其子鬧了一陣子，現在比較安靜地躲在其房間內，請其協助就醫。當時副總之子的房間門是開著的，也沒什麼吵鬧之聲，師姊夫心想，先進去安撫他再做打算，何況平素彼此也甚為熟悉，因此就不疑有他，口中打著招呼就進房了。可能平日小夥子對不願就醫時被制伏的事心中早有不甘，積怨在心，或者是此次發病時特別的怪異，俟師姊夫一進房時，就從角落衝出，將預藏的水果刀，兇性大發的向師姊夫手臂砍了二刀，當場師姊夫就已血流如注，大概是怕傷了這小夥子，也沒將刀子先給奪下，只是死命地從小夥子身後，緊緊抱住，硬將這小夥子拖抱出房外。而這小夥子在這過程中，邊掙扎邊喊著：「我不要去打針！」一方面仍毫不留情砍著師姊夫的手臂，家人合力將其子刀子奪下，師姊夫一條手臂早已挨了十幾刀，血肉模糊的不忍目睹，但是仍強打著精神維持清醒，直至總管攔住計程車，並將其子拖抱上車，自己也上車後，便因失血過多而昏迷了，到醫院時，更是人事不知全身是血，任人縫合急救了。而通知陳師姊正是總管在分別處理二位病患入院手續完畢後，由總管本人親自打這個電話的，但由於在電話中，並沒有仔細說明，受傷的經過及情況，俟陳師姊趕到了醫院，由總管說明大略經過後，便趕忙問著主治醫師病況，當她聽到醫師大致說到手臂受傷十餘處，動脈及肌腱斷裂，失血過多，尚有生命危險，醫師還沒詳細說明，還要繼續往下說明時，陳師姊已經禁不住刺激當場昏厥過去。當她清醒後，因為醫師慮及陳師姊的教育程度，怕她不能完全了解師姊夫的傷勢及部位，便在陳師姊手臂上用原子筆畫下各處受割部位及傷口長短，還沒有完全解說完畢時，陳師姊腦中靈光一閃，看到醫師在她手臂所畫的線條時，突然憶起日前的夢境而想到夢境中的自己不能抬起的手臂，正是師姊夫受傷的那隻手臂，而聯想夢中菩薩也許就在指點此事，求淨水就可救夫，一想到這，便匆匆的攔計程車趕回家。回到家中，此時家中並沒有陳設佛堂或神位，陳師姊救夫心切，也根本沒有想那麼多，不管三七二十一在家中隨手拿個玻璃杯，裝了些白開水，就在公寓的陽台上，遙望空中，手舉著那杯白開水，很自然的闔上雙眼，觀想夢中的菩薩模樣，並十分虔敬地向菩薩禱祝道：「如夢境是要指點此事，則請菩薩賜仙丹救夫。（小師按此時陳師姊雖已長齋，但仍未正式學佛，不知該稱淨水或大悲水，故出此言，而陳師姊正式學佛乃在師姊夫往生半年後，已如前文所述）」如此一般禱祝完畢後，就將那杯白開水倒入塑膠袋，用橡皮筋紮緊後，就再攔車回到醫院探視師姊夫。此時師姊夫已急救手術完成，送至恢復室，但仍昏迷未脫離危險期，陳師姊也不管那麼多，拿起棉花棒沾了用塑膠袋裝的「仙丹」，在師姊夫的嘴唇沾了沾，不可思議的是，此時原本昏迷的師姊夫，卻有轉醒的跡象，已能呻吟，陳師姊更是信心大增，繼續沾點仙丹，向師姊夫已經被紗布包紮起來的受傷手臂到處沾沾，奇怪的是師姊夫原本冰冷的四肢，便逐漸地暖和起來。如此一般的，師姊就不分日夜繼續用「仙丹」照料師姊夫，偶爾陳師姊回家處理事務時，「仙丹」也不離身，回到家中便將「仙丹」冰在冰箱中，去醫院時再行攜往醫院。結果呢，師姊夫不到十天就出院回家了，就連醫師預估師姊夫回院複診時，應需半年的復健，師姊夫在複診時向醫師表示，手臂覺得好得很，應無需要復健了，日後也無覺得有何異狀。而更奇妙、更值得一提的是，在師姊夫住院期間，鄰近病床有一信基督教，不知是住在玫瑰中國域還是台北小城的病友，因為在製麵條販售時，不甚將中指、食指捲入製麵機器致使二指完全被碾碎，經數次手術後，仍有一指向掌內彎曲，不能動彈伸直。其家屬是目睹師姊夫，送入病房時，病情似很嚴重的狀態，但是老是看陳師姊將白開水沾在受傷手臂，覺得莫名其妙，又私下向醫護人員打聽師姊夫的傷勢，原本是很嚴重的，怎麼沒幾日就好的那麼快。一日，終於忍不住向陳師姊問了起來，陳師姊也一五一十向他們解說「仙丹」的由來與妙用，這時，病友家屬抱著寧可信其有，姑且一試的心態向陳師姊分了些「仙丹」，向病患那根不能伸直的手指頭沾了沾，很奇妙的那根手指頭居然能動了，而且漸漸可伸直，於是他們也用這「仙丹」照料病患。更不可思議的是，這個事蹟不知道怎麼傳開了，同醫院中有一位不知什麼原因而連續在腦部開刀二次後，一直處於昏迷狀態的病患，其女性家屬聽到這個消息後，找到陳師姊並向師姊說據醫師判斷可能病患會變成植物人，央求陳師姊無論如何幫忙試一試。於是陳師姊便與這位家屬至病患處，照樣拿起棉花棒沾了「仙丹」往病患嘴唇、四肢沾了沾，而該病患同樣的好似有點恢復神智的跡象，嘴唇開始動了起來，同時原如冰霜的四肢也暖和了起來。但是終究這個病患有無復原如初，陳師姊就不知道了，因為再過兩三天師姊夫就出院了，陳師姊將剩下的仙丹交給了那位病患家屬，就告別回家了。但是，陳師姊表示應該會好，因為至那位二次腦部開刀昏迷不醒的病患塗仙丹的次日，那位病患家屬曾再來找陳師姊說：當晚曾夢見自己很累的坐在醫院門外台階上，看見觀世音菩薩與陳師姊緩緩的從遠處走向她，到了她身邊時，菩薩安慰著對她說：「不用太擔心，我不上去了，陳師姊陪您去看患者就可以了。」然後，菩薩就消失了，而夢至陳師姊陪她上醫院階梯去探視時，夢就消失了。另據陳師姊表示，這二位病患都留有連絡電話給她，只是時日一久，早就不知道往哪裡塞了。事後，師姊夫又健健康康的活了兩年，一直到一日患了小感冒到醫院打一針，當日，於民國八十一年間，就莫名其妙的往生了。起初陳師姊也不知道為什麼老天會這樣子的安排，一直到師姊正式學佛，精進後自知因果，原來師姊夫前生本來也是修行人，此世就是來人間陪師姊走上那麼一遭，原本就會比師姊早回去繼續修行的，在那次刀傷手臂的時候就應該回去了，只是菩薩憐惜陳師姊那時候小孩子都小，最大的國小五年級，最小的還沒有上國小，都還不好照顧，所以才讓師姊夫晚兩年走。

以上所述都是陳師姊此生還未正式學佛的事蹟，對一些人而言，或者已有難以置信神奇的感覺，但對小師而言，以所知來說倒也沒什麼覺得一定是值得需加大書特書的地方，只是覺得還沒有正式學佛前，就能這麼多感應交道的人，的確是一般書中少見的，可見陳師姊是宿根深厚的人。接著小師要記述的事情是前文所述，在師姊夫往生後，陳師姊因數事交激，一度心神恍惚，甚至準備輕生時，幸遇良緣，受出家師父點醒，從而宿根發露，精進向佛後的一些事蹟，這些事蹟主要發生在民國八十二年七月後至八十三年上半年間。因為小師記得約八十三年下半年至八十四年初中間，小師就乘緣認識陳師姊了，而小師跟陳師姊密集相處時，自己能親身參與與感受的事蹟也都散布在民國八十四年至八十七年間，反正小師將依時序一一陳述，只是不再詳述時間段落了：

(一) 夢中領眾：

在民國八十二年七月後，陳師姊就開始正式學佛，真是早也念佛，晚也念佛，自然的更是常常放下一切，至點醒她師父的道場禮佛或參加法會，或是幫忙寺務，有時太累太晚了也會在道場寮房住下來，隔日再回家，不久後她就能二十四小時念佛，只是心中念佛聲甚大，常常處於半睡半醒的狀態。一日，照例在道場，因時間太晚住下，次日晨間，夢中覺得自己獨自在這道場，此外旁無一人，而這道場也不似平日模樣，好像是古時候的寺廟建築，夢中的陳師姊自身依然是俗家打扮，然而道場外有成千上萬的人，絡繹不絕的從山下走上山來請法。此時，她意識上很清楚的知道，按理來說，這個道場由於自己不是出家眾，不應擁有或住持這個道場的，可是明明那些道場外的人，卻是像她的信眾般來聞法的。正當自己在狐疑時，突然的靈光閃過，她突然知道二件事，一件事是道場不是屬於出家眾的，更不是屬於所謂捐錢獻地蓋道場的信眾或居士的，而是屬於修行人的；另一件事，就是會有那麼多緣者能知悉她所知的佛法，只是至今她還不能搞清楚，以她的能力與條件，怎麼可能會有那麼多人與她有緣能知道她所知的佛法。（小師按，會不會就是因本書之因緣，小師也不知道）

(二) 地藏菩薩示看長心草，觀世音菩薩授念珠：

平素陳師姊心是清淨的，陳師姊日裡好像一個心念不太對，自己正想待有空靜下來好好反省與思索，夜裡，就夢見地藏菩薩，形象就像帶著佛冠的那種，全身金亮但是又不會灼熱的光，帶著陳師姊至平素的道場附近，就地一指，馬上就現出一景，景中是一塊田中長滿了很高的雜草，而陳師姊一見此景，就幡然了解，原來一念差失，心田就立即長滿雜草，心裡就起了慚愧心，菩薩知道師姊了解了，景象就消失了，隨後金色的形象也漸行漸遠的消失了。次日，不用說，陳師姊就加緊禮佛懺悔，又有一日，夜夢觀世音菩薩，欲授其手印，但陳師姊不太注意，於是菩薩乃從地上取得泥土，搓成丸狀，繼而搓成一串念珠繳給陳師姊戴上。

(三) 至心禮佛，觀世音菩薩與地藏菩薩帶師姊觀娑婆世界：

由於這景象小師認為十分特殊，也十分複雜，也跟隨後行文的佛法有關，值得細細詳述。並且為使緣者能集中心神了解，並掌握重點，這裡暫不述說，不過這裡想跟緣者先行說明的是，因為與實修階段有關，也就是學佛的著手處，這些不修好，實在是不能有所進步的，也因此小師與陳師姊溝通時，索性就稱之為「上集」。

(四)至心禮佛，見釋迦及眾弟子印心得佛法：

理由同前，不過稱之「下集」。不同處只在於完成上集的實修，才可能進到下集的實修，下集則偏重即理即事的佛法，也就是一般人常在探討比較深邃的佛理，而那些佛理事實上是指修行較細應遵行的原則與境界，所以在這裡，可知空談或空研佛理的是不可能有用的。但是能達成下集的，實際便能成佛了。也就是說上、下集是完整、實際、實修的佛法，或是成佛之道了。而成了佛，就真的是如佛經或高僧大德所說的「三明六通」，無所不知、無所不在了，這才是「覺者」的真面目。附帶的說明，陳師姊是上集修完了，正在下集中邁進，這是陳師姊能知上、下集的主因，但是實際的程度怎樣，小師是無法忖知的。

由於小師尚未介紹至上、下集，而前面的記述好像偏向夢中，或許緣者會誤以為只是夢中幻境，了不起是陳師姊的「日有所思」的結果或一時的巧合，然而這些絕對是誤解的結論。不可否認的，陳師姊除了上、下集與二十修行有成併立於觀世音菩薩旁的事蹟，不是與夢有關外，絕大多數與夢有關。然而以小師所知，修行人的「夢」，絕非如一般人的夢相同，是絕對與修行、或修行指引、或實際事件有關的，這是很難對沒有實修或用功的人說明與了知的。但若您是步上實修之途的修行人，是絕對可以了知的，這也可以說是一種來自看不見的法界的指引與訊息。所以學佛的人應該了解為什麼很多高僧大德都要學佛人能做到「夢中無犯」的重要性，只是目前小師不想說那麼多，就再說幾個師姊的事蹟與小師親身參與或者深受的故事，緣者自會分曉。

(五)超渡冤親：

在陳師姊看完上、下集後，她沒有特別執著這二次的境界，仍在平常度日，照常用功，照常至夜市賣毛巾養家。一日夜裡，隔房門聽到平日尚稱乖巧，在國中念書的大兒子，好像睡得很不安穩，似乎有囈語、掙扎的聲音，便起身查探。但是入兒子房中，似乎又看不出什麼異狀，隨即就叫醒兒子，想問個明白，卻也問不出什麼名堂，便又回房睡去。然而，接連數日，好像又是這種狀況，而且兒子漸漸有點發燒，身體稍不適的樣子，到後來問起兒子，說似夢中有二人來找他的樣子，但究竟想幹什麼？答曰：不知道。陳師姊當時仍不覺得有何大異，然而再過次日，兒子竟跑來告訴師姊，他在半夜曾從沉沉睡夢中突然醒來，發現有二具屍身，並排與其同床而臥，但也不覺得害怕，隨即不知為何又昏昏睡去。師姊經數夜折騰，又聽兒子如此訴說，不免有幾分氣，乃脫口向空中說道：「如有什麼事，就請來找我，不要來打擾我的兒子。」當晚，果然在師姊床邊出現二位老人家，自稱是師姊夫的內、外祖先，因輪迴困於某道仍不得安樂，因知師姊是修行人，特來請師姊幫忙拔薦，說完便消失了。次日，師姊乃隨意取家中厚紙板，仿效寺廟之超度牌位，請子女書上韓氏內外祖先，供於家中佛堂，自誦經咒迴向後焚毀，此後不再復夢。至於為什麼既然是師姊夫的祖先，欲求拔薦也需如此曲折迂迴，要先捉弄其子孫而不直接找師姊呢？小師曾經不解的問道。師姊說她也是後來才想到，在她看完上、下集就知道，一般靈界眾生是不能接近修行人的，因為有護法神保護，除非是修行人允許後才能靠近，所以師姊夫的祖先不得不採取這種方式來請託，更妙的是，師姊在日後有機會見到夫家大伯時，曾將師姊夫二位祖先的容貌形容給他知道，師姊的大伯還記得應是他祖先父輩的先人形象無誤。

（六）夢中救父：

一日，陳師姊大概在午睡，夢中見到父親不知何故被黑白無常扣住手銬及腳鐐，正要被強行拖走時，父親因而急得哇哇大叫說：「我女兒是陳 XX，她是修行人，你們不能拖我走。」因此正在掙扎僵持之際，師姊聞父親大叫聲時，不知如何地便能趕至當場，而黑白無常不知怎麼的，看到師姊趕至，一句話也沒說便將手銬及腳鐐打開後便走了，然後師姊夢便醒了，醒後也不以為意。一直到數日後師姊有機會回到南部娘家時，憶起此夢才向其弟查詢近日前父親是否有事發生？師姊其弟才說：數日之前，父親曾與人發生車禍，不過傷的不嚴重，只是當時有暫時昏厥一下，隨後及醒了過來，而車禍的時間，正接近師姊午夢之後。這裡對一般人會覺得有點奇怪的是，師姊其父平素是信仰南部相當靈驗的一座類屬一般神道教的包公壇，對師姊學佛從不以為然，最多是不置可否，也不認為其女是什麼修行人，為何在夢中或車禍中能對師姊呼救呢？這恐怕是一般人所不得了解的。但小師從師姊平素中的指導及其他書中所得的一點，小師可以判斷及肯定的一件事供緣者了解，那就是無論是平日在世為人，他的風格、知識、外貌為何，其神識或俗稱的靈魂，是與為人時不同，定是非常清楚自身的善惡或功過的，或者說的更清楚一點鬼有五通，就足以回答此一問題了。

（七）醫院軼事：

有次陳師姊可能因為長期工作而生活作息失調且服藥不當下病倒了，嚴格的說是暈倒了而到彰基醫院掛急診，當時急診完時，醫生檢驗發現師姊的白血球低的離譜，就將師姊留院繼續觀察檢驗，大概懷疑有血癌或其他癌症的可能，便讓師姊住了血癌病房，師姊也不以為意，反而很輕鬆自在的與同房病友聊天，讓病友開心，也當自己放假。而鄰床的老太太，大概是個血癌病友，住院一年多，被病魔折磨得不成人形，同時全身皮膚也因病變一碰就疼，依照顧她的一雙子女說：住院至今，沒一日好日子過，連晚上也不能安枕，有時還囈語不斷，只是沒人搞得清楚她在說什麼。有日師姊小睡，不知自己是夢是醒的狀態下，透過病床隔簾，眼看見幾個靈界眾生，惡行惡狀的在作弄鄰床的老太太，可能是老太太的寃親債主吧，而且這幾個靈界眾生，就站在照護老太太的子女中間與周旁，只是這對子女沒辦法看見。師姊看不過去，就拉開隔簾，對這些靈界眾生吒道：「你們要做什麼？」當話說完，這些靈界眾生不敢再留，馬上消失不見，此時師姊已完全清醒，看到那對子女有點奇怪的眼神看著她，師姊也不好分辯什麼，趕忙的對這對子女說聲抱歉，就不了了之了。事後，這對子女中有位是慈濟的委員，知道師姊神情有異，且認定師姊是修行人的感覺，就來請教師姊究竟是怎麼回事，師姊才全盤托出，並囑咐其多持大悲咒迴向給寃親債主，以減輕其母所受的折磨。說也奇怪，當晚這位鄰床的老太太一夜舒服的安眠到天亮，是這對子女全沒見過的景象。同時師姊也乘機向那對子女問明，當時他們看到了師姊做了什麼？這對子女說法是，當時，只看到師姊眼神嚴肅用手拉開病床隔簾，口裡有嘟嚷了一句，他們也聽不清楚，他們有點懷疑師姊是做了惡夢，但是看到師姊的表情，該是滿清醒的，因此是滿納悶的，事後他們才想到要追問弄清楚到底是怎麼一回事。

(八) 師姊與螞蟻：

當時師姊在最清靜的狀態中，螞蟻是會一跳一跳得像小蚱蜢般讓路，也許緣者會覺得太神奇難以置信，但是螞蟻會讓路給修行人，小師記得日後看印光大師文鈔的小細節中有相同的記述，不得不心頭一驚，啞口無言。但小師再說一件，也許緣者就不會覺得那麼難以置信了，有日，師姊想將其弟工廠後面緊鄰圳堤的一大片雜草區，墾成菜園種些果樹、青菜，供家人食用，只是那片雜草太密太高，清理起來很是費事，想點把火燒掉便是，但是，心念馬上一轉，這樣不是會燒死或燒傷一些走避不及的小眾生，於是就費勁、用力的慢慢割除整理。而在次日晨起，便發現在浴室中其愛用的一條毛巾，之前用完即掛在手中架上，遠看怎麼突然全變成黑色，心中一奇，趕忙趨近檢視，等到近看時才發現，架上的毛巾兩面密密麻麻的小螞蟻，而且排列整齊毫無相互踐踏，覆蓋棲息在那毛巾上，以至看來毛巾變了顏色。當下，師姊心中了然，就對那些螞蟻做了三皈依，便去忙自己的事了，到晚上再去看那條毛巾，一隻螞蟻也不留了。小師曾問師姊所了然何事？她說：「螞蟻是來感恩、祈命、求皈依，也有敬請她精進皆有之。」

(九) 師姊與小師家：

小師敬師姊如師、如友、如姊，彼此走動甚密，當然也有些事是小師清楚可證的，心領於心，不在話下，於下就舉例數事，以享緣者。

1、小師曾有一間老屋，遷離時便租於他人，但是小師曾留下一幅懸掛多時的心經卷軸，目的無他，只是希望房客有緣來住我們房子期間，能夠平安吉祥。一日，師姊來電，說她夜夢領著小師夫婦，在老屋中跪拜心經，小師聞後，心裡覺得奇怪，便打電話詢問房客的老太太，家中有否異狀，弄了半天，才知道因為老太太信奉的是日蓮正宗，經受其教友影響，勸說認為不應供養任何經書佛畫，才將心經取下收好，小師才有點無奈的釋然，也才知道師姊為何有那一夢。

2、有日師姊在小師家中過夜，次日告訴小師夫婦昨晚覺得好玩的一夢，說夢中她把小師家中的佛像移出一尊，因為她見到小師家中窗外來了一尊小菩薩要讓小師供養。聽完以後小師也不以為意，以為是毫無意義的夢，但是當日黃昏妻子去倒垃圾時，眼尖的在垃圾堆旁的土堆中發現一尊約食指高，由鐵錫鑄成的菩薩像，便攜回家中，清洗後便供養在佛桌上直到今天，事後小師也不敢輕忽師姊的夢了，雖然師姊的夢有時小師是不能明瞭其意義的。

3、妻子的娘家，是中南部的一家中型養豬場，但或許業力太盛，使家岳及家中最有為留美回來的妻舅，皆逢意外死亡。然而除了內人及岳母因而嘗試信仰佛法而努力精進外，說實在的，除了在出事時，一番涕淚與感傷外，其他的妻舅及家人都沒有太大的改變，十足「人」一般反應，也不想去怪什麼。只是其中有個妻舅，自小雙足不良，個性溫馴，小師平素對他是甚有好感，因此，有次在聽聞其精神有點異樣，不知如何從三樓跳下，幸好因過程中大概受到二樓繩索絆了一下，減少了衝力，因此跌落在一樓的水泥地時，除了有些手足上的皮肉傷與骨折，倒是沒有大礙，其後便送進醫院，住院診治了，事後家人追問其為何跳下來，他回答的迷迷糊糊，也弄不清楚怎麼一回事。出事消息傳來，小師心中一動，便決定邀師姊南下，心想也許可探究出什麼，或者幫上一點忙。當時，與妻子、師姊三人，是搭野雞計程車連夜而下，到達岳家已是半夜一時許，丈母娘匆匆來迎，寒暄一二，已過二時，大夥覺得太累了，若覺有事不妨清早去醫院探視再說，於是便各自分房睡了。哪知一清早起來，約六時許，早見到師姊在跟妻子與丈母娘絮絮唆唆的講了一堆話，小師乃趕忙趨前探索原委。原來是師姊心中不斷的佛號，在其就寢不久後，聲音就一直越來越大，夢到一群人中包括了岳丈、死去的妻舅與尚在陽世的妻舅等人，也就是妻子現世的父兄全部男眾都慌張地往前奔跑，這群人為何慌張呢？因為有一大群黑壓壓的靈界眾生（豬靈）在其背後追逐著，這一大群靈界眾生約有上萬個，型態有點半人半畜，約半個人身高，只是每個都是像黑濛濛的影子，無法看的很真切，然而，很清楚的是在追逐著妻子家中的男眾，而且是快追到的樣子。而且更奇怪的是，這群人好似知道師姊是修行人的樣子，便合掌跟著師姊念佛，而使這些靈界眾生追不上，而師姊也就更加快腳步，大聲唸佛領眾前行，於是夢見便醒了。陳師姊早上就告訴岳母與妻子。更奇怪的是，這是師姊首次到小師岳家，岳家中也不懸掛往生岳父與妻舅的照片，而小師平素就算與師姊過從甚密，但也不曾將岳丈、妻舅的神態、體型描繪給師姊知悉，因此，師姊是無從事先知悉的。然而，當場小師曾問過師姊為何篤定的說那群人就是岳家男眾呢？師姊說她也不知道，反正在夢境中，一看那群人心中就自然了然誰是誰，並且一再問小師與妻他們是否長的就是那樣的體態與神情。說實在的，當師姊在描述一、二位時，小師不禁從心中直寒顫、直發涼，因為任憑岳家的任何人與小師都無法否認那是真的，而且從整個過程的描繪中，小師無法不冷於業力之可怕，真是教肉食者戒，小師這輩子是無法忘卻這件事的，但可嘆的是，岳家的其他人至今還是聽者渺渺。

4、這個故事與前面的故事有關，前面講到那自幼患有小兒麻痺症的妻舅從三樓跳下來受傷的一段事，這段是跟他有關。事實上當他受傷不久前，才經人介紹娶了一個年紀有點差距的鄰村女孩，這個女孩曾經有點精神異常的紀錄，不過經治療後，已與常人無異，做事也是甚為乖巧，甚得岳家的歡喜，也受到很好的對待。妻舅受傷時，他們結婚還不滿一年，可算是新婚燕爾，兩口子也算恩愛。直到過了一年，這個小嫂子產了一子，不過數月後，也不知道什麼原因，曾嚷著想要到外面工作，妻舅倒也沒有說什麼不許時，不知道為了什麼，她自己就帶了點錢搭車離家了。當時，岳家的人一陣子緊張，怕只怕這個小嫂子因甚為單純，在外受欺侮，因此託人四處尋人打聽，最後大概花了近月的時間才在市區某位善心女士的家中尋獲。據這位善心女士說，是某日在路上見到小嫂子神情有異，才攜往其家中照料，只是問起小嫂子話，她都不回答，其他倒是還好。小嫂子被尋獲回家後，家中也沒什麼責備她，也聽憑小嫂子的意思，任憑她去做不太管她，只是見她還有點怪怪的，最後才到台南某醫院，依其記錄治療，大概過了個把月，見到她好似沒什麼問題後才接回家。這個過程中，岳母亦曾四處求神指點迷津，只是滿奇怪的是，回答都一致地說：「緣分已盡」。當小嫂子被尋獲後，岳母及眾人皆已不以為意，可是當小嫂子經治療如常時，接回家後又過了個把月正常的日子，也不見有什麼異狀，但是卻又獨自離家了。在小嫂子再度離家後，數日又遍尋不著時，小師禁不住困惑，將整個情形及發生經過告訴了師姊，想問她的意思及可能結果。過了數日，師姊告訴我說：「不甚樂觀，因為她想起此事時，很奇怪的是，她的佛號甚是哀淒，不太像平素正常的樣子。」再過數日，小嫂子的屍首就在某河道旁，經人見到後通知警方轉知岳家處理。小師每想及此事，也不禁難解與哀慟，因為精神異常小師也略有小知，從人文的角度很難解釋，什麼力量會使那麼清純、溫婉的小嫂子棄下未滿週歲的幼子投河而亡。這就算是精神異常者，也不見得必然亡失母性的力量，何況小嫂子的情況，以小師所見，根本不及那麼嚴重，再者又有使用藥物控制病情維持其精神的穩定度，如此憾事除了因果業力使然外，還能何解呢？

（十）口腔癌患者的故事：

這是小師曾略為經手，也認為很值得一提的一件事，道理是可能顛覆一般的看法，卻又能讓人了解很多事情的一件真事。事情是這樣的，一日師姊回南部，遇到當姑娘時期的舊識，談及其兄長罹患口腔癌，病情似乎很不樂觀。而師姊與其兄也曾有點因緣，就去其兄家探訪，後來師姊在知道整個情形後，曾試圖告訴他們家人一些事，主要是勸其趁機早修佛法，以減輕罪障，只是他們以前太熟了，而師姊學佛又是來台北多年後的事，他們也不太知悉師姊的狀況，而且師姊看來也絲毫無過人之處，因此師姊希望小師能跟這位患者的師兄夫婦進言。小師答應後與這位師兄之妻通過幾次電話，了解及印證一些事情後，在認為夠了解整個情況，便對這個事情下了判斷，並寫了七張信紙的長信，希望有益這位師兄，並且大膽假設，如無盡力改善恐數月便亡。然而，整件事後來還是大不過因果，這位師兄就真於數月後往生了。而這位師兄的口腔癌因果到底又是怎麼一回事呢？就讓小師細細道來。原來這位師兄覺得口腔異常時，就曾去向西醫問診，西醫的說法當然是照本宣科。只是病情初發現時，這位師兄曾在初次向西醫求治時看到一位白衣女鬼，似乎來意不善，而露凶光，出現在醫生問診地。可惜的是，因家人未曾遇上這種事，半信半疑的不知如何處理，只得聽西醫治療，但是病情卻是不見改善，而且有加劇的趨勢。這時這位師兄也開始急了，一方面尋求有名的中醫治療，一方面因這位師兄之妻是出入宮廟之人，也不免四處求神問事，而其間夾雜著這位女鬼曾出現夢中騷擾，只是仍究不明其意。然而經數位名中醫的治療也出現不了效果，故轉向數間宮廟問事。起初還有些處置與治療，然而到了最後倒是有間宮廟直接了當的說，該白衣女鬼是其舊冤，今來索債，並曾向宮廟住持表達過，不達目的誓不休的看法，因此宮廟無法可管，勸其可不必費神再來了。這個過程又拖了二、三個月，這位師兄無奈只好再度回到西醫求治，只是西醫告知，因病情已較嚴重，必須切除下巴了。師兄一聽，心裡不能接受，因為他總覺得得切除下巴，人不像人，如此活下去有什麼意思，再說切除了之後，也保證不了什麼，因此決心再訪其他名中醫，也讓他找到了所謂自信滿滿在鄉里頗負盛名的「名醫」。而此位名醫認為師兄之症只是較怪的腫瘤，並非癌症，因此這位師兄嘗試由此「名醫」治療，但事實上，病情並未有明顯的改善，因此就不知如何是好，心裡惴惴不可終日。就在此時，師姊去登門拜訪，因為是熟識，這師兄夫婦倒也將這個病程乃至心路歷程全盤托出，當場，師姊只鼓勵多吃素念佛外，倒也沒多說什麼，只是回家後，沒過幾天，師姊就夜夢那白衣女鬼，向師姊細說因果，只是那女鬼好像沒要求師姊不可插手，而女鬼所說的因果是如何呢？原來這女鬼是這位師兄前世的情人或外室，在一次爭吵時，這位師兄隨手拿起不知道是水晶或玻璃的器物將其敲碎後，持此殘留的器刃將該女毀容，致使她羞於外出見人，進而可能是含恨自戕而死，因此此世尋仇，不達不休。在師姊得知因果後，並沒有馬上告訴師兄夫婦，而由小師接手求證。在小師與其妻以電話細論，其妻才憶起師兄此世難以了解的怪癖，這怪癖就是凡用玻璃器皿所盛的食物，師兄絕對不用，而且從小就是這樣，連他自己也說不出所以然。小師曾試想一般人用玻璃杯與瓷杯應是無大差別的，若無特殊因果，是不應有此怪癖的。所以師姊的夢境應是無誤的，這師兄之妻也頗能接受因果之說，於是在與師姊商量後，小師便去信說明淺見，雖然情勢不是樂觀但小師與師姊都認為至少還有一半機會，判斷的理由就不細表了。師兄夫婦接到信後，倒是甚能接受，也真希望能好好地吃素念佛，持咒禮佛。然而難題又來了，這個難題就是師兄有個極強悍、主觀的母親，她從不相信任何宗教，而且認為師兄體況日羸，必配合進肉食大補，其子體能才足，才能度過患病時期。而師兄本就生性極孝不太願意違逆其母之意，就算此時有心不想聽從，而向其母進言時，卻發現其母總誤以為是常出入宮廟的媳婦作梗，影響其子的判斷，於是反過來向媳婦處處的戾色施壓，搞得師兄認為與其讓其妻無端受苦，不如吃完了事。在最嚴重時，聽說就曾就地監督師兄夫婦當場吃完才了事，因此始終不得全然吃素，師姊知道有此狀況，曾向其母嘗試進言，無奈其母絲毫不聽一句還給臉色，此後也聽任師兄因緣了。最後事情結果是由師兄之妻輾轉告知的，師兄在身體日見羸弱，走動已需人攙扶的情況下，還曾去看過一次西醫，西醫的回答是，營養過剩，癌細胞已轉移全身，無法可治。師兄終究在小師所預估的期間內往生了，往生之前，還叫過子女囑咐二句：「一、不可吃檳榔，二、要相信觀世音菩薩。」這種結局，當然使小師感慨萬千，想必緣者細讀後也必是如此，同時小師也覺得：「善緣不聚，萬事難成，業果因循，神仙難逃。」

以上，就將小師所知師姊有關事蹟一部分，盡量交代了，接下來就進入本書核心，師姊的上、下集，也希望盡量做到能給緣者詳實了解，而無一絲的誇大或偏失，希望緣者能細細研讀。

五、上、下集

在前面陳師姊的事蹟中，曾提及陳師姊至誠禮佛，與佛、菩薩瑞應獲得佛法的情事，為了方便稱之，也是小師與陳師姊談論請益時，對此二件事的代稱，其中包含太多事情與完整佛法，學佛者也可澄清學佛的疑團處，只是需緣者細品之，小師筆禿，但勉力恭敘於後。

(一)上、下集的重點：

為免緣者讀完此篇，神遊萬象後，卻忘上、下集的旨趣與依歸，在此小師謹遵師姊所示，小師若欲他日為文，必須將重點先行列出，以免誤導緣者，獲致罪愆，所以小師將上、下的重點先行標出。緣者須知師姊上、下集不僅是包括完整佛法的義理與實修的過程，同時還有些階段性。換言之，縱然緣者能慧解上、下集的全部義理，然而，實修上，即使您會感覺有進入下集的境界，但是終究是短暫的一時，最後還是得乖乖的回到上集的階段徹底修完，要不然您所謂自以為是的境界或能力，說穿了是走到了別條路上去了，或是所謂神、魔等外力給予的，絕非是走在「佛道」上，這是緣者應有的認知。那麼上集的重點是什麼呢？就在「戒除貪、嗔、癡」，也就是持戒，盡除貪、嗔、癡，而下集固然包含較抽象的佛法或實修的境界，但重點在：「不落空有、能行則行，能忍則忍」，也就是「不住空、有，無住生心，能行則行、能忍則忍。」而這時候就是處於三明六通，不在六道輪迴，來往自如的。至於不論緣者修習任何法門，這兩個重點都是一樣的。至於什麼是不住空、有等等的意義，或者是上、下集情景與內容，只好請緣者耐心往下看下去，小師會盡力交代。但是小師還是忍不住要再說一句，有關的意義，無論如何解說，這涉及實修者體驗與境界，是冷暖自知，緣者若是僅能像一般人的望文解字，終究是差一大截的。至於情境的描述，不論緣者做何感想，或小師自認有多不及，亦是盡力真心敘出，就小師的所知與認知，它是真實的，希望緣者不要恣意毀謗，自招罪愆。然而若是有所疑惑，小師仍然歡欣期待緣者乃至好事者的研究，小師相信終有一天可以同圓佛道。以下，小師就直接以此種安排與描述，讓緣者了解師姊所謂的上、下集。

㈠上集的情景：

一日師姊在家中佛堂一句佛號、一個跪拜的禮佛著，突然發現自己與觀世音菩薩與地藏王菩薩併立於半空中，而兩位菩薩的形象與容貌與一般畫像並無太多不同，只是覺得更為莊嚴與清穆，同時觀世音菩薩是著白衣的。此時，師姊的心意似與菩薩相通，不必任何言語，她便知道菩薩要她專心的看著，她自己也不由得被所視的景象吸引看著。而所謂看著師姊強調並不是如我們常人看事物或電影般一幕幕的現前，也不覺她心中有任何的意念想看，景象才出現，而可說幾近同一時間中，這些景象就自然而然地出現眼前或者是腦海中，或者這些景象就是被看了，她也不知道是怎麼一回事，而所謂看的時間前後不超過五分鐘至十分鐘，她看到至今還很深刻的有：

1、另一個自己，仍在佛堂禮佛跪拜。

2、地球或者娑婆世界像個小蘋果般的泡泡（小師記得經上說的是醃魔羅果，就是芭樂），但詳看景物卻鮮明如眼前，形體大小亦如人肉眼所現一般。其中六道眾生，也就是俗稱的有形、無形各道眾生，形體雖各異，但皆求出各道而不能，因為地球上有層無形的遮罩，遮著使六道眾生不能出離，只能聚集著住在娑婆世界。

3、每個形體各異的六道眾生，雖然形體上各自在各道活動著，但是形體內的靈魂或者是神識（自性佛）都能看得到她與兩位菩薩，都向他們舉手呼救，並哀聲叫苦著，其中包括所謂世上的修道者。除了極少數同樣能與菩薩或她心意相通的成道者無此現象外，其他眾生都是齊聲的哀聲叫苦著，希望能出離這個娑婆世界。而所謂六道的各道，其實是與世上同一個時空，只是彼此無法看得見，而且各自有規律的法度。

4、每個眾生都有所謂的自性佛或者俗說靈魂（佛家稱神識）。而自性佛與靈魂的差別在於，自性佛是潔白清亮的，有若柔和的燈光，而靈魂則是受到累世累劫貪、嗔、癡的污染而呈現黑煙、黑霧般的影，也就是說靈魂或神識本來面目就是自性佛，自性佛被貪、嗔、癡所污染或覆蓋就成了靈魂或神識。如果依俗世通俗的講法，也可說是潔白無瑕的靈魂就是自性佛。自性佛或靈魂是永不滅失的，而且六道眾生的自性佛，與諸佛菩薩並無不同，而且是同一體的，然而成了靈魂或神識後在各道中就成了不同大小形體的黑影子。更進一步的詳說，也就是師姊所見在人道上修習有成修道者的肉體內，其有人形般潔淨的白光，然而一般人則是人形的黑影，而在畜生道上，就成了豬形、狗形的黑影，不論各道，只要是有黑影就會向菩薩哀聲叫苦，雖然外在肉體或是形體仍然是在各道活動著，或衣食或住行、工作，但無法知道他們的靈魂或神識是長成黑影像，也不知道會向菩薩哀聲叫苦著，以人道來說，不分種族、宗教的人們都是這樣的。

5、而且，當師姊看到六道眾生時，是不會有任何的遮障而且形體就如人所見一般大小。也就是說，以人道來舉例，她可以同時看見任何房屋、路樹及每一個人的衣著、肉體、神情及靈魂或神識，即使這個人是住在家中、在工作，但是並不會受到房屋的影響，但也不是說房屋是不存在或透明的，而是所看到的形體大小就如常人眼前目視的一般大小，而且各道皆是如此。不僅如此，六道眾生的靈魂或神識所記載累生累劫的任何事蹟乃至其每世六親關係因果，都瞭若指掌，且每個心念都一清二楚。所以師姊常說根本不須您向菩薩說什麼，菩薩都一清二楚，每想至此，小師不禁深嘆，佛法真不可思議、不可思議啊！更證明佛經所言，字字無虛。

6、師姊當然也看到自己此生的父母在家中工作及活動著，但是她更看到此世中的人們在累世的因緣中曾是她的六親眷屬，她打個比方，至少就有台北市那麼多人，而且每個人都是如此，但是他們都不知道。

7、師姊她也憶起看到有個大概是工人的身分吧，那一天他的心情很愉快，好像他那天工作是特別的順利或者是有其他的收穫的緣故，所以就在自己吃飽喝足後，還捉了條肥肥的活魚，準備帶回家給妻兒食用，好分享他的喜悅，也因此一路上遐想著自己的妻兒見到這麼大條肥魚會有多麼高興，然而，他不知道手中這條肥魚正是最疼愛他的祖父，乘著因緣業果，來給他的孫子吃。

8、還有很多情景，小師為避免在後面重複，並使後面佛法敘述比較完整，就不再此贅述。

9、當師姊看完後，她就知道佛法修習真的要從持戒滅除貪、嗔、癡為始，捨此無他途，這是重點。同時在看的當下及看完時，師姊早已哀傷不止，淚流滿面，同時心中很想一死，不願在這汙穢的娑婆世界活著，可是又想著累世累劫的六親眷屬，有待她渡，她又不得不活下去。此外，她也心想為什麼菩薩不讓所有眾生也能像她看到娑婆世界的真面目，那麼世上早就不會那樣子了，保證每個人都不敢做壞事，各個學佛修行了。然而菩薩對她的問題是無語默默，只是這時她發現菩薩面對娑婆世界的心懷也如刀割，師姊所用的語句是這樣的：「有如最疼愛兒子的母親，卻看到自己的愛兒重創於車禍之中，要生不生，要死不死的那種感覺，菩薩就是那樣的感覺對眾生的。」

10、就在看完娑婆世界後仍沉浸在那難以形容哀傷的感覺時，師姊不知不覺地發現自己仍是在家中禮佛，不同的是，那些景象猶如歷歷在目，那種哀傷的感覺很難抹滅，而且對全部的景象鮮明的記憶持續二、三個月，只是她也不會想去告訴別人，甚至也不會覺得有什麼奇怪的。這點，小師曾問她為什麼會那樣想或那樣覺得呢？師姊的說法是，直至遇見小師追問整個過程，並向她說明這是很殊勝瑞應後，她才知道就算是對一般的學佛者來說，也是極難得的感應與經驗，就當時而言，原本她以為所有學佛、禮佛的人，都像她能看見這些事情的。一直到遇見小師不斷的長期追問後，她憶起當時情境仔細想想，其實，不久她也知道，菩薩讓她看，也該是要讓有些緣者知道整個事情的。至於小師又問到為何菩薩帶她看到這地球，她就知道是娑婆世間呢？師姊說：她不知道為什麼會如此，她只知道當她看到時，心裡就自然瞭解那個是「五濁惡世的娑婆世界」了。

(三) 下集的情境：

就在上集過後的一個多月，一日師姊亦是在家一句佛號、一個跪拜的禮佛時，突然間，她發現自己已置身在一片類似郊野的泥土地，而非家中的瓷磚地板上，自然的家中景物都不見了。仔細一看四周，確定自己是站立在一處郊野的泥土地上，只是這片郊野，直覺不是台灣或中國的土地上，因為不遠處幾株大樹叢集附近植物，她此生未見過，可是也說不上來究竟是什麼地方。接著師姊發現自己事實上是面對著離她不遠的大樹，而大樹下站立著一個身形很高大的出家男眾，而這個出家眾，正向他面前約有一、二十多個趺跏而坐的弟子說法，而她自己就站立在這些弟子後面，也就是師姊是面對著這個站立的說法者，他的弟子就背對著師姊在師姊面前趺跏而坐，也面對著這說法者。然而這個出家眾並不像我們一般所見中原僧侶的形象，所穿著也非中原僧侶的袈裟，但是偏袒右肩，連他的弟子也是，可是師姊心中又很清楚的知道他們所穿的衣服是出家人的衣服。然後這個說法者的容貌，也該是所謂的「外國人」，面色好像我們黃種人黝黑了點，師姊自然而然地知道他的名字叫做「釋迦牟尼」，身高約超過一百九十公分以上，而他的弟子各個都是得道的人，因為她從他們背後，大約心臟的位置，都是清亮透明的或所謂「一塵不染」，甚至隨著不同的願力，從中發出皎白的光芒，只是師姊並無一絲奇異，好像習以為常，並無特殊的感覺。（小師按：曾問師姊知道說法者的名字，為何無特殊的感覺？師姊說當時，她接觸佛教時間不久，根本不知道誰是釋迦牟尼，只是在事後聽到一些法師的開示及解說後，才知道原來釋迦牟尼佛是我們佛教在娑婆世間的教主，她才知道她所見的是釋迦牟尼佛，又好事的小師曾拿存於英國帝室博物館珍藏國寶之一，相傳是釋迦牟尼的原始畫像影本給師姊看，但師姊說不是長成那樣子的。）接著，更奇怪的是，這些說法者的弟子，雖沒有轉過身形，但同時間不約而同地向師姊心中，各自卻又是同時，但也不會覺得紛亂，說著他們修行成道的心得，也就是我們俗稱「大乘佛教」，或是所謂比較抽象的佛理，然後就在那一剎那，可能就在那一、二秒間，師姊就知道所謂「佛法」是什麼，該怎麼修行，什麼是錯誤的知識……，而那一剎那過後，釋迦牟尼佛以國語跟師姊說：「能行則行、能忍則忍」，她也當下就能慧解這句話的意思，然後情境就結束了，師姊又發現她是在家中佛堂前，家中景物依舊，不在那郊野的泥土地面上。這裡，小師需加補述，根據師姊所說，當釋迦牟尼佛跟她說時，倒不如常人一般張嘴說話，只是自然的在師姊耳中聲音響起，而且師姊心中也很自然了然，這句話是對她說的，同時也很清楚聽到是以國語說的。這種說的情況又跟那些得道弟子跟她說的情況不一樣，因為那些得道弟子跟師姊說時，是同時間，一齊有如電擊般，在師姊心中同時了知，不分先後的，師姊說她知道那就叫「印心」。同時此後，見到一些邪師把弄一些所謂「印心」的儀式，總會跟小師說「印心」哪裡會是那樣，她說簡單的說，「印心」就比如那些得道的弟子般，彼此不須言語，可是各自心的意思亦或想表達的，是彼此能互通的，不需絲毫言語彼此就可了知彼此的，那種情況才是。總之，這種不可思議有如進入另一個時空，當下、瞬間開解佛法的情境，就是師姊所說的「下集」。而小師也只能這樣筆禿式的描述。

(四)上、下集的佛法：

小師在前面曾言及，學佛中人的瑞應，其實不知繁幾，且大部分是只有當事人知悉，只是如師姊乘緣而知曉佛法者，倒是小師僅見。從小師前面對緣者的報告，這些佛法，就是師姊在上、下集看來的或是「印心」來的，而且此後師姊對經句的深意或者對一些師父的開示及一般學佛者的知解，都有一個篤定的見解，或許是她自己受限於學歷很難去表述完全，但是是否正確，師姊是一點不含糊，「是」就是「是」、「非」就是「非」。這種看法是小師在向師姊請益時，除了長期去印證大師語錄，過程中有時也會頑皮地去測試師姊是否會有失誤或含糊之處，最後得到懇切的答案，那就是除非她的確明知，而且確切的了解，否則那是無法做到的，也就是說師姊若無上、下集瑞應的體驗，就算你是個大博士也無法做到的。因為有些情事，是不在一般書目中所述及的，而且縱有述及，也很難條理清楚，不僅能知其一，而且知其二，知其三的。總之，小師深信，這些就是「佛法」，就算不是全部，也是核心或至要之處，應無其他。也許緣者會好奇的問，那師姊是否通天徹地，無所不知無所不曉？對這個問題，小師的答案是：那也未必。理由是小師所述的一切，是師姊有過上、下集之後已過約半年至一年間了，很多事情是小師向師姊「硬挖」出來的，縱然師姊知曉再多，小師不問不挖的話，那些事情是深藏在師姊記憶深處的，平常她只知道一些記憶深刻或重要的事或理，沒有適當的情境。諸如看到一些師父講經說法，或者小師的腦筋想出一些怪問題或有疑難處真切想問，否則是挖不出師姊的記憶的。其次，不論小師問題多麼龐雜繁複，的確有些問題是師姊不知道的，諸如：小師曾以「楞嚴經」及「近代物理的淺識」的問題好幾次問師姊，例如宇宙是如何生成的？或是地球最初的人類是哪裡來的？也許佛經及近代物理都有解說，只是師姊的確不知道。但反過來說，有些事情一般經論或世間書籍無法記述或述之不詳的，她卻知道。然而儘管如此，如果我們將「佛法」縮小到如何學佛、修行乃至「成佛之道」，師姊是極有把握了知的。同時，也如小師所說絕無是非含糊之處，當然緣者也可自行考證，研究小師所說是真是假。總之，小師要說的是：下面所述「佛法」是小師挖來的，是師姊上、下集得來的，絕無他處，然而師姊不下一次的說：重點皆於此，不需更多。而小師下面所述的，也許不僅包含如何習佛、修行的部分，但反正是小師挖來的，盡量告訴緣者，也可讓不同程度的緣者釐清佛法或佛學不同層次的觀念或疑難或供做研究、考證之用。同時，也為了小師表述方便或為增進緣者的了解，以下的表述，緣者可視為小師所提的問題，或代緣者所問或深或淺的問題，所得到師姊的回覆與解說。當然，再說一次，師姊的回覆純然是根據她所見的上、下集而來，別無他處。然而，若是小師覺得述之不足時，或另有感知必需饒舌處，小師會隨加附註，這部分請緣者自行參考即是，緣者還是細細體會與了解師姊所說的為要。再次，容小師強調無論千說萬說，綜觀師姊所說，學佛的重點還是「持戒、熄滅貪、嗔、癡，除盡習氣，不貪戀世間俗情俗物」，以及「不住空、有，無住生心，能行則行，能忍則忍」二個重點或階段，而前者更是後者之基礎與證明。否則縱有一時的體悟或進境，終究還是會到第一階段，必須老實修完。師姊就曾不只一次的說，她能得見上、下集時的確她有完成上集或開始修下集的階段，因而有近二年的定境安詳如佛，然而其後會有退步之時，就是還有一些餘習未除才會如此，然而她只要一陣子的反省與精進，也會很快回到那境地，同時她也深知不應以停留那境地自滿。總之，小師還是抱持盡心的態度，為緣者表述，更為了這麼多的問題略呈體系，分段述之，然是否真實貫通，就賴緣者的努力。因為小師已盡量通俗的表述了。另外，還要補註一點，陳師姊看到「釋迦佛」及「一群弟子」時（有時陳師姊稱為歷代祖師），並沒有像佛經所說的「金光閃閃」，釋迦佛雖然身高約一百九十公分，但其相對於那群弟子有若常人時，卻有高大如一小山丘似的，而那群弟子共通點是「心性光明」，小師已於前文描述，還有一個共通點，是各個長成一個樣，分不出面貌、體型的絲毫差別，但是誰是誰又一清二楚，姓名各自不同。而對比六道眾生，不論哪道、不論善惡，皆在心中有褐色，或淡咖啡色的汙垢覆蓋其上（心垢），而陳師姊所看到娑婆世界，六道有若六道旋轉「黑煙」或黑色氣旋，這氣旋或黑煙，也就是眾生那心垢所集合而成，每個人的心垢，除修行成道者外，又都幾近相同，了不起只有貪、嗔、癡三大範圍的種子厚了一點、薄了一點或大一點、小一點的差別，那是善者執善、惡者執惡的結果，但一樣是「心垢」，雖然福報有別，但都是「心垢」，難脫「輪迴」。

(五) 為何要修行？

下列的問答可能緣者會覺得有點雜、有點亂，但事實上經小師理解方知其範圍甚為深廣，包含了：六道輪迴的形成或六法界的狀況，乃至唯識學所論的範圍，甚或可以了解什麼是真正所謂的「三界唯心、萬法唯識」或「萬法由心造」的意思或實況，然而這些以通俗的角度來看似乎可以用「為何要修行」這個範疇來涵蓋，以綜合瞭知，只是再經由這範疇的問答後，小師方知，經書所述真是「事實」。舉一言之，小師早期固能接受娑婆是苦，因果乃至六道輪迴之說，但是讀到唯識有關論述，總是懷疑是否為「佛家」的方便說，然而經過師姊所示，才知道事實真是如此、本是如此，難怪佛菩薩真不知要對「人」怎麼說。

1、問：宇宙是如何生成？是否如楞嚴經所說那段由「心體」演化而成？

答：不知也沒看過楞嚴經怎麼說，但知道宇宙本來是空無一物的，而且她知道地球是如何生成的，地球就是由人的業識所凝聚或所謂「變現」而成，也就是先有「業識」，然後才有地球。而地球其實也生滅數次，現實這地球終究還是會滅的，只是時間還很久，現階段所居的地球，就是「佛經」所說「五濁惡世」的娑婆世界，而且六道眾生都居其中。

註：楞嚴經說，宇宙乃心體一念無明妄動逐漸演生而來。

2、問：其他的星球是否也有像地球那般汙濁或是有六道輪迴？又地球最早的人是何處而來的？

答：沒有，沒有任何星球是像地球這樣的人心汙濁與髒亂，同時也無六道輪迴，而最初的人是從何處來，她並不知道，但她清楚知道很古早時，人心是很清澈純樸的，而且絕不貪求多要什麼，要吃什麼，隨處取食米麥蔬果即有，不虞匱乏，也不會多取多積存。但不知怎麼回事，人漸漸會貪，會想多吃、多取、多存積，於是人的靈魂或神識乃至身形從原是較清澈高大漸漸汙濁，矮小一直至現有人身。至於現在的人，是從六道投生，然而在各道時的習氣也會積存，所以社會上或世間上各種人都會有，習氣也不一，行為會怪異。

註：佛經說法，人是從光音天而來，而且遠古人身形，是甚為高大的。

3、問：所謂「地球」是業識「變現」而來，那麼何謂「變現」呢？又什麼叫「業識」呢？沒有業識又如何呢？

答：這是屬下集的問題，所謂「識」或者「業識」可說是有所執的「心念」，當人執著於一事、一物，心理產生「執念」或是習氣就是「業識」。至於「變現」這很難解說，如地球就是人的業識所變現，人身也是業識所變現，又如最早的草木蔬果，也是人心需求所變現，也就是本來無此東西，由人心的渴求而無中生有。只是地球上一些東西如電視、汽車，是人組合製造出來看似變現，實不能稱之變現，但是其最基本的構成物質是人心所變現，如礦物是人心所變現。又如，很多奇怪的「疾病」如所謂愛滋病，還有一些天災如颱風、地震，乃至火山的爆發也是業識所變現，六道中的各道，諸如地獄也是業識所變現，所以佛經上說萬法唯識或萬物由心造。至於，無業識者，如菩薩們，以她所知本來一體，可佈滿虛空，但也不會相妨、相碰，甚至可以說能互相穿透，所以菩薩可以看見任何事物，包括人心，不會被房屋、衣服、肉體所阻礙，同時，菩薩的身形也不會被這世間的任何事物所礙，而她在上集時，她知道菩薩就有如此能力。

註：這一段就初基者而言，可能太玄，但師姊的意思大抵如此，小師實述之，以小師所理會的師姊是說：因有執而起念的便是識或業識，平凡人每個念都可說是識，但識或念頭會無中生有的產生一些事物，尤其是心力甚強甚大者，而有些心念至少可以感召一些事物，如共同的業識可以感召一些天災乃至人禍，而以一般個人業識的集合代名詞來說，其根本範疇就是貪、嗔、癡三種。

4、問：若心念或識的力量作用如此，則社會上一些玄學者或是其坊間著述可用心念或念力求取自身利益福祉，如求財、求壽等，豈非真實可行，對其而言，豈非妙術，諸如以咒語招財與求取婚姻者。

答：縱是效能如此，實則仍欠熟慮，因為這涉及到二個問題：一者，縱如其意而得，然享受此得，又造何業？又終究導致何種果報？這人實無法預料。二者，又她知道有念思得之人，若其念頭稍有不正，以她所知，相對的在地獄之業報亦同時變現或浮現，法界之不可思議，絕無人所想像那麼單純。

註：此段實應為以念行術者所知、所戒。

5、問：那麼心念與因果的關係為何？

答：起心動念為因，若依動念而行則即因即果。

6、問：所見六道情況如何？人與其他道又有何特殊之處？

答：六道眾生依其業報即貪、嗔、癡覆蓋自性佛所產生的黑影，因而形態有所不同，如畜生道眾生即為畜形，人道則為人形，而且僅具有在該道的作用，如畜道即難能如人道高度思考或反省，但又大小不一，但可肯定皆有自性佛。而所居住各道雖同在娑婆世界，但各道卻彼此不能看見，因為各道似有不同規矩法度，但各道眾生之神識或靈魂皆欲求出該道，但似有引力吸住，不得脫離，只能如蛆蟲般聚集一處而不得出。但各道眾生的神識或靈魂又可以見到菩薩，因其不得出離該道，無不向菩薩哀聲叫苦，菩薩聞之，若慈母遇子重創於車禍，生不能生，死不能死。因而哀戚萬分，卻無能為力，因知眾生須受果報無法替代，菩薩亦無法違背因果。而諸道眾生，唯人道眾生可以修行，得到證果，因為天界太樂，不會注意修道問題，而在人界外諸道眾生，生活果報太苦，無力修道，故只有得人身的人道眾生可以修行，這是人道眾生最可貴之處。又一般人有一錯誤觀念，以為死後投胎即可再生為人，甚實不然，人身一失，可能為畜為鬼，需有得人身的因緣，才能再得人身，而這之間不知又需為幾世幾劫的他道眾生之苦，這才是正確的。

註：依師姊所言，自性佛即是清亮光明的心體，但如貪、嗔、癡所染，即是覆蓋或是沾染了此心體而成為黑影，這黑影就是佛家所稱神識，外道所稱靈魂，而不是神識之外另有一自性佛。其餘諸言皆合佛經，不過此為師姊所見，另師姊亦談到，何謂得人身的因緣，小師會在修行的效益中論及。

7、問：一般相信或研究輪迴或前世今生的論述多謂靈魂或神識都記載累世累劫的記憶或紀錄，是否果真如此？

答：的確如此，以其及菩薩所見，每個六道眾生累世累劫的記憶乃至執念皆會記錄在其神識或靈魂中。

8、問：民間傳聞地獄道眾生需受刑罰，則這些刑罰是否亦如傳聞為十殿王或如人間司法體系執法者所設？以此類推則造作何業，須受何種果報亦是冥冥中有主宰者？

答：以其所知，地獄道中的確有司刑者，但所受刑罰不是如人間執法者所設，而是造業者業識所造，也就是業識有此功能自動創設刑罰，因此說來還是造業者自作自受。舉一例喻說明之，譬如若詐騙奪財，應受釘床穿身之刑，則當其造業者行為完畢，地獄中釘床即慢慢自動浮現，此即造業者之業識不可思議之功能。同樣的，以其所知因果固然非常複雜，但不錯亂，亦是業識的功能，而無另一主宰者。同樣的，如業識清淨，自性或自性佛就能周虛空、遍法界，而三明六通是自性或自性佛的功能，一般本來如此，非另有一主宰使然。至於一般人以為刑罰為該道司刑之人所設，純係因其境界問題，其只見有人受刑便誤解，以為當然這些刑罰是由該道司刑人所設，然實情絕非如此，雖然師姊並不知造何業，應受何刑罰，但這個觀點小師後來在「章太炎兼職地府判官諸事」一文中才看到相同記載，心中禁不得呼「奇哉」！

註：師姊這種說法，非一般唯識學論者所能見，但多次請示師姊所見的確如此因以錄之。

9、問：現今娑婆世間是否有修行有成類如菩薩的成道者駐世？又常人為何不得見菩薩？菩薩因何不捨眾生？菩薩要救渡娑婆世間眾生是否仍為業識。

答：以其所見，現娑婆世界的確尚有極少數的成道者駐世（雖然修行者眾），彼此分居各處，且泰太半非知名人士，但是其心皆一塵不染，彼此不須言語，皆相互印心知心，相互讚嘆歡喜能超出三界，永離六道輪迴，又能互知彼此願力，留駐娑婆渡眾。常人因有業報肉身，不能得見菩薩，縱或菩薩願現示，但常人業識深重，亦不能信，又有何用。然而菩薩不捨眾生的原因，是菩薩縱知眾生業重，但其自知是因眾生助緣所以自己能成道，眾生亦對其有恩，故不忍捨離眾生，但菩薩見眾生造業，其悲心有若母見愛子重創於車禍難以描述哀痛，所以眾生實在對菩薩很殘忍。至於菩薩知道需要救渡娑婆眾生，不能說是業識，因為業識是心念執持所以造業，菩薩並不如此，菩薩知道眾生自性原本一體，此知也不能算是「識」，而算是「智」，因其六道眾生，並無差別對待之心，只是隨緣救渡之「悲智」。

註：緣者若須完全理會可能須看一般法師對大乘佛法的說法才會知，於此依小師所理會者，先行陳明。師姊是說，有念即因，不正的心念更是造罪的業因，不正的心念執持了就是業識（業習），依業識去行即是業因之果，更為來日業報之因。但菩薩一塵不染，心中沒有絲毫濟渡眾生之執念，但在隨緣救渡眾生後，心中一塵不染，也就是「不住」，難能說是識。縱然依唯識學有關諸論，廣義的強將菩薩知道需救渡眾生之「知」稱為「識」，但此「知」已轉「識」為「智」，已非眾生所執之「識」。「識」、「智」之別，絕非名相之玩弄，實在是的確有別，就方便來說核心之別在是否「不住」，住者為「識」，能體眾生自性一體而「不住」則名「智」，但終究應是實修實證的成道者才有「智」可言，一般凡夫千思萬想，千揣萬測是「識」。

另外，陳師姊還強調「識」除了前述「業識」及「變現」的作用外，還有一項有譬若「響尾蛇飛彈」（小師取名）的功能，什麼叫做「響尾蛇飛彈」的功能？只要是「業識」放在師姊所謂個人「倉庫」（小師註即阿賴耶識）中，不論您身在何道，它總能清楚辨識、準確認知及追蹤冤親而且永不壞失，因此只要機緣成熟，便可越道報恩報冤，即使是在同道中終究也會了結因果關係。小師舉例言之，如某靈界眾生，請令或機緣成熟，便可對世間人報恩或報冤及陽人將往生時，冤親債主會在旁侵擾即是此理。如同為在世陽人時，有機會見面相識，如前世或宿識有恩、怨關係未解，業識作用會讓您有種莫名的「似曾相識」感外，另外終究會讓冤仇者有「心中不快」或「怨恨」的感覺，有恩者則會產生「相親愛」的感覺，繼而再演人世「恩怨」大戲。因此，因果關係固然非常複雜，但因果報應卻一定準確無誤，實在是「業識」的效果，這效果在一般坊間文章都稱為「宇宙定律」，實在是略有偏失，不知真相所致。由此延伸，小師想及「世間大戲」中，現在社會離婚者眾，略加提點，離婚一定要在自由意志下，彼此心甘情願地離婚與了結了解。否則用其他方式離了婚，但是某方仍氣結難消、怨恨於心，小師保證來世還是會換個角色繼續糾纏。另外，小師在此補充佛家的「惡緣善了」，也是由前述的道理來的，不再贅述，更何況是「善緣惡了」的情況呢？

(六) 精進修行中的效益：

修行的最終標的當然是解脫成道，不受六道輪迴所拘，進而救渡六道眾生，而間接一點就是往生極樂淨土，漸次修習了脫成佛，乘願渡眾，這是緣者所耳熟能詳，不須細表的。但在小師敘述如何正確修行前，想依小師所問，師姊所見所示為什麼修行會有效益，有何種效益有關問題先行整理敘述於此。而師姊所示有的可以證諸一些高僧大德對一般習佛的疑竇所做的回答，可說甚為珍貴，切望緣者惜之，勿將所述視為一般論述，因為這是師姊所證所見的。

1、問：有謂修行人能得龍天護法、鬼神欽敬，乃至外道不能欺這種說法是否真實？

答：真心而正確的修行的確能有龍天護法之保護，她的確曾見即使在深山修行，渺無人跡之處，龍天護法亦會幻化人形，供養修行者並與其結緣，所以修行人不用擔心會餓死，一般而言，真心修行人修行時，或許生活略顯拮据或清淡，但絕不至於會無飯可吃。若真搞到無飯可吃，必是自己有過錯，必須深省自己修行上是何缺失，趕快改過。至於鬼神欽敬乃至外道不能欺，她在上、下集並未見，但以其「夢中救父」及其他生活的體驗，她認為的確如此。以「夢中救父」而言，她即能感受黑白無常似知其業識清淨十分欽敬，即二話不說鬆解其父桎梏，轉身別去。另外平素生活亦曾遇外道靈修人士，欲以其靈通察探種種，但終究都沒有任何結果，而且或有欺凌者皆於日後聽聞有其惡報，她雖不明原因，但想來外道不能欺這種說法必是有的。

註：以上所敘，暗合高僧大德論著。

2、問：有謂用功精進，便能得佛菩薩加持，乃至消災解厄，是否屬實？

答：以其上、下集所見，佛菩薩的佛光，有若細濛濛但又不炙熱的白光，本來就遍照此一娑婆世界，而不分種族、宗教的人士，都被照射其中，而佛光的作用在能使人心較為沉靜，增益其定力，有助於修道，因此可以說佛菩薩本來就在加持著眾生。而精進的修行人一般在用功時，如誦經咒時，因其業識較能吸取佛光或受益佛光的作用，與其個人精進修行時增進的作用更是相輔相成，而對勤除貪、嗔、癡者，菩薩更是會特別加持、特別助緣，使其道業增進更速，這才是實際的情況。至於一般所謂菩薩消災解厄，以她所見，除了因修行者的精進，菩薩加持使其道業增進，進而使修行者能獲致功德力有如前述外，應分二種情況來說才正確，第一種情況是知此修行人的因果，倘若理應受報，因為佛菩薩是不悖因果，亦不可能代受業障，此時菩薩會考量修行人的程度及因果關係，有若人間調停糾紛，勸慰修行人的冤親債主稍後一時，使修行人能積功累德，迴向給其冤親債主，使雙方皆能受益，而修行人更能因在其不斷修行下，「重罪輕報」。另一種情況是，菩薩知修行人是因受靈界眾生無因或一時誤闖或過當的干擾，亦即是菩薩知此修行人不應受此種果報或是不應受此干擾，則菩薩是能降伏爾等靈界眾生，保護此等修行人並使其遠離修行人。雖然人所遇靈界眾生或其冤親干擾，表面上果報現象甚為複雜，但基本上，菩薩濟助修行人所謂的消災解厄的情況，大抵分此二類。可以肯定的是，佛菩薩是不悖因果的，亦不會無端的干擾因果，更不會替您承擔業障的。

註：另外，師姊尚說有另一情況的加持（成佛時或對菩薩消除微細惑的加持），留待相關論題再敘述，這裡只簡略敘之，但肯定的是，師姊強調不論因果多複雜，菩薩是不悖因果的，即使在所謂濟助修行人時。由此可知，小師前文言，遇領冥王黑令旗索命之力，即使菩薩也只能「勸解、調解」，有此鐵律存在的主因。

3、問：如此說來真心正確的修行人，究竟是否能憑藉其功德力消除果報呢？還是只能做到重罪輕報？又解脫成道的聖者亦是如此呢？還是有所不同？答：因果複雜，果報亦複雜，但肯定是絕不錯亂，而且善有善報，惡有惡報，善、惡報絕不能相抵，因此修行人無論憑其功德力再為深厚，只能做到重罪輕報或重業輕報。即是解脫的聖者亦是如此，不同的是，他們會「歡喜受」，也就是會以歡喜之心來受報，絕不絲毫埋怨或苦惱。同時，不同一般的修行人，成道者當他們受報時，是絕對自知的。

4、問：為什麼修行人可憑藉功德力得到重罪輕報、大事化小乃至減輕業障的作用或效果呢？又功德力的大小又決定於什麼因素？

答：以其上、下集所見一般藥石無效的疾病與症狀乃至離奇的意外……等，皆是果報或稱之為該人的業障，所以不論人類如何進步，必有新疾病或新病毒、細菌演化使藥石無效，這就是業障（共業、各業）的力量。以個人而言，一個人業障的來源即是其冤親債主的催討，她亦見到這些冤親債主事實上本來是環伺在個人左右，而且依其債權大小、時間、遠近十分謹然有序的排列催討順序，也的確類如外道所說當個人「氣運高」時，亦即應享個人階段性福報並不可以加以侵擾。但在個人階段福報享完，應值其冤親債主討債時，這個靈界眾生（債主）似可向這個人，施加似念力或某東西產生作用，使該人逐漸致奇病或奇禍，她推想或許這是因果永不錯亂的主因。但若這個人現已開始真心正確修行，便能獲得功德力，而靈界的冤親債主便願意稍緩催討其債，俟此人迴向功德給此靈界債主，直至債務完畢或懈怠修行時再行催討。至於靈界債主為何願意稍緩討債呢？以其所見所知，該是靈界眾生對這些功德力的迴向，心中是甚為急切，可說是他們最想要的東西，因為當他們收到此功德時，雖然不能免除該靈界眾生在該道應受的果報或報盡輪迴另道的效果，但是一來有若人間「減刑」的效果，可使該靈界眾生在該道減少受果報受苦的時限與輕重；二來乘此功德力他們可深厚其佛根或學佛之因，紀錄於其靈魂或神識，來日報盡轉生為人，種子發露便可修行佛法，有脫離六道輪迴的機會，這是靈界眾生都能深曉這利害關係的道理，所以他們都願意那麼做。至於功德力的來源，在有真心正確的修心，但功德力其要素及大小，取決於念佛、信、願、恆心、心量，乃至持戒滅貪、嗔、癡的程度或大小而有所不同，諸如願力深宏者就比願力小者功德力大，業識較清淨者就比貪、嗔、癡習氣大者功德力強，以此類推。而諸因素中又以除貪、嗔、癡習氣最為根本，能有此本再以願力及恆久心為決定力量大小最要。

註：以上謹依師姊觀法界所述，儘量詳實述之，另有關功德力的要素及大小，因茲事體大，詳述於如何修行一節中，請緣者務必謹心細讀之，以小師所會知，功德力乃在戒行或滅除貪、嗔、癡後的清淨心與心量大小，意志的恆久及堅定成正比。

5、問：如此說來，修行之效益多賴自身修持，那麼一般信眾參加種種法會乃至所謂超度冤親債主的法會效益為何？甚至一般所謂參加法會便能使自己祖先或先亡得生善處之說法是否成立？另外道亦有一些消災解禳或所謂驅趕附身惡靈者似有靈效，其理由為何？

答：參加法會乃至所謂拔薦冤親種種法會或儀式是否能產生「超渡」先祖先亡的效果，要看法會的主事者或者是參與者其中是否有所謂乘願再來的菩薩；或大修行人參與其間而且先祖先亡亦於累世中有真發心供養或護持此一乘願再來的菩薩或大修行人，則真有機會因此法會獲致「超渡」的效益，使先亡靈提早脫離於沉淪的該道往生善處，乃至往西方極樂佛國修行之可能。譬如前世中真發心護持修行人，而該修行人真能解脫成道成佛，則此護持人就算沉淪六道，已受輪迴多劫或多世，終究因此因緣必成佛果，這是她深知及確定的。但此種機會與因緣實在少之又少，但時下參與諸多法會信眾花點錢或是草草參加法會，卻不肯真心修持，便想享有如此效益，幾近是不可能的。只能說若是其參與的法會主事者是個大修行人，或參與者「恰巧」存在多數真心的修行人，則能因其功德力能有如同前一問題的解答所論及的，使參與者不論陰陽兩利，均得以分沾受益其功德力（隨喜功德）外，了不起只能說是此一般參與者與我佛或法會中真心精進的修行者結一善緣，或是參與者自己比較適合透過團體活動的方式，來帶動自己修持，而有那一天的精進罷了。同理的，出家眾若能真心正確精進修持，則對先祖先亡乃至其各等冤親債主皆因其功德力而有所助益，否則亦不會因其單純出家之行為，就能有超度先祖先亡的效益，但其如果一旦精進解脫則是有能力超度的。另外還值得提醒或注意的是「寺廟」並不屬於出家眾或是信眾的，是「屬於」修行人的，很多人不明此理，所以寺廟會爭端不斷。外道各種消災解禳乃至驅邪的各種儀式並非全無作用，但道理跟前一問題之解答中所述及一般，是靠「外力」，也就是所謂「神」或「靈」的靈界眾生力量來驅離一般眾生所受靈界之外靈干擾，但對有強大果報或業障的冤親債主，外道是無能為力的。一般而言較輕的果報有點用，而且不論儀式如何繁複或效果看似多麼「神速」，只能說是一時的。也就是說表面上雖似驅離，但實際上只是發揮請冤親債主稍待、緩和的效果，待本人積功累德迴向消彌舊債、減輕果報直至報盡，但對惡大的果報，可說是根本毫無能力的。但是很多外道都秘而不宣或限於境界而不解，因此所顯現的通常是信眾的災厄、病痛時好時壞，而且其信眾常需長期的至此外道場祈求依賴，但根本上是不能解除此業障。我們可以這樣說，其信眾若僅是依賴此等「神力」，而自身的生活、習性、心性沒有任何增進，也無任何的積功累德，則此人果報必是相同的，不論其受報時間乍看有所拖延或遲緩。也因此任何外道的上焉者都會強調該受報者須積功累德，而其中少數的更上焉者更會要求該受報者除了積功累德外，進而修身修心，其道理在於此。

註：師姊的解說，於小師研究靈學及外道靈療者解厄之效果，所得心得是暗合的，也就是小師發現接受外道的靈療或祈禳者，不論災病，多數而言都顯現一時有效，但長期觀察，卻鮮少能斷根此一現象的存在，此現象小師認為亦可由有興趣的緣者觀察出，但造成此現象箇中原委，小師雖曾多方學習與揣測，終究難如師姊一語中的、周全而實際。

6、問：若全一生之力，無法除盡貪、嗔、癡等習氣，亦不能達到所謂「帶業往生」，則此輩豈非白修，沉淪六道永無出期？

答：也不盡然是這樣，因為願力深者可獲致不退轉的功用外，此生若無法除盡貪、嗔、癡，也無法「帶業往生」，然而此生真心、正確修行者來日若有再得人身或不失人身者，則菩薩能將此人往生後之神識或靈魂引領「往生善處」，也就是說菩薩只是能引領此人神識投胎於「得聞正法」的家庭中受胎。而有些人往生時有其瑞象，但生前貪、嗔、癡習氣甚重者即是此種情況，使該人能於下一世中依其因緣果報受報外得繼續修行。而且就一般人而言，精卵相合會有冤親債主之神識入其中受胎，但修行人卻能因其所修行之果，優先選擇相識的以及有緣的家庭受胎，換言之，即是能替換原有受胎之神識而出生，因之不會斷送其修行之機會。

註：有關願力得獲至不退轉之效，茲事體大，於此不深說，詳見如何修行一節。另有關修行人神識可選擇替代

原有受胎神識，或許緣者認為太玄，但小師參看有關入胎研究著作及印光大師有關文集相關章節之描述，此種現象應是肯定的，何況這些事情更是師姊觀法界所見，小師更由此推想或許這就是積功累德為善之家，欲求善子誠而有應之原委，更深覺法界及因果不可思議之處，走筆至此，亦深願緣者能體會小師之心情。

7、問：解脫的修行人與一般娑婆世界的人在這地球上生活有何不同？而在其他法界又做何事？

答：解脫人若知道這娑婆世界在末法時期尚有可渡之人，因其來去自如，不為六道所拘，他們會「乘願再來」，一方面再精進修持，一方面則渡可渡之人。但他們對此貪、嗔、癡的地球，不論如何狂亂，他們心中永視為「淨土」，而一般人則是逢心中順境則喜，逢逆境則苦，隨處造業，報盡再輪迴他道，難脫離輪迴。至於解脫人在其他法界除聞法續修外，其唯一的工作就是在人間傳法，濟渡眾生。

另外小師要補註說明的是菩薩是不貪功德力的，菩薩的特色就是願意把一切功德迴向給法界各道眾生，這就是一般形容成無私及無條件的愛或是佛家所謂的「大慈大悲」，也應是迴向文的由來。又陳師姊曾說菩薩不辭勞苦，發願來世渡眾，固有其因、其願，但就修佛的層次而言，若不懂隨緣不住去渡眾，嚴格來說，終究也算是一種「執著」了。

（七）如何修行：

下列的子題大多環繞在這個範圍，所以小師將之歸納於此一範圍，可說是全書之最切要處，所敘原不應分輕重之別，但小師也曾說過本書是為不同根基緣者所寫，一些基本觀念的釐清，對初基者可能更為重要。同時也為免知識障如小師之緣者平素就有見林不見樹的毛病，曾有領會一堆，但修行卻又不知如何下手之憾，造成自障精進或錯用心之苦，小師乃大膽分三部分：

1、基本的認知與事項。

2、重要的認知與事項。

3、學佛人如何生活。

其中有事（實修）、有理（理路）、有錯誤行解的釐清，反正緣者看了自然曉得。所論的範圍當然與高僧大德所述的相同，只是會另有一番確切的認知與感受，因為這是師姊的上、下集所得來，無可替代的。至於論述中有些「佛教名詞」對師姊而言是「此間本無閒家俱」，只是小師不得不以此來請示師姊，才能知其所知，才能表達給緣者。幸好師姊在有上、下集的經歷後，緣者別懷疑，師姊就是有這項本事，在小師就所淺知的意義，與相關問題表達，她知道與了解後，就能力判真偽、弄清曲直，解釋給小師知道，了無瑕疵的。反正可說是您有本事問，她就有本事就其所知答的不含糊，可供緣者細細查考，而無有罣礙的，在此，小師再次一併敘明，切望緣者細讀之。

1、基本的認知與事項：

(1)問：如何開始修行？

答：修行的開始，是要從吃素開始。

註：為何習佛、修行需食素，固然佛門方便的勸慰說法很多，但小師深信要了解這問題，要從深信因果、

六道輪迴才是真實解答的開始。而師姊的回答意思則更深切，她的意思是，如果開始素食，就停止造殺業的因果，不必再多受報，同時方開始有持戒功德，可以迴向減低精進修行來自靈界冤親債主的干擾。同時師姊也說，雞蛋、菜蛋類是不能吃的，因為只要有受精卵的蛋類，就可能有靈魂或神識寄存者，吃蛋則形同殺生，而且殺業重的人，的確易受在戰場或刀兵之禍的結果。

(2) 問：若於生活上無心殺害一切生靈，此時怎麼可能做到無殺？此時又該如何說？又如何做呢？諸如洗菜不乾淨誤殺小蟲，或是路踏殺小蟲呢？另者，又諸如吾人食稻麥蔬果，農夫難免用藥劑毒殺細小生靈，雖非吾人有心殺之，終究間接因之而死，此時又該何解呢？

答：前者個業，後者共業，但細究終屬無心、無意，亦非屬自己親殺，則此等殺業是屬較輕微的，以一個真心的修行人來說，其功德迴向即可抵補，不會再成惡業惡報，同時，這也是為什麼念佛時，都要迴向法界眾生的原因之一。

(3) 問：若西藏喇嘛或乃至很多地區的佛教徒都因環境或習俗無法吃素食，又該何解？

答：此乃修行者的福報問題，能夠素食不遭受一些因素的障礙，亦是一種福報。

(4) 問：植物乃至礦物是否有生命？

答：以其所見，果蔬木石，絕無六道眾生靈魂或神識的那種生命，縱有之，也非六道眾生那種生命，是無法如人的修行的。以她所知最初的植物礦石是人之「業識」所「變現」，植物、蔬果本來就是給人吃的，那是屬於人的福報。

註：這或能解答「草木樹石，莫非法身之說，而有人吃果蔬，有法身吃法身的爭議；另一可能是師姊未達楞嚴境界，因為師姊自己承認在下集時，有些事情她當下自知，有些事物明知是釋迦佛所知，然而其不能知的，換言之，她是無釋迦佛境界的。但師姊回答以其確知則為限。

(5) 問：有謂「動物是有業報的，給人吃亦即提供其肉身給人食用，是其做功德或清債業報的機會，故不應剝奪此種機會，反而可以促其轉生為人」之說法是否正確？

答：以其上集所見，動物是業報無誤，但也有其一定的壽命，但其應報或報盡是在自然的生態環境中，天災地厄、自然的苦病以及在畜生道中互報而死。人除了因緣所及慈心加以救濟畜養外，實不應於其應有的自然生態外加以畜養、繁殖、買賣，更不用說烹煮而食，奪其應有天壽，故絕無應有人食之理，此種說法盡為虛妄之說。

註：小師雖知不應殺食、買賣畜養，亦知佛家是主張不蓄養牲畜（即是不殺、不賣），但實不知如畜養來幫人是否如法及其理由，師姊此之言可能是佛家強調不應畜養牲畜（即是不殺、不賣）之正解；另有感想是對死抱著科學實證主義的人，小師認為就算您不能接受師姊觀法界所得之看法或一般茹素的理由，也不妨科學實證一下，又有那隻動物，在您要抓要殺，有不怕不逃的？由此推演佛家未必說達爾文主義不真，但達爾文主義及隱隱慎基於此的工業主義，或自由經濟等相關主義與思想，真通用於人與人或人與動物之間？

實大有問題，值再思再慮，更甚者，緣者不妨再思考人道與畜道輪迴止息後的最終後果，又焉會有輪迴再生。

(6) 問：有謂外道亦持齋戒、誦經咒、打坐，亦有禮懺儀軌，只是與佛教稍有不同，甚至其經典亦雜有正統佛教經典，則其能否修行成佛？若是亦能修行成佛，則稱外道與佛道或佛教其分野又為何？

答：外道與佛道或佛教不在名相之別，而是在能否如法修行，更真切地說是否依佛教或佛道正法如法修持與否，才是關鍵。如果不能種大乘正法之因，此生不得聽聞正法，或是雖能聽聞正法，又不能依法修持，則雖是佛教亦可能修乘外道或是得人天福報而已；反之，雖曾身入外道，或現身處外道，但實修上卻是依佛教正法修持，則仍可成就佛道。但是其觀上集時，發現一般所謂正統的外道，他們雖持齋戒，努力精進者有之，但是基本上有因外求或未斷識心，或仍執於善而導致其修行最佳成果不過是得人天福報，而佛教徒也有很多在實修上亦是因不明正法或無依正法修持亦陷入外求、未斷識心、執善而導致成果亦僅得人天福報，是殊為可惜的，因為其仍在六道輪迴的。需知佛教正法的目的是解脫於輪迴之外，進而了脫成佛廣渡眾生。但是要做到解脫，就不能外貪求這世上任何一事物，只能內求除貪、嗔、癡，進而斷除一切識心，更不要說執於善，因此佛道與外道的主要區別是在力求解脫，要達此境界就需內求熄滅貪、嗔、癡及一切識心及不住，不執善惡，因為真心、本心或自性佛原無此物的。而外道中人幾無人能知如此的，何況更有以邪術害人者，而這些邪術可怕的是在這娑婆世界中，有的是真存在、有效的，而外道一般的陰陽五行五術在世界亦是存在有效的，但修行人需知只是搬弄這些是無法解脫的，反而更自陷於輪迴中而已，但對真正懂得依正法修持的修行人而言，知此心可空一切世上俗物，因此對其是不會受影響的，但若是其懈怠時則又會受影響，然而對成道的解脫人則是絲毫不受影響的。另外修行人亦須知，不知正法又有錯誤或不正心念修持是可能成魔的，因為魔亦是有修行的，是從修行人變來的，這是其在上集中眼見的事實。

(7) 問：再請整理詳述「識」或「業識」作用。

答：對此娑婆世界的一切事物，有執著之念頭即為「識」，因「識」能造業，所以有時稱為「業識」。而執持大且堅強的念頭，生生世世的累積即是「習氣」，我們常覺得一個人會有特殊的個性或癖好，除了這輩子因環境所影響而染上的「習氣」外，就是他生生世世所染的「習氣」或「識」在作用。這些「習氣」就一般人而言大略可分為貪、嗔、癡三類或範圍，以及一般個人較難察覺或理解分析但事實上是前三種的混合體，即是「無明」。舉例言之，覺得沒有理由或想不出原因的煩悶即是「無明」在作用。很多人知道或相信與了解自性佛可以三明六通，作用大與不可思議，但很少人可以了解與相信「業識」作用之大亦是不可思議。宇宙、娑婆世界及六道輪迴的六道即是眾生業識所「變現」出來的。所謂「變現」即是無中生有，有如變魔術一般無中生有變出來。以娑婆世界而言，本無地球及六道，而是先有眾生之業識需求，漸變現此地球及其各種草木礦石，人再由這些草木礦石「製造」或「間接變現」出房屋舍器皿，逐漸演化成今日地球或世界的樣貌。然而我們需知現有一些奇怪的疾病及天災地震，亦是由眾生業識所現，末法時期的來日會有更多更奇怪的變現，諸如更奇怪或畸形生物乃至細菌及災難，都會因「業識」而出現，而以眾生之個體而言，其肉身即是所謂「業報體」，即是業識所現。而個人業識還有一些特性，諸如在人道僅能發揮人道的功能與特性，在畜道僅能發揮畜道的功能與特性，無法因不同六道輪轉而兼具。因此習氣是多生累積層層相疊的，但此世只展現一部分或一層習氣，而下一生又展現不同層次或不同部分的習氣。綜合言之佛家講的「萬法唯識」，萬法真的是由眾生所變現，實情就是這樣，這是其在觀上集時就知道。

註：同樣的證例：如淨空法師之「無住生心集」中引章太炎之婿朱老居士之言，說其岳父章太炎晚年曾受東嶽大帝之請為地府判官時，通曉地獄事，但一日想起地獄炮烙之刑太殘忍，請求廢除。但東嶽大帝聞之大笑，請鬼卒帶其至刑場，卻不見任何刑罰，他才恍然大悟，地獄乃貪、嗔、癡之識所變化，也就是受罪人業識所變現而來的，或稱「業感」，非人力所為，因此無殘忍不殘忍問題，可見「萬法唯識」真的就是這樣的。小師曾以現有的人文及科學知識角度思考想像及比對不符，起初有些障礙，而向師姊詢之，師姊回答後，小師只能說其所言不虛，只是小師不了解這地球生滅多次而已，之後小師就豁然開解了。另眾生業識或習氣多層如一生未能去盡，那麼豈非此生精進亦解脫無望，然而事實亦不然，這問題請參觀重要觀念與事項即可知悉。

(8) 問：佛門用功或精進的方式很多，諸如懺悔、誦經、讀經、念佛、禮佛、持咒、苦行……則不知何種方式較有效益？又有何種效益？

答：基本上各種用功精進方式並無大差別，若不懂茹素去除習氣，就實修來說幾乎無效益可言，而且若有所執著外求，如求子、求福、求消災解厄或減少疾痛，了不起是得些人天福報或種些佛緣而已。但若能攝心無求，則反而隨個人的願力、堅忍力、清淨心與恆心而有不同的功德力，一來透過迴向給冤親債主，反而真的可以消災解厄，重罪輕報。二來可以減少自己的貪、嗔、癡等業識，不過吾人要明白貪、嗔、癡業識或習氣還是要自己去除才是根本的，才能達到清淨、解脫的目的。因為一時的用功，固然能減少一時貪、嗔、癡的業識，但不用功時便會因固習未根除而造新業，增強貪、嗔、癡的業識與厚垢，所以只靠各種方式的用功，畢竟難根除貪、嗔、癡的業識，所以其他各種形式的用功，對貪、嗔、癡業識根除只是助緣。要根除那些業識，主要還是得以自己對治習氣著手才對，才是根本之道，也才是學佛求解脫的根本之道。另外還要值得說明的真正的苦行不在凌虐自身或刻意過苦行僧之時，而在根除自身貪、嗔、癡各種業識習氣這種過程中，心中感到不適或痛苦，這種過程才是真正的苦行，所以也可說真正的苦行在煉心。另外誦經，不論知道或體會經義多少，要以所知或所體會的經義去行才可算真誦經。另外對咒的看法，她不知一般書中的說法：「說咒是諸佛心要，有種種利益，具有種種力量，是不可翻譯與解釋的。」這些說法究竟是對是錯，但她確知是咒的確是有若諸佛菩薩的心得結晶，奉持者至少有一特殊作用，亦即是佛菩薩會加護修行者，使其在用功時，縱有一時之失而偏離正道，亦會讓其迅速回歸正道的，這種作用是其在下集時所得知的。

(9)問：念佛法門，常謂「西方極樂世界」，是否真有這地方，又是否只能念「阿彌陀佛」才能往生該處，又經書所載十念往生及帶業往生之說究竟真實為何？

答：她在上、下集之後，隨其心念曾經去小逛過「西方極樂世界」，所以她確知有那世界存在，而且確知要去那世界的條件或資格就是業識要甚為清淨，亦即已除去貪、嗔、癡之業識，亦即是她所說修完上集的程度，才真的能出三界，不為六道輪迴所拘，至於貪、嗔、癡之業識是否清淨？行者若至那程度是絕對自知的，也就是修行人的貪、嗔、癡業識真的清靜了，自有境界自知的。至於一般人對往生該處是存有一些的誤解，只靠念佛而不修心是無法往生「西方極樂世界」的；但念佛號也不一定只念「阿彌陀佛」才可以往生該處，因為以她上、下集所知，佛是很多的，一般所知的「地藏」、「觀世音」菩薩幾與佛無異，稱彼的名號與念「阿彌陀佛」的效果是絕對相同的。同時她補充的說佛本很多，但出現在娑婆世界的形象，好似就是以該地區所熟知的形象出現，那是有道理的。諸如在台灣最多的、眾生所知的不外是釋迦、阿彌陀佛、觀音、地藏……等大菩薩，事實上，任一個佛菩薩，若至台灣渡眾，必以這些形象渡眾，原因無他，因眾生是愚痴的，若不以這些形象出現，則眾生必會搞亂了，而不能信受的。至於十念往生者或帶業往生者，師姊她說她也知道確有其事，但是也要緣者不要搞錯了，那種人是少之又少，而且是早經累世修行，因緣成熟於此世，所以此世方能於臨終十念往生或帶業往生的，也就是累世修行，於此世因緣成熟，於臨終前時十念能做到貪、嗔、癡業識一時清淨，方能往生西方的。這裡人實例上是少之又少，而且多半得力於平時修行或宿生修行的成果，不要以為要死前，念個十句佛號，就萬事ok了，那是大錯特錯的「誤解」了，這也是為什麼淨土法門平時就要一般徒眾，努力念佛持戒，而且非到臨終再說的道理了。又至於若是貪、嗔、癡業識清淨得往生極樂，修行有成，他們仍然會來世將先世餘業或業果了掉了。因為因果是不滅的，但不同一般凡夫眾生受報，差別在這些聖者是歡喜、自知的，二者是不會複造新惡業再入輪迴的，就是「帶業往生」的真實情況與意義。

註：經中所言「十念往生」與「帶業」往生，固是給學佛者無限希望，也是一種事實，但卻非可以恣意曲解而致自誤道業。其實若能深入研討高僧大德的論著，結論上是與師姊所說無異，師姊只是更為簡明。（另下集看完之後，一次小逛，西方極樂世界是以後的事。）

2、重要的事項與認知：前述的基本觀念或事項，小師大抵交了師姊所示與修行有關的周邊或前置事項，觀念及有關誤解的釐清。繼而，小師於此想表達曾向師姊徵詢在實質上修行有關範圍的事項，這些事項與範圍大抵觸及，剛開始修行或已修行未能進步及至完整修行的過程及原因的解釋，對小師而言，這已很具體的或深或淺的交代了「佛法」的精隨。雖說小師反思起來，這些事項固不出戒定慧及信願行此一範圍，但這些事項之認知純自師姊上、下集經歷之所見所聞，真切及完整性非一般知解可比，這一點緣者亦應可從師姊所示內容字裡行間體之，可說條條重要，小師切望緣者細讀之，同時，小師亦認為依小師所體會，這些內容不論緣者修習何宗何派，皆通用之。

（1）問：要著手修行或想修行時，最初要了解或注意什麼事？又有些法門注重打坐或觀想，究竟有什麼用？或有什麼要注意的？

答：修行剛開始要吃素，理由就是不造殺業、常養慈悲心及不與眾生結惡緣已如前述，欲出三界也一定要持戒，尤其是心戒，以斷貪、嗔、癡及無明。但是在這之前，她覺得最重要的事或想法，就是要皈依自性佛。很多人在修行時懂得要念佛、誦經、打坐、懺悔或經懺，但是不懂得要皈依自性佛，而在心外求法。那麼怎樣才算皈依自性佛？為什麼要皈依自性佛？不向外馳求，她認為要懂得下面這些事實與道理：這事實就是很多人認為自己最親的不外是自己的六親眷屬，但事實上，人最親的是自己的自性佛，所謂自性佛就光光亮亮的六通具在的心。但是人往往不知而有一堆黑濛濛貪嗔癡的業識覆蓋或沾染其上，結果就將自性佛沾染成了一團黑漆漆的神識或俗說的靈魂，而我們人的色身或肉身就是由此沾染業識的神識幻化出來，所以我們這色身根本是假的，而且常被這色身所欺騙，更會多造業識及罪刑，如此惡性循環，停留在六道輪迴，不得出三界，就是這個原因。而色身在造諸罪或貪嗔癡的業識，我們平常人都不會覺得怎麼樣，甚至還得意洋洋，但事實上，你的神識都會哀聲叫苦，而且在法界遠望佛菩薩都想求出而不得。也就是任何罪刑或貪嗔癡的業識造作，都是自性佛在承擔，雖然自性佛是永不失，但自性佛成為轉成為更昏暗的、更可憐的、更會哀聲叫苦的神識而輪迴於六道，無他人或他物可代受。那麼可知人最親的不是自性佛是什麼呢？還會是什麼呢？如果吾人知道這一事實，心不再向外馳求，願意將這個常欺騙吾人，常誘惑吾人幾乎可說近於一無是處的肉身，用來修行，回復吾人每人都有的自性佛，即所謂「藉假修真」，修行處事都想到這一點，就可說是做到「皈依自性佛」的初步了。另外，打坐、觀想固是修行的一部分或是一種方法，但是她並不贊成初學佛的人就用此種方式來修行，因為以她在上、下集所見，古人打坐至少業識是較清淨的，而且對佛法有一定的認識，諸如知道打坐時，所見諸相非相的道理，而且多半禪坐前都先靜思自己的修行問題或自己的錯誤，釐清解決了問題方才入坐入定，禪坐起來比較沒有問題。不似今日很多人教人或自己學佛既未齋戒，又未粗通佛理，便要打坐，這樣是不對的，因為若逢因緣齊聚，冤親債主來討債或外靈乘虛而入或附身或漸發狂著魔或為相所引外道不自知，這種情況，以其所見確實會有，固不可不慎。另外，以她下集所知，其實很多打坐是高僧大德在修完上集境界，即除盡貪嗔癡，得出三界後，繼續修持時，尚有一些其他微細業識未除盡，因此在他們打坐時，佛、菩薩們會在他們打坐時，給予援助加持，使其能早日除去微細業識，以益其功。更不是常人所了解的。

註：有關古人禪坐時靜慮後入坐一節，此種方法，小師已記不清楚是否就是經教中所記載稱為「禪那」或去微細「俱生我執、法執」的真義，有待查考；又打坐需具一些條件，方無禪病、入邪之疑慮甚為緊要，同理「觀想」修持亦是，以師姊所示亦是宜於貪、嗔、癡業識清淨後，再行清持，方有大益。小師的確見過不少因打坐故，似修佛道，但疑實入外道的行者，初百思不知其因，經師姊所示，才知其理。

(2)問：學佛修行時會產生功德力可以迴向冤親債主，以消舊業或重業輕報的因由已然明暸有如前述，但功德力的大小究竟決定於什麼因素？也就是為何同一行為，不同人為之（如誦經或行善）時，會有不同的功德力呢？

答：功德力的主要來源在於持戒，但功德力的大小決定因素很多，諸如持戒（心戒）精嚴的程度差別，貪、嗔、癡業識的清淨程度，明信因果的程度，願力大小的程度，心量廣大的程度，依法生活力行的程度及圓滿程度……等，皆有影響，而且之間的關係，有若數學上的乘法或乘數效果來決定功德力的大小。打個比方，很多人不知道一句善語也是可以有功德力的，由一個持戒精嚴的人且又願力大的人，跟一個同樣持戒精嚴但不肯發大願的修行人，同樣一句善語讚嘆他人或濟助或布施他人，二者之間功德力大小是不可以道理計或簡單的倍數計；又一比方，當一人為善行，欲將功德迴向，有的僅迴向給自己的冤親債主，有的更加上給法界眾生，所產生的功德力也是有很大差別的，這是為什麼佛教中在任何功課或儀式做完，總是要人先迴向給法界眾生離苦極樂，再迴向給自己的冤親債主的原因，只是很多人已不知道這個原因是如此了。同樣的，有人會以為自己所行之善或自己道力是微不足道，以為迴向給自己的冤親債主都深怕不足，哪有餘裕分享給無量的法界眾生，其實那是錯誤的知解。如行者能有廣大的心量，即使一小善，自己的冤親債主所能接受到的功德不但不會有絲毫減損，而且無量的法界眾生亦能同沾受益，不會有絲毫差遲與減損，這便是心量與法界的微妙之處，也是她所知的事實，所以說經典上說佛、菩薩能有無量無邊的功德也是真的。至於有持戒精嚴，三業清淨，信、願深廣……等條件的行者，便能由一小善在法界產生如此無量功德，也就是法界為何能如此微妙，這不是她所能盡知的，但她確知功德力的大小在法界是這樣決定的，這是無疑的。

(3)問：佛道如稱「空門」，自性佛也曾說過是清淨皎潔了無所有，那麼小師不能以除盡貪、嗔、癡為圓成佛道的目標？也就是說為什麼通常高僧大德告訴我們在熄滅「貪嗔癡」以外，還能修行善道乃至所謂「菩薩道」？才能圓成佛道？換言之，為什麼不修完「上集」就算了？

答：以其上、下集所知，專致於心戒、戒除貪、嗔、癡，是可以解脫法六道輪迴，但是只能獨善其身，不能渡眾。雖然他們也無戒相之執，但是這種「獨善其身」的觀念本身也是一種「執念」，造成原因，是他們亦有「神通」，知「眾生」難渡。另外，他們會有一種執著，他們仍執於「有佛法」可修，落於「法執」，因此他們故能出離之界，不落輪迴，但成就只是所謂被稱為「阿羅漢」也就是佛門所謂的「小乘聖人」。而我們修習佛道仍要修行「善道」乃至「菩薩道」，主要現在之「人心」實在貪到說不是「人心」了，因為「人道」本善，這點證諸古人可知，繼而要修習所謂「菩薩道」諸等善行，主要的原因本質上就是修習或培養「心量」。諸如地藏菩薩的大願本質上就是一種大的「心量」，這種心量為使地藏菩薩能使其成為「等佛的程度」的主因，也因此「佛」能有無量功德的原因在此。所以「心量」才是除持戒、不執外，能成就佛道的主因。然而此種「心量」的修習、培養，是累世修行過程點點滴滴自然而成的，並非一蹴可幾的。舉例言之，能在生活中體會眾生存活之苦，不忍也不做「削價競爭」，以求滅盡同行而獨佔而言，就是一種

「心量」。又例如她自知此世修習佛法不久，就能見知上、下集的原因或因緣之一，就是自己在禮佛時自然而然的在心中浮出「讓天下身心殘疾或厭世者的痛苦給己，讓自己學佛及禮佛時滿懷歡喜給他們」的感受，可說另一例證。另外她也知道「小乘聖人」，與繼續完成佛果來娑婆世界修行的渡眾與修行所謂「行菩薩道」的修行人，除前述心量之別，在世間修行者有種特色或利弊就是，專致修習自解脫於輪迴者，他們證道的時間較快，精修者可說一世可成就，而且獲得「神通」也快，但此種神通反而讓其因知眾生難渡而不敢「渡眾」，同時在未證果之前很容易退轉，嚴重的話甚至到「不修了」的結果。但志願成佛道的來世渡眾修行的修行者，即所謂行「菩薩道」的行者，雖知「眾生難渡」，但皆不懼渡眾之苦發願來這娑婆世界渡眾、修行，而且在世修行過程中通常比較無「神通」障之苦亦即是因「神通」知道、見到「眾生難渡」之境，反而造成困擾或產生退道之心，而且果有一時發通，因為其知道這只是菩薩加持，只是助長其修行的味興而不會執迷，而且雖然圓證佛果相對於「自解脫者」時間上可說相當長，但卻都能生生世世不退轉，絕對不會有「不修了」這種結果。同時乘願而來時，不但可選擇「投生家庭」來修行，而且修行時因「心量或願力太大」，一般邪師、邪術是無法損其分毫的。另外，自我解脫的阿羅漢眾，也可以重新發願來世，繼續圓成佛道的。

註：師姊說，以其上、下集所知見並沒有佛、菩薩、阿羅漢此等名相問題，但實際上如前述，所以一般所說修行羅漢、菩薩、佛道還是對的。另圓成佛道，經上說需「阿僧祈劫」，師姊說那是種名相問題或方便

說，對大修行人心中根本無此問題，甚至其不知自己在修行。另外，小師在這裡要提及陳師姊告訴小師的一個超級重要觀念，這觀念其實早就貫穿在前後文中，但若沒有單獨提出，恐怕緣者會迷失在前後文中而不能掌握「真正修行重點」。這個觀念就是「不要誤認一般打打坐、念念佛、禮佛乃至布施或持點戒，就算修行」，這觀念小師是能體會理解的，故詳述於下：當然，廣義或教下是告訴入佛門的緣者，這樣就是修行，當然是沒錯的，但是深入一點，恐怕是要達到「消除業識」，才算是真正的掌握「修行重點」。但是要達到「消除業識」，恐怕要先認識在「善護念」的情況下，能讓自己「覺性」能觀照自己心念，達到「念起不隨」（讓心念流逝）或「轉念」的效果，不會隨著往日習氣種子牽了鼻子去，仍然造舊業，或添加其他業種。更重要的是在不出不入的生活大定中，發現不正的念頭，並能忍受業識的數次衝擊，不為所動，才能讓「業識消除」。（以佛教的名相可稱為「轉依」的過程）的效果，這樣一路走下去，才能由粗入細的心念掌握，才叫做可以掌握自己或自己作主的境地，進而才能自心「空空、朗朗」，又能「隨時起用」用完即捨，漸達「無住生心」，這才是修行的真諦。但小師認識這個過程，卻十分冗長，因為小師年輕時原學法商，此世是非感極重，嗔心也極重，遇事時，常情緒管理甚差，有時甚至達不能自控的地步。後來遇陳師姊後，才懂得什麼是「業識消除」。而陳師姊也曾告訴小師「業識翻騰」要特別注意，而且有時翻攪起來會覺得心中特別悶。因此，小師常在一般或早或晚的打坐中或遇事時注意心念升起，還真的有些效果，後來才在研讀唯識學的東西，查出了這東西名相叫「轉依」。但是好景不常，日子久了，就會忘記注意，遇事時，嗔心還是會大起，有好一點但不能根治。後來，出去遊玩高僧大德文章時，在「元音老人」的著作中，看到要在生活中「不出不入」的大定中，用去對治業識及其後的衝擊，小師才改用一般的入定在生活中遇事對治，但一樣，很難根治。最後，在這近半年，憶起當年讀「月溪法師」的著作，用功後自得一善境，才徹知了那善境的意義，才真知道什麼叫做「不出不入」的定境，於是沒事就暫居於那種狀態，去察覺嗔念以及其後的衝擊，這一下才覺得真的管用，而且遇事已可以見到自己「業識」日漸消彌的過程，而不是「暫伏」。同時也可真的做到遇事「想氣」可是心中卻氣不起來的狀態，當然還是有些「餘氣（微細的餘習）」的存在，但卻極有信心，終究可以消散、消掉嗔心，其餘業識之消除並由此可類推，來幹掉其他習氣種子的。所以小師從知道，到了知、真知，到功夫實務什麼叫做「業識」消散這一過程，整整花了二十年光陰，但對大和尚，大修行人及陳師姊恐怕是已熟稔的功夫過程及常識，小師真的有點愧知不如，不過，無論如何，小師合盤托出來供養緣者，望道業早成。

(4)問：有時修行到一定階段，總覺得修不上去或有意志力不堅的問題，甚至更多的問題，請問應如何對治。又不論如何已盡力在修，但若終如僅是一般眾生根器，隨緣流轉，此生無法修到一般經教所謂不退轉的果位，則此生就算有修，亦必造新罪業，以輪迴之理終將隨業流轉，再至他道又再造新業，如此惡性循環，豈非永無出期，則此生所修豈非白修，還不如不修算了。

答：她知道很多人初發心是很勇猛精進，很能放下萬緣，不顧一切地往前衝，進步很快，但時間一長就不行了，會造成這樣原因很多，但主因是不能「深信因果」。很多人此生或多或少相信一些因果報應，尤其在遭逢一些特殊境遇，或是聽人說起或從書章報導一些事件時，他是相信一些因果的，但時間一長，他就會淡忘，修行退轉。換言之，「相信因果」與「深信因果」是不同的，一個修行人是「深信因果」的，會牢牢的記在心中，舉手投足，以縱有一時的懈怠，終究會奮力向前繼續進步的。又她也聽過一般經教或法師有關「不退轉果位」的說法，但是以她在上、下集所知，她確知只要修完上集的境地，就會不退轉。雖然她不知那是什麼果位，但是也不能說是這樣簡單，一個修行人縱然此生未能修完上集，但是如果他肯發大願，他的願力自然而然會使他再得人身，再立前生為人修行所得的基礎上，繼續向前而不退轉，因此發願除了有影響功德力大小已如前述外，就是有這種奧妙的好處，使得生生得人身時不退轉。但是她也知道時下一般學佛者，並不知道發大願，有這等好處，那是因為時下正法已漸難聞，他們未聞正法而已。另外她認為常有些人不敢發大願，理由是認為怕自己做不到或不承擔此大任，她認為這些人不該這麼想，理由是縱您不敢發願，再得人身時，世上更惡濁，修行更苦，而且因果不滅，深信終有一天願行圓滿的，因此，發願實在是一本萬利的事，簡直是不發白不發，她要小師弄清亦記牢這點。

註：有關「深信因果」一節，小師常於索己心境，有時竟可找出更好的答案。又關於發願能使得人身時生生不退一節，小師曾查閱高僧大德的著述，的確相符，不過未如師姊如此詳明，而又感今人少述，實嘆正法越來越難聞了。

（5）問：在佛法的研習中，我們常見到高僧大德修行要「不住空有」、「無所住生其心」、「空空」、「不落空」，另一方面又說要「自淨其意、萬善奉行」，那麼什麼是「有」？什麼是「空」？什麼是「空空」？又為什麼不只「自淨其意」也要「萬善奉行」？這之間過程究竟是如何？又有人常講「法法是佛法，沒有分別心」，可是又說「外道」，為什麼他們是外道呢？這樣不是又有分別心、有矛盾呢？

答：這些名詞簡單的說是吾人學佛或成佛修行的各階段與境界有關，簡單的說我們要瞭解學佛或成佛的修習過程後，這些問題就可自然開解，而且沒有任何衝突可言。而學佛成佛的階段簡單可以用「有」入「空」，由「空」入「無」或「空空」來說明，也就是可用「空、有、無」之階段來說明。所謂「有」就是幻有，心識及心識所感召或幻化的世界與六道本是虛幻，因緣所生。但在這過程中仍要分清，是非有別，眾善奉行，因為「人」及「人道」本是如此，也本應是如此的。更重要是在培養菩薩道的無量心或廣大心量，古人更是如此，知道這些、修習這些，才算知道「有」或修「有」的階段。而修「空」或「由有入空」，也就是指不執善惡，不為善惡所拘，而且不落「頑空」，而漸入空境。怎麼才算不為善惡所拘或善惡不執呢？也就是一方面所謂行善已成為一種習性，知道對的就自然而然會做，有智慧沒煩惱的做，但心裡沒有為善的想法（即所謂的三輪體空），一方面持戒，去習氣（惡習）使貪、嗔、癡的業識漸漸消滅（化惡），如有餘習氣是很細微的，是無關緊要的，諸如愛吃香蕉。同時對世上一切沒有貪戀，不但如此遇事境界來臨，不會有情緒的干擾（無相、離相、離境），同時對事境處理的作為上在前述的行善止惡的功夫下，平時是覺得心裡空空的，處理完了不會有任何的掛念，回味或憶念，很快回復自己原本仍是心裡空空的，這樣的程度才可算達到「空」境，而修行人達到這種程度，自然能與佛、菩薩之心相印，如有所求，諸佛、菩薩、佛菩薩必然滿願，要往生西方極樂淨土亦才算有份（但亦可不去，可乘願渡世及再修），達成此程度，就可以解脫出離三界，不受後有才算修完上集。但是這裡又有一種一般修行人因不明佛理的嘗試謬誤與陷阱，就是隨入「頑空」，什麼是隨入「頑空」？就是因想法上認為這世界上一切皆假，一切空空，因而認為一切都不須在乎，行為、處事放逸或不注意，或自以為自然就好，認定持戒、念佛……種種都無必要，只要什麼事都不想，心裡空空就好，錯認這些才是修行的境界或標的，事實上他們根本做不到任何的心空，遇事可能做到暫時的將心念或業識壓抑不起，但不久就復萌，談不上「空境」，這種想法根本是對佛法錯誤知解，不可能修習有成的，更不用說出離三界了。至於最後的由「空」入「無」，或「空空」的階段，意義上就是指不為空，有所拘，也就是不住，不執「空」、「有」，也就是佛家「中道」的意義，最後圓成佛道，達到「真空妙有」，六通俱全的境界。這是在修完上集，在下集中見到並得知歷代祖師或解脫三界者的修習方式。怎麼說呢？在修完上集後，雖已熄滅貪、嗔、癡的業識或念頭，但仍有所謂「細惑」或有其他細微的業識，及所謂小乘「沉空」、「偏空」或仍有「法執」的問題，但經過他們繼續的修持及佛、菩薩的教誨及加持（諸如打坐時加持），他們漸漸地就能消除細微的業識，漸漸對所謂的法執也能能破除，並做到心經上對世間諸法相「無所得，對事境不起妄念（無相、離相、無境、離境），只會自然而然的為所應為，無住生心，也就自然而然的能達到佛、菩薩的心地—「真空」，又能六通俱全，知萬有境地而圓成佛道，這時對宇宙萬物無所不知，知分別又無分別，即知道怎麼一回事還能「心空無物」，無空有的想法與分別，至此境界對彼此擁有的能力（六通）也認為極自然的事，而且彼此間也認為無任何的分別。然而這種境界，並非世上凡夫俗子所能測知臆度的。另外要強調的是，若不修完上集，是根本不可能修到下集的，不論您修習任何宗派，就算有一時修行上的「聖境」或特殊的經驗，在時間一過，仍是得乖乖修完上集的。至於所謂「外道」，我們也要有此種清楚的認識，不論此修行人表面所奉行的宗教為何，能如法依此程序或過程，就能圓成佛道。反之，就算身在佛門也會修成外道，那麼佛法中所指「外道」是什麼意思呢？以她所知，很多宗教的修行人，她們亦持齋守戒，可是他們通常都執著在行善、業識上「善」並不清淨，這種人通常都只能到天道，福報享盡還是會落輪迴的，不能出三界的。所以說，民間傳天上玉皇大帝是會換人做的，這是真的，在上、下集中她就知道的。一般外道中大抵如此，更何況一念不慎，而入魔道的外道，更是有的，修行人豈可不慎。

註：

甲、這裡大致秉承師姊所述之意思，小師所會知，盡量表達之，句句緊要，望緣者深體之。

乙、墜入頑空與佛經所謂「小乘聖人沉空、偏空」獨善其身，不能渡眾，是兩回事，不可混為一談。小乘聖人依師姊說還是修完上集了，但因「法執」不能渡眾，不知尚有菩薩或佛道可圓滿。

丙、現在很多人教人或自學，往往將禪宗祖師修行的方式，用來修習佛法或生活，未必是對的，修習禪宗的人卻往往忽略因為沒看見祖師在齋戒，除習的背景功夫，更是大不對，事實上，小師及友人亦曾犯了這個錯誤，望緣者深鑑之。

(6)問：因果、業力又是如何產生？又修行時是靠佛力或自力才能解脫呢？

答：一念即因，隨念而行。行時便是即因即果，也就是依心念而行，便會感召一定的果報而此果報又可為他事之因，入六道輪迴是因果，成聖成佛也是因果，其實起心動念便會在法界產生及感召一定的作用就是業力。以她所知，一些人共同的心念便足以感召，產生一定的作用，這就是共業，更不用說去行了。而地球可說是人類共業所感召在法界凝聚變幻而來，不論時間多少，終會產出所謂因果不昧，修行時透過功德迴向只能重罪輕報，絕非不報。而業力的滅除更非一般人在俗世所想那麼簡單，一般人總以為若一人欠債，還錢或只要債權人不催討就算了，然而在法界中，冤親債主的追討，以欠債還錢為例，若您還錢債權人不能多要一分一毫，否則債權人還是要因此受報。也不是債權人不催討債務就算了，還要做到債權人真的滿心歡喜，真正消除了向您追討的意願，不復有絲毫想向您追討的心念，您的業力才算真正消除了，法界的森嚴與奧妙，真的就是如此，這是她所確知的。又修行時，種種用功固然皆可，懺悔是增長善報，拜佛、禮佛可消罪障，但嚴格說起來，要認清楚，佛、菩薩終究是助緣而已，既使念佛法門，也要嚴持心戒，最後才能一心不亂，設使念佛再多，但貪、嗔、癡一堆，終究無益，所以她認為修行多半靠自己，也就是自力重於佛力。

(7)問：從前述各章節我們以了解法界森嚴、信願、迴向的重要及學佛及過程種種，也知道修行要多靠自己之後，能否較具體的說明如何修行呢？

答：修行固然可以做種種功課，但主要在去除貪、嗔、癡等業識，我們說過所謂業識就是執著的心念或（念頭）及「習氣」（壞習慣）或所謂壞的個性或與身俱來的壞天性，種種可說是更強更執著的心念所造成，因此可說修行就是修念頭。怎麼修念頭呢？方法就是要持心戒與去習氣，怎麼持心戒呢？就是遇事要常反省，觀照自己心念，察覺心念有些不正就要去除止掉，但有些心念又難壓抑，可說是不能壓抑，就要懂得「轉」或「心念流逝」，怎麼才叫「轉」或「心念流逝」呢？譬如我們看人做一件事實在很生氣，很想揍他一頓，很難放下這生氣的念頭，我們另外想這個人那麼愚痴，我們對他慈悲，可憐他，有機會開導他或者是另外想：雖然這個很可惡，但是平時也有善良的一面，就饒他一次，不要跟他計較，或不理他這個人。對任何事或任何不對的心念，就這樣想辦法去「轉」或放下不正的心念，「轉」的過去或放得下不正的心念後，就不要再去想。以前例而言，沒那麼生氣後，就不要再去想那件事，只要不再想，保持心裡頭空空、淨淨的、自然而然的，嗔的業識就會更清淨了。各種事，各方面懂得這樣去做，久而久之貪、嗔、癡的業識就會淡泊、清淨了。同樣的知道心念是善的，就快快去做，做完就不去想（放下）了，如此自然會有成就，這就是持戒。而習氣也可以依此或另想辦法去改掉，但最好是速戰速決，這個是絕對要自己去做的，菩薩不會幫您改的。再來就要懂得「細行」，所謂細行就是較細微的念頭與行為，當用前述持心戒與去習氣去對治自己貪、嗔、癡一段時間得力後，平常注意得到的粗重壞念頭與習慣可能就較淡泊了，就要更小心注意對治自己細微的念頭與行為，諸如，您覺得能做到不貪非份之財了，而且很自然了，但就要進一步會不會貪圖攀摘錄上或山邊的一株漂亮的花朵。又譬如，您已持齋戒不殺生了，就要注意到走路時，會不會踩到螞蟻乃至煮菜後洗鍋的廢水太熱，就要加點冷水再倒入廚房汙水道，要不然還是會燙死汙水道中很多眾生。總之就是這樣由粗入細，由細入更細，這樣盡心去持心戒及去習氣就能做到更嚴謹。此外，還要了解當下這個觀念，在菩薩道需奉行六度，如佈施、忍辱、禪定……等六事，其實都在「當下」的一念中修持，也就是當有事境時，仔細省酌自己的心念，對的事就憑自己主客觀的能力去做，也不可太勉強，能行則行，心念覺得不對，就立刻捨去，事境一過就放下，讓自己心頭空空淨淨，這樣就能做到於「當下一念」中修六度萬行，而且「知分別而無分別」。她於上、下集確知歷代祖師大德就是這樣修成的，而且自然而然地盡心，所謂隨緣盡份去做，不要執著於境界，她相信就是釋迦佛告訴她「能行則行，能忍則忍」的本意，尤其在這娑婆世界正法越來越難聞難修的時代。最後，她要補上一句，在前述以「當下一念」修六度萬行時，怎麼知道自己在事境過後是越能放下，越來越清淨，是精進而非退步呢?可以以一個標準來看即我們要瞭解所謂「無所住生其心」的「住」即是執著的意思，怎樣知道自己修持是執著呢?答案很簡單，有執著即有煩惱，若能知道處事，己念貪、嗔、癡越來越淡泊，煩惱越少就是越精進了。

註：至於「識」亦即執著的心念，尤其不正的心念，依師姊所示，用「轉」之後，再「放下」—即不再想它或不正的心念讓它流逝，便能使業識清淨的道理何在？道理可能是在小師查閱有關唯識的著作才發現：識有「轉依」的作用，白話一點即是有的大師論著所說：識或執念，在衝擊時不管它，只要熬得過數次心念的衝擊，該業識即會轉而淡泊，漸而清淨，小師實做時的確覺有效。而以小師經驗，初步用功而言，對治自己業識別或心念，能用徹底反思，說服自己原有的認知，也可達成「轉依」的效果，舉例言之，小師常問自己一事，用「心為什麼要如此反應」，答案是「根本不須如此反應」來告訴自己，就能達到「轉」或「心念流逝」而得到調適的效果。

3、學佛人如何生活：以上識的章節大致已將為何修行、如何修行的部分，將師姊所示，小師所會知的部分整理敘述出來，餘下的部分是小師不知如何分類，但顯見與生活有關的部分。就小師而言，這部分更為重要，因為小師在粗通佛理後，反而有這方面的困擾，也知道會是很多學佛者的困擾，經師姊的開示，才豁然開朗，而且將整理經反覆思索後，才發現比一般說法來的圓融而無絲毫矛盾，這就是小師要特別指陳者。另外，當然這部分知識的來源，亦是源自師姊上、下集的經驗所得，內容解析起來更是佛法與實修合一的部分，亦可發現生活的標準，不可小覷之，這是小師要特別指陳者二，餘下簡扼述之，師姊認為學佛人在平素生活要注意下列各點：

(1) 禮敬諸佛：所謂「禮敬諸佛」就是禮敬人人，她說在她經歷過上、下集後，就知道佛經所載「禮敬諸佛」的意思，並不是要我們一味禮拜佛菩薩，而是懂得去禮敬人人，因為佛、菩薩並不欠缺我們凡夫的禮敬，而是要懂得禮敬人人，因為人人都有個自性佛。小師曾不服氣地問道，就算人人都有個自性佛又如何呢？但有些人此世已是個大惡人，我們怎樣做得到禮敬他呢？豈非天方夜譚？師姊認為，只要我們知道一個道理或法界的事實，我們就該做得到，做的下來，那個道理與事實才是有助於你自己的修行。固然有人此世不修，因緣齊聚成為十惡不赦的大壞蛋，但我們仍肯禮敬，與其為善，則他世或他日因他自性佛永存，他可能一念頓悟，奮力學佛，說不定他比您早日成佛，一旦成佛，他會因您今日之禮敬及與他為善之因，盡力也度脫您，您可能因此成佛，這不但是可能的事，也是真實的事。

(2)不要錯歸因緣，師姊說世上的事，當然不出因緣果報，但她也常見有些人常將因緣當藉口或錯歸因緣，這是不對的，那是自造惡因，而不干因緣。諸如一件事您多花點時間，依您的能力就可以做得好點或有人奉勸，自己明知無理但卻執意孤行，搞到最後一蹋糊塗，傷人害己，卻自嘆或自己安慰或錯認因緣如此，那是自己造惡因，不能說是因緣如此。

(3)修行人的生活標準：修行人的生活固不許奢華，但也不必刻意的簡陋，標準是：「有就好，絕不貪多」。常有人擔心專心修行，則無法兼顧生計，家人生活會過的一蹋糊塗，她認為這是不對的，她認為修行人要知道此原則與標準「知吃、知做、知修行」生活就不會有所偏差。而且以她上、下集之經歷所知，一個真心肯修行的人，必有龍天護法護佑及濟助，固然生活有時會感稍微拮据，但終究絕對夠用的，這是可以驗證的。同時，修行人或是出家眾，搞得吃用不足，則必須深刻反省，必是戒行有虧所致。另外修行人不可亂展神通，修行有成，只許臨終時，略道來歷，這都是真的，同時要知道真正的苦行就是辛苦的持心戒，才叫苦行，而非去折磨肉體，那是無用的。

註：師姊此處所言「知吃、知做、知修行」，此原則或標準的涵義很深，有若八正道的意思，而不是字面的意思。

(4)處事圓滿，修行人要懂得處事圓滿，何謂圓滿，就是要善觀因緣，因緣未至，絕不強求，就算要渡人也是如此，因為佛法是不求人的，二是縱然處事時，做不到利己利他，也要懂得將對己對人的傷害降到最低，這樣才叫圓滿，這是處事時一定要用心想想的。

(5)居士斷淫：學佛終究要斷淫慾的才能有所成，在家居士亦同，但是他常見到一些居士常不知道如何正確對治，胡亂堅持搞得夫妻失和，家庭分裂，自己痛苦萬分，又不知如何是好，這是不對的。這個問題要懂得夫妻本因緣所致，還是要懂得緣要圓滿家庭的，因此只要因對方需要，所以要應對的，只是行房時不貪歡，事後不去回味，就不會影響自己修行的，等到因緣成熟，就可滿願。

(6)對治惡人：在今日之世，生活中常會遇到惡人騷擾或糾纏，修行人這時就要懂得閃避，若有步步進逼，有可能危及身家性命時，也亦可以想辦法對抗，使之驅離，但絕不許傷其性命。

(7)道術隨緣法事：以上、下集所見，風水、道術是存在的，但多數是外靈所附產生的能力，不是行術者自己得來的，仍無法有違受術者自身因果，而且可說有些還需自負因果的。以現今時下常見用道術所謂招財之術，事實上是若福分有，只是提前借用此福份，若無此福份，終究是要負欠因果的，他日還是會用某種方式償還的。其實，對家中親屬或自身有事，真修行人能力夠，自然可以不用這些，也不管什麼風水等等空諸一切，只要潛心禮佛誦經用功迴向，時日一過就自然而然地都可解決，自己能力不足時，則可延請一些真的修行較好的師兄姐或修行人，與其一齊共修，隨緣佈施迴向亦可解決，只是這時應具信心與專心與其配合，效力會更宏大。

註：小師認為從師或與領修之人應考其言行，凡日常持戒精嚴，如法合一，意志堅定，必是真修行人甚至是隱而不宣的大修行人，與其共修必有效力。

(8) 慎留財產，慎用遺產：以其上集法界所見，冤親債主之間，因果緊繫，有若一串串粽子的。亦見到一般人所不知有些行為在法界森嚴，會造成共業之可怕，而其中一種就是財產。若遺留財產給後人，而後人不省，不事利生正業，亂用財產，造諸惡業，則先人會因使後人造罪之共業而獲罪行。反之，若後人能善用先人遺產，助濟他人或造福自他，則先人亦得福報，這是事實，所以遺留及運用財產，要謹慎及智慧，必使存亡兩利。

(9) 緣之對治及不盲從於師：常於一般書籍或演說聽到佛法「廣結善緣」、「不攀緣」、「隨緣」等說法，就小師而言，似皆有理，可是細思起來期間似有矛盾，因此小師就問了這個問題。師姊說：緣來不拒，隨緣即可，但是修行又要懂得隨緣時的一個標準就是「覺苦即離」，也就是當一個緣來時，固須著重自己正確心念，隨緣應對或以善處之。但既使初始是個好緣，但隨著時空變化，也不可執著過去的好緣，過分勉強自己，知道事情不對了或不可挽回了，就要趕緊遠離，若仍是執著過去「好緣」之念，終究是害人或害己，就此點小師受益非常。另外，與之有關師姊也常說，要隨師才知修行的人，隨師固無不可，但絕對不可盲從，也就是從師者仍要睜大眼睛看，您的老師不論剛開始是您如何讚嘆或崇敬或領您入佛門的人，常懷感恩心是對的。但是一旦覺得「老師」或言或行不對了或不如法了，您固然應繼續感恩他或照料他，但是對不對或不如法事，就不可再於贊同及參與或跟隨他去做，否則即是共業。而且無論這不如法或不對事是如何深契您的習性，一旦您察覺不對或有批評，您就要小心的去反思或求證，再決定疏離與否，不再牢執老師過去的形象而盲從，因為其實任何修行人未解脫前，都有錯誤或退轉的可能，您的老師亦同。所以「感恩」與如法對錯是可以分離的，但是時下很多隨師修行的修行人，不懂得這個道理，難怪社會上修行流弊不少。

註：難怪修行人要懂得「依法不依人了」的道理。

（10）　沒有天意只有業力，命運在己掌中：這是個小觀念，但是小師覺得可以與緣者同享，因此錄之：有次，小師隨口對某事不經意說道：「大概天意如此。」，哪知師姊聽到卻正色的糾正小師，學佛人不可有此想，就談及到上述這個命題。師姊說：中國人常講天意如此這般，這是錯的。以她上、下集所見，人的心念一出，有如電波之力，或者可說心念是反作用力，立刻在法界形成作用，就是業力了。很難用言語形容表達，勉強舉個例子：有如電視台天線是發射電波，電視就會有那些畫面產生，所以我們打開電視才會看到畫面，而我們活在這世上，就是活在這種畫面，六道輪迴就是這樣產生的，就是這麼簡單，其實，這是上、下集中她所確知的。所以沒有什麼天意可言，或誰決定這世上如此或命運如此，有的只有每個人自己心念所造成業力所感召的，因此此世所謂「命運」，是自己因果，業力感召的，但論及終究「命運是在己掌中」。

（11）以不傷別人與自己為生活的總原則。

（12）修行也不能太過急切，因為修行是需要「時間」與「空間」（小師解為生活各層面、所謂在生活中修行），無法一蹴可及，而生活中該負的責任也是該顧及的。

六、結尾

（一）以上諸章節，大致把長達二、三十年間小師將師姊的故事及小師向師姊所挖的「寶」已完整的表述出來，當然，師姊向小師所說的及感應或神奇的事，或小師間接參與的事乃至其後，情事絕對不止這些，但是對了解佛法或如何修行較無關的事或不能隨筆帶到的，就無法提及了，但修行重點絕對就是這些。事實上，小師是無法完全了解師姊在其經歷中每一件細節，或是師姊在其經歷中所知佛法多深多細，然而反覆思及獲問及的，師姊也確認，重點及重要的細節就是那些了，這是不會錯的。其他的細事小師不問，她也不能勾起記憶（不過，只要問及佛法修持有關絕不會忘失），更不用說有些問了，也不知如何表達，只是她知道而已，然而無論如何重點就是那些，這個就是小師所稱的「完整」，然而小師從紀錄、研判、整理及思考如何表達及撰寫，寫寫停停，匆匆地一路寫來，又經過二、三年了，這個歷程又想將師姊所言之佛法及修行重點寫的詳細點，好讓緣者去了解清楚，到了最後小師才想到會不會印象過於片段及尚有事好像仍沒交代到，於是於末，小師再將這些予以交代，也勞煩緣者再花點心神讀之。

1、事境始末及重點：從前述各章中，緣者應知師姊的佛緣甚為深厚，在婚前已經肇始，在正式學佛前已有諸種瑞應，在正式學佛後，更是勝事連連，除小師所披露外，尚有很多很難記述，只是無關佛法修行，故不予詳述，然而這些瑞應或勝事的型態，大抵以夢境或半夢半醒之間及類如出陽神，以及進入另一時空的方式或是說就是如實的發生。而這些勝事中，以小師之見，較重要的有三件，但以這三件的所見所知，又絕非有一般所謂「出陽神、陰神」，或所謂禪定中的「禪觀」或「開天眼」的型態及境界可比擬。而這三件勝事（除小師前述「上、下集」外，尚有一件在行路中疑如出陽神，神識突然逸出娑婆世界外，見娑婆世界（地球）有如一小氣泡（有如上集中所見，但未見娑婆世界內之事），並於娑婆世界外同時見到二十名解脫眾，同著袈裟，同無男女相，同時互印心並替彼此歡喜解脫三界後消失境界，因此件未關佛法修行，故前面各章不敘），這都是發生在師姊正式學佛後不久之事，而且這件事都是發生在師姊最精進學佛時，也是長達二、三年，心中空空朗朗，無絲毫憂懼，而且常覺得「是世界上最快樂的人」定境中，陸續發生的。這三件事中，以發生次序及重要性而言，又是以小師前述上、下集最先發生，又關係完整佛法及修持重點，因此小師著重於此詳述之。以特色而言，這三件勝事，所「見」所「知」，是於白日間清醒狀態下由菩薩帶領及穿越時空見佛，在一時或同一瞬間，見到了、印心到了小師所述上、下集的內容，可見佛聖境地真的不可思議。以內容而言是包含了完整佛法及修持重點，然而卻不敢說就是「全部的佛法」，因為據師姊對小師表示，在她經歷了這三次勝事之後，她清楚的知道，這三次勝事中，其中超越三界的解脫眾與下集中所見祖師大德，佛弟子，約有百千眾與佛菩薩的所「知」範圍或境界、能力是顯有不同的。但共同的又是彼此以平等心對待，無所謂高下之分，也因此對一些經典所載「幾果羅漢、幾地菩薩」之分，就能力而言她並不反對，但就修行過程而言，無一是超越上、下集內容及過程與程序的，也就是說上、下集所知所見的修行過程及內容並不存在這些「名相」的。另外，就上、下集的內容而言，以小師所詢及的範圍除了修行的程序及其他次要所見所知的事物，濃縮的重點與旨趣確如經典及高僧大德所宣說般，師姊詳細、清楚看到並知道：「整個娑婆世界（地球），有若個小蘋果般的泡泡，就是佛經所說的五濁惡世，是人類共同貪、嗔、癡共同業識所生，是本無的，宇宙內任一星球也無如此業重之處。其中六道輪迴宛如快速旋轉的漩渦或龍捲風在其中，六道眾生各依及業識所產生的業力深陷其中，六道眾生外況如常生活於六道，但神識（俗稱靈魂）莫不哀聲叫苦，求出於六道三界，但因貪、嗔、癡三業識沾染覆蓋原本清明、皎白的自性佛（及神識或心性的本質或稱真心、本心），致使受業力所拘，隨個人之業，於各道間生活、困於輪迴不得出其中，而且因天道太樂不思修，只有人道才有機會修行出離三界、解脫於六道輪迴，乃至進而繼續修行，圓滿成佛。而所謂業識就是指牢執的心念或執念，重大慣常積累強深即習性或習慣，這種牢執的心念與習性會造業，所以稱作業識，其中貪、嗔、癡三業或三毒就是淪於六道主因。而造業的過程就是當三業牢執的心念一發乃至轉為言行，自然而然會在法界各道產生或「變現」出作用，即為「業」，有如電視天線發射視訊與電視畫面的關係一般，千古不變，即為業力，，時緣一到，及入該道受報嚐果是為業果，因此六道輪迴，不過業識為因，作用為果，引果相循而已。至於識或心念為何一發即能於有造業作用，乃因識如自性佛原有六通的無邊作用，識亦如自性佛於法界有無邊作用，是作用本來如此。至於為何本來如此，小師問過，記憶中師姊似知道，但表達不出，只好作罷。因此吾人要知，不但娑婆世界乃至六道輪迴是六道眾生，業識的共業所凝聚變現所乘，是本無的，六道眾生根本是枉受輪迴的，同時這也是「萬法唯識」的主旨。要解脫於六道輪迴出三界，就要從貪、嗔、癡三毒的業識下手才有可能，同時要了解佛、菩薩固然是悲憫六道眾生，而且無時的加持人到眾生的修行人，但佛、菩薩是不干預眾生因果的，對眾生沉淪六道受報，是慈悲但不能為力的。至多是加持修行人使其能定心修道，或者一時助道，可說是助緣而已，所以基本上，嚴格的說修行還是靠人道眾生自己的努力。另外重點中的重點即指修習佛法的程序與方法，無論您是修習何宗何派或是何種功課、法門來修持，到了最後還是要從心地的修行下手，欲求自我解脫六道輪迴者或欲求往生西方者至少要做到嚴持心戒、不執、即某種程度及範圍的「能行則行、能忍則忍」，務求三業清淨，至於圓成佛道是要經過完整「有」、「由有入空」、「由空入無（空空或空有不執）」過程及具備廣大的「心量（與信願）」方可成就。以大乘圓成佛道來具體解說，就是一方面由「起心動念」中，嚴持心戒「由粗入細」，由細入更細」，另一方面由起心動念中，俱足類如「大願」的種種廣大「心量」，修習、奉行種種善法，同時不論持戒、奉善行後又懂得空空如也，即不回味也不偏執或起任何想，繼之以「能行則行、能忍則忍」（此處的「忍」字，不只是忍辱而已，涵義更深更廣，包括忍受消化學道的孤寂或世人不解……等）的原則，修持自己處世或隨緣消業、渡眾，久久行之為習慣而不自覺，方能謂之「不執」，如此而行，假以時日自能「由有入空」，自能達到解脫於輪迴了。此後，或有乘願再來修行或有渡眾之舉，但其用功，自性佛、菩薩教誨加持，消除細惑，細的其他業識，循序修持達到「空空之境」，而圓成佛果。然不論如何，當其乘願望再來住世行持時，是永不退轉，亦無後有之患或輪迴之苦了。總之，歸結學佛「嚴持心戒」、「不執」、「廣大心量」、「大願力」及「能行則行，能忍則忍」的要件及原則是缺一不可的，而她知道這些，乃因下集印心時各祖師大德或法門各異，但無不是依此要件修行的。

2、其實師姊是知道自己與其小孩子或與小師因緣為何的，乃至投生此世家庭也是自選的，此處就不細表之。此處要說的是師姊自知得見上、下集的因緣，除前述緣由外，另外的原因有二：一者示知緣者居士學佛亦能成就解脫眾，而且精修者的確是一世可成的；二者是示知緣者、學佛者不論宗派至少要懂得嚴持心戒而不執，方能有所成就，自解脫於輪迴，尤其是學習「淨土法門」者，不要本末倒置，一味念佛而不懂得要「嚴持心戒」而「不執」，如果不能三毒清淨，是不能奢談帶業往生西方的。也就是因為如此，今日念佛者眾，佛、菩薩也知道娑婆世界佛號震天，但實能於臨終往生西方者，卻是寥寥可數了，也因此多數念佛者，只能是說與佛多植善緣罷了，這是殊為可惜的。

3、師姊近況：師姊的願力是想在這娑婆世界成就佛道的，所以生生世世是要來此娑婆世界的。小師曾勸說植此末法時期，是「先求往生西方」較為快捷而穩當，但師姊說她也不知道，她就是改不了，心中怎麼浮出來就是這樣，而且小師從種種跡象推想師姊是有些來歷的，但是小師多次問與旁敲側擊，只能得知，師姊應是自知的，只是她說這個不能說，問為什麼？被逼急了，只說好像高僧大德都是這樣的。但是緣者也不要看了前述文章，誤以為師姊是萬事OK了，其實也不是這樣，師姊仍在修的，修什麼呢？以小師觀察，修一些微細與親情處理有關，以及一些與三毒較無關的細行或習氣的，因此，有些有關事境一來，師姊仍會失去清淨狀態，這時她會苦惱，為什麼喪失清淨心。有時禮佛、自思或尋人問法，一句話就能解開，回復清靜的狀態很快，有時則情況很嚴重，搞了二、三個星期還鑽不出來，這時通常就會出現一些「景或境」出來，直接讓她了解之後便能再恢復清靜狀態，而有精有力，笑顏滿面了。

4、師姊有無神通：若問師姊有無神通？依小師所了解是：沒有，而且師姊反而很怕「神通」，她說那會障礙修行，但是依小師的了解，師姊在此世學佛修行不久後，確有一些身心變化的短暫過程，諸如：大身、檀香四溢，一時他心通等現象，不過師姊毫不為意就是了。

5、師姊略解心經：有幾次小師問到「心經」，師姊說一部心經就是「成佛」之道，小師就請師姊略解大意，因為有些名相她是不懂，但整個意思她又是懂得，大意概述「觀照自己心念，除習氣及能生智慧，諸種外塵是假，因有業習，才會有諸法相，若業識、業習若盡，則不會再執著『法』之有無，無世上一物可得亦無空及智慧可得。此時歡喜心自然如泉湧出，見受苦眾生，亦會嘆道為何不能有我心知歡喜的大悲心自然湧出，由此即自然而然向彼岸行去，則此生之當下即是涅槃，所有三世諸佛皆是依此修行，而能做到如此來圓成佛果，這就是本咒真實，不虛之意，本咒就有此種力量，也為什麼可稱之為無上咒、無等等咒的原因。」

6、小師只想將所知的師姊及其所逢勝事，藉由小師禿筆真實描述出，與緣者結緣，應敘盡敘，但也不想好事者打擾師姊清修，諸緣者明鑑。另外，緣者讀及此處，必涉信與不信，但信與不信已非小師所問，只是小師要說，就小師而言，若此不可信，大概此世也無什麼人、事可信了，持此併為聲明。

7、眼尖的緣者，可能看到小師沒特別問到什麼是「無我」的問答，一般會認為那是歸到「我執」，但是小師認為那也可歸之為「癡」業，或緣者真的懂「無」的道理時，哪有「我」可得呢？

第四章 佛法到底說什麼（佛學篇）

第一節 大家看好書

小師這標題下的有點大，不過倒是沒辦法，因為這章的東西，比起前章「陳師姊的故事」，簡直是狗尾續貂，但是對像小師有著幾年所謂學術經驗的人，有著總是愛打破砂鍋問到底之性格的緣者，想想還是寫下這章才算有個交代。另外，小師在年屆花甲，回首前塵心中總有個想法與小願，當初要是有此書，光看這本書也許就能按圖索驥，更能在這高度競爭、資訊爆炸的時代，生活及生命更加艱辛的時代，使年輕的生命人人看得懂，而且理路清明。如果緣者能在生活有暇的時候，有心求佛道，在不偏不倚的情況下，又能縮短探索佛法的時間，不會像小師這一路走來的艱辛，才懂得怎樣實際上路去修行，理論與實務能並重，才不會枉過此生，也就是小師的小念、小願，才有此篇為文。總之，小師希望有能力看書的緣者，少花點時間摸索，便能上路實修，才會有這篇文章，要不是如此，佛教高僧、大德、居士，人才濟濟，所寫文章多不勝數，還需小師在此饒舌嗎？深望緣者能善體之，當然緣者也可看成小師一人之見，只是將心得供養給緣者參考。

小師猶記得小時候約莫在國一、二的時候，在宜蘭的雷音寺，也就是現今台灣佛教耆宿星雲法師為發跡前的道場，見過一套「大藏經」，紅紅的精裝書皮，一本大概少說六、七百頁以上，裝滿好幾個書櫃，小小的心靈震懾著，心裡想著只要裝個幾本就比小師當時的書包還多、還重，要學佛光看這些書就不知道要多少年，學佛真有那麼難嗎？到了三十幾歲，才努力收集各種結緣書，吳炳南老居士、元音老人、印光法師、印順法師、慈航法師、月溪禪師、虛雲老和尚、廣欽老和尚、黃念祖老居士、南懷瑾老居士的著作或語錄。經典方面：金剛經、心經、楞嚴經、壇經，始終是小師的最愛，但是實話實說，只有一句話「似懂非懂」。而這是在遇見陳師姊以前的事，但虧是小師有著這些底子，才能問出那些寫在前一章的內容，也才能辨知真偽，回首前塵，陳師姊的故事不但使小師能確信佛、菩薩的存在，更大的意義是修正小師在輕忽教下的偏頗，進而了解「宗」不離「教」，「教」不離「宗」的佛法原則，也就是說教下的「聞、思、修」、「信、願、行」、「戒、定、慧」，與宗下的「悟後漸修」後入世濟世，不但殊途同歸，也不可偏廢。為什麼？緣者或許會問，小師個人的答案是宗下、教下，乍看之下是有二條路，層次、階段或路徑或有不同，但是如是你看懂小師在前章的事，緣者應知各有作用，而且不論修佛，或是修菩薩、眾羅漢各階聖者都不是一輩子的事，途中缺一，你也濟不了世。況且自古以來禪師及近世禪門正師，莫不宗、教皆通，但又能使禪門不會如史上有所凋敝，流於狂禪邪禪，道理上應是如此，至多只能說宗下、教下各自有所主、從，而不是偏廢才能滿願眾生，「漸」終需一「頓」，「頓」終需「漸修」才是佛法在世間應有的面目。

前文講過，小師在別過陳師姊的時候，除了混日子外，主要還是去書海玩。理由無他，尤其在最近的十幾年，內地佛法有漸興的氣象，很多絕版的佛書及文章是小師未見的，小師便快快樂樂地去玩了，尤其是在今日4G上網的時代，簡直是要什麼有什麼。但是就在這二年，突然想及陳師姊故事中「淨瓶一滴水，分享滿坑滿谷居士，淨瓶水不涸」的那段往事，決定要出這本書後，再加上小師在遇到陳師姊之前，自得一善境，最後有了定奪之後，很奇怪的是功夫自來，才更有信心把這書寫下去。這途中，少不得又需看了些東西及整理消化，想得是怎樣比較有條理又能簡明的告訴緣者，使緣者看完後，能在佛道上開上快速道路，或縱使緣者此生從未接觸佛法，也能按圖索驥，得以入門上路，便能滿了小師之願。

學佛總是要看一些書及文章，小師就將這路程中所看的書，精挑細選的、濃縮再濃縮的選出一些書文，這些書文在網路上唾手可得，緣者自可隨緣盡分選取這些書文看看。若緣者是像小師目前「閒閒美代子」一樣的話，小師推估，全部半年可看完，若從中有個觸機悟入或兼知道「做點功夫」的話，緣者可能已經很真實走上佛道，則自是緣者之幸，亦是小師之幸，而小師後文的述說與解釋也不脫此範圍。這些書籍有：

一、經典方面：

佛說諸經各有其要點，但小師以為最少要讀楞嚴經、六祖壇經、金剛經、心經、圓覺經、法華經。理由如下，楞嚴經中的世界生成，五十陰魔，觀世音菩薩的「耳根圓通法門」中的「動、靜、根、覺、空、滅」的六階段或六結使，會讓你定中修行或悟後修行不會有所偏失、入魔，或得少為足。然後緣者若是也知道點「破楞嚴」的故事與道理，則是更快有機會入般若或實相了。而「楞嚴」、「壇經」是成佛做祖的無上指南，就小師而言，也可說是統一了由教入宗，或釐清教下、宗下實修觀念誤區與指南，怎能不看。金剛經、心經是學般若的濃縮版，而般若是諸佛之母及止觀法門的重要提點與運用，至於其他的經旨皆有其重要性，緣者怎可不知。

二、談唯識的書文：

談唯識的書文很多，不過小師推薦台灣的慧廣法師所著「從無我空到達解脫」這書文，但這書在內地好像是冠以其他法師所著。小師推薦這書理由是，這是本消化過的唯識書，很白話的，才不會迷在唯識學的種種名相中。如果緣者看過「百法明門論」就能直接的看本書，本書可貴之處就在融合楞嚴經中的唯識學，融合「中觀」的「空、假、中」的道理及唯識中的道理來談修行，實在是不可多得的好書，值得一看再看。如果緣者看完本書，還想多看點學術，但是又很白話的東西，小師就推內地林國良的先生的「成唯識論直解」或相關書文讓緣者去過過癮，不過就了解或修行實在性而言，還是慧廣法師這書棒。

三、佛法概說：

淨行法師所著「佛法—解脫的原理和行法」。如果緣者從未接觸佛法，想對佛法有一個快速又比較全面性的掃描，又是能最白話的了解，那麼小師就會推此書文了，甚至如果緣者覺得前面慧廣法師書還是很艱澀的話，看完本文的唯識部分，再回頭去看慧廣法師書就會簡單些，因為它更白話。

四、有關大乘三系：

在了解認識佛法或佛學中最難了解的「唯識學」後，小師想再讓緣者近一步了解「大乘三系」，也就是大乘佛法三大派別。事實上，小師一開始接觸佛法時，雜七雜八的看了很多大堆頭的書文，可是看到最後，總覺得好像差不多，但是好像又有差別，卻又說不出差別在哪，搞得迷迷糊糊的。可是很多法師在講解一部經典或弘法時，或撰寫書文總是環繞著這三大系的名詞、名相或理論來解釋，甚至一部經典內其中本身就有這三大系的蹤影，最後才發現從「空義」的差別或延伸，及進階一點，由佛教「心性論」乃至「佛性論」觀點的演化差別或延伸，便可得知三系之間的差別與整體印象；當然更保險、更周延一點還是要看點中、印佛教育思想史、哲學史或者有關「佛法的流變」的一些文章，緣者就會了解或者就會有新印象被歸類「空宗」、「有宗」，到底空、有各是什麼？或者所謂「大乘三系」到底是個別長的是什麼樣的印象，會較深刻的體會，就不一定去啃那些大堆頭的巨著，而不知其旨真切所云，也就不會像小師當年入佛學之海，看了一堆卻理不出完整的思緒而打結了；進一步言之，不論緣者當初入佛門是師崇何人，或看一些「學者」們的文章，緣者就可了解，或者在整體佛學的主軸有一些印象，那麼在研讀「學者」們文章中的立足點或意趣所在，就不至於盲目的信從，或是影響了緣者的獨立判斷。或者更直白一點說，就不會被牽著鼻子走，或自誤、誤人。為了這些目的及縮短緣者的修學時間，小師在此就推了幾篇較短較明白的文章，也選了一點點較深的文章，不過緣者不必太擔心，深的看不懂就從淺的看，答案是一樣的。總之小師於此就推了幾篇書文讓緣者參考，自行延伸閱讀，而且予以小加分類，當然文章所論及必有重疊性，重疊部分正可相互參照而不失，但是小師的分類是從主題及文章的相關性來分，方便緣者去檢索閱讀方便之用：

(一)有關「空」、「有」意義之別的有：

1、大乘空義：印順法師著。

2、中觀與唯識對「空」的不同見地（「中觀今論」講義節錄）：體方法師著。

3、從「空義」談中觀與唯識：宏印法師著。

4、成佛之道第五章：般若波羅蜜—中觀系，及「中觀今論」空宗與有宗，這二篇文章都是厚觀法師寫的。

(二)原始佛教的有：

1、印度佛教史要略：莊春江先生編著。

2、無我的輪迴—佛教的生死觀：郭朝順先生著。

3、關於緣起思想形成與發展的詮釋學考察：傅偉勳先生著。

4、原始佛教緣起無我語意下的心識論：傅新毅先生著。

5、從「真如緣起」道「法界緣起」的進路—「一心」觀念的確立：黃俊威先生著。

6、佛陀與佛法：那蘭陀長老編著。

(三)有關佛典經論的出處：

1、佛學的組織法第一篇—三藏十二部：星雲大師文集〈佛教叢書一—教理〉

2、佛學概論：姚衛郘先生著。

3、認識阿含經：李領國先生著。

(四)有關批判佛教與大乘非佛說的爭議，小師選六篇：

1、略談大乘佛法是不是佛說：大寂法師著。
2、日本「批判佛教」與「大乘非佛說」，依據「阿含經」論「批判佛教的謬誤：呂貞觀、付方贊先生著。
3、「批判佛教」之批判意趣：周貴華先生著。
4、論「大乘是佛說」的基本理念：淨旻法師著。
5、談印順導師對大乘是佛說之判攝要領：如源法師著。
6、從近代中國對傳統佛教的反思與日本的「批判佛教」看佛教研究的現代意義：楊維中先生著。

(五)有關太虛法師與印順法師的爭議，及太虛、印順法師及新儒家學者對支那內學院歐陽竟無等學者爭議：

1、現代佛學思想系譜之分野：姚彬彬先生著。
2、從太虛大師到印順法師－一個思想史的觀察：侯坤宏先生著。
3、印順長老著述中的真常唯心論：聖嚴法師著。
4、如來藏之研究：印順法師著。
5、印順法師的如來藏思想之研究－印順法師如來藏學及其在對比研究中的特義：賴賢宗先生著。

(六)有關部派佛教有：

1、部派佛教對大乘佛教的影響：羅衡林先生著。
2、部派佛教內的理論分歧：潘桂明先生著。

3、經典的集結與部派佛教討論問題：楊維中先生著（出自善佛教網）。
4、印順導師之部派佛教思想論（一）－三世有與現在有：惠敏法師著。
(七)有關大乘初期有：
1、初期大乘的興起〈印度佛教史第八章初期的大乘佛教〉：聖嚴法師著。
2、初期的「大乘佛教」〈印度佛教思想史第三章〉：清德法師著。
3、初期大乘的集出者〈初期大乘佛教之起源與開展第十五章初期大乘經之集出與持宏：印順法師著，原始的般若法門：同前書、前著者。
4、般若思想的起源與發展：繼如法師著。
5、印順法師對「真實」與「方便」的抉擇與詮釋：侯坤宏先生著。
(八)有關中觀系部分：
1、「中觀今論」空宗與有宗；「成佛之道」第五章：般若波羅蜜－中觀系：這二篇都是厚觀法師著。
2、中觀學的基本觀點：劉嘉誠先生著。
3、龍樹中觀哲學的演變與發展：成建華先生著。
4、略談中觀的學派：演培法師著。
5、中觀學派「空性與絕對」之意義：游芬芳先生著。

6、中觀大意及其在解脫道上對修行人的意義：張志成先生著。
7、三法印與一實相印：呂勝強先生著。
8、龍樹之論空、假、中：吳汝鈞先生著。

(九)有關真常唯心及相關比較有：
1、大乘佛教的如來藏〈以「究竟一乘寶性論」為主〉：同寶法師著。
2、本淨、本寂與本覺—論中國佛教心性論的印度淵源：楊維中先生著。
3、中國真常唯心佛學思想當議：胡曉光先生著。
4、楞嚴經真偽決斷，反駁真常唯心論及神我外道（民49「楞嚴大義今釋頁6～11）及佛法中恆常之體非婆羅門教外道的真常唯心論〈宗鏡錄略講〉二文：南懷瑾先生著。
5、如來藏之研究，第二章如來藏思想探源：莊春江先生著。
6、就「如來藏經」試述「如來藏」原始意蘊：蕭玫先生著。
7、如來藏說三經一論中的如來藏說之內在發展：賴賢宗先生著
8、如來藏與「真常唯心論」：清德法師著。

(十)有關唯識學的部分：
1、中國唯識的舊學與新學；關於印度唯識學的有為依兩分：澄清與闡明；中國二十世紀唯識學研究略析：這

三篇文章都是周貴華先生著。

2、民國年間新舊譯唯識之爭論：聖凱法師著。

3、略論法相義與唯識義之異同；唯識二題當議：二文都是胡曉光先生著。

4、印順導師對新舊譯唯識的定位與評析：陳一標先生著。

5、讀唯識新舊二譯不同論後的一點意見：守培法師著。

6、唯識名詞白話新解：于凌波居士著。

7、佛教對「心」的理論發展：中道佛教會著。

8、玄奘新譯與真諦舊譯兩者唯識要義之比較：慧仁法師著。

9、準確把握唯識學－「全國佛教院校教師研修班」講座：林國良先生著。

10、「唯識研究」(第一輯)弁言：劉連朋先生著。

11、「法相」與「唯識」何以分宗？－試論「唯識、法相分宗說」在歐陽竟無佛學思想中的奠基地位：張志強先生著。

(十一) 心性論(佛性論有關)：

1、印度佛教心論佛教思想概述；簡論中印度佛教心性思想之同異，及中國佛教「心性論」研探二篇。這些文章都是方立天先生著。

2、中國佛教心性論評述：恆毓先生著。

3、論中國教佛的「心」、「性」概論與心性問題；論中國教佛心性本體論的特質：楊維中先生著。

4、中國真常唯心佛學思想當議：胡曉光先生著。

5、佛教從般若到如來藏、佛性思想的發展及意義：蔡宏先生著。

6、人心、佛性與解說—中國禪宗心性論探源：洪修平先生著。

7、從道生「佛性論」到惠能「見性成佛」論之探析：純曉先生著。

（十二）佛法的流變

1、緣起論的源流、發展與比較：林欣先生著。

2、佛法的流變：顯如法師著。

3、史觀佛法的流變：大願法師著。

4、中國佛教史要義；佛教「空」義解析：方立天先生著。

5、原始佛教與大乘信仰的差異：（Slake）先生，（Slake 講于台灣成功大學，2005/11/16，月圓夜（安般節）

（十三）史學類：小師本想再推一些什麼禪宗史、佛教史或佛教哲學史、思想史之類的，但後來想及一來一般緣者大概不會觸及，二來前面的文章是小師從數百篇的文章中挑選出來的，而且以分類應已足夠。同時對這些文章有足夠了解涉及的史實了所以應不用小師再推了。換言之，小師預設一般的緣者，該不是小師所認為的「大字輩」了，以這些文章足夠您消化了，但如果緣者是大師級，那自然會知怎麼辨的。

(十四) 文抄語錄：小師只推廣欽老和尚及印光法師的，理由通俗易懂。

(十五) 有關禪修的身心變化：

1、因是子靜坐禪定全法：蔣維喬先生著。

2、我也來談禪：管見先生著。

這二本書是講修禪定所引發的身心變化難得的見證之書，前者從修習止觀到藏密歷程中的身心變化；後者自稱是在修習「四禪八定」中的身心變化。

3、「禪宗行者開悟的次第」：善祥比丘（俗名張玄祥居士）著，此文中有引述一些開悟後身心變化，及引述「月溪法師」開悟後的身心變化。

(十六) 有關金剛經與六祖壇經：

1、金剛經的無相境界：杜保瑞先生著。

2、金剛經要義及如何利用金剛經修行：信堅先生著。

3、金剛經的理論與修行法門：慧昭法師著。

4、月溪法師講金剛經釋要：月溪法師著。

5、禪宗思想問答—金剛經問題集：界靜（仁寬法師）著。

6、六祖壇經的思想：聖嚴法師著。
7、歷代文獻中的惠能「心性」思想探究：張國一先生著。
8、壇經禪法思想略析：楊曾文先生著。
9、論「壇經」禪學思想對般若與佛性的會通：戴傳江先生著。
10、六祖壇經的基本架構與禪法思想：法緣法師編著。
11、六祖的「三無」和「三三昧」：楊佛興居士講述。
12、活在當下—惠能的圓頓禪法：王開府先生著。

（十七）有關「悟」與「修」：因涉及實修，所以相關文章甚為重要，所以已隨文附錄，此不加贅列。

（十八）推薦及搜文有關的二個網址：

1、「如說修行—網上佛學院」：有關前文精解即「真心直說精解」與「修心訣精解」二文皆湛然註釋。另外有關此作者兩篇文章「覺知禪」及「心、自性、如來藏」二文亦為重要。

2、法爾禪修中心：善祥法師（俗名張玄祥先生）所建網站，「覺照」是悟後重要實修法門，但理路仍要清明。在這網站，善祥法師有「開悟後用功行」一文及系列文章引各種禪門公案解釋「牧牛（修心）」的理路與可能歧誤之處也值得緣者參考。

（十九）重要說明：

1、開悟方法論：月溪法師著述極豐，但小師必並沒有要緣者去讀這些書。小師要提醒緣者的是在早期小師蒐集到有關月溪法師的結緣書，不論何書，在書的前文或書的內容，一定有附上其用功開悟的方法及其理論說明的簡表，並在書中舉出錯誤的用功方法，此外，亦會列出如何用六根或專注力破「無始無明」等主要且簡明架構與說明。這主要用功方法及架構說明是為其他大師或佛書所沒有的，小師初得一善境，實因此師之述，若緣者能配合後列滌華禪師有關文章參照，自然有得，所以小師於此力薦。因其用功方法及理論說明的簡明架構，小師無以名之，故權稱為「開悟方法論」，但不是說月溪法師著有此一書。有關細節當在後文述之。

2、「心經註解」、「金剛經註解」：滌華禪師。與之相關有「滌華禪師行略」（滌華法師弟子編輯）。其中小師以為先看「心經註解」及「滌華禪師行略」，再看「金剛經註解」才不會不懂。同時「心經註解」及「行略」二文已載有其悟後用功的方法及修持程度的見解，悟後修行的緣者，當可自勘程度為何，否則不外是騙人騙己而已。

第二節 學佛的幾點說明提醒

小師想在依己一點心得簡易的討論大乘三系之前，針對學佛二十幾年來的所見及有關的一些事項提出一點看法。這些道理，依理恐怕是有些佛家「大」字輩，也就是大法師、大居士、大學者不便說、不忍說、不肯說或不要說的事。因為佛法八萬四千法門，每人程度、業緣各有不同，反正華嚴世界，只要一心向佛，終會冷暖自知，有真實入門的。但小師畢竟是小師，想來說一說，因為小師自認沒有「大」字輩的一些顧忌，說說也許會便緣者少走些冤枉路，是可「冷暖自知」的，可以自勘，不需與人爭論。

一、參看次序與「近似佛法」：

小師所列供給緣者的參考文章，多少是有路徑或次第，如緣者對教史或學術性的東西實在沒興趣，至少也該從前列（六）文鈔、語錄看起，才不致偏邪，也就是學佛少不得從「聞、思、修」下手。小師會有這些感嘆是因為小師這一路走來看過不少中國兩岸三地內的亂象，而且現為僧、俗的情況皆有之，其徒眾亦是成千上萬，有些甚至海內外皆有道場，徒眾上百萬皆有，從XX無上師、至XX活佛、至XX居士、XX功，將一些氣功或靈動包裝成禪功、佛法皆有，究其原因除了對「近似佛法」的問題未了解，還有種種成因，真的是欲辯也難。而這些道場或其有關書籍，小師一路走來或多或少也去看過，甚至也看過不少爭議、糾紛的資料，是現在年輕的緣者未能見及的，但是在當年可是風雨一場，對此問題，小師撓撓後腦杓，想了想就提出兩個意見，供緣者參考：

(一)培養正法基礎：

多看百年或近一甲子高僧大德的著述或行持的書文，就能看清亂象或「近似佛法」的問題。小師以為在一甲子前，無論何種法門，不論僧俗，要找部經書或者特別想聽部經書的講演，恐怕是要翻山越嶺，舟車勞頓的才能領受。但時至今日，4G上網時代，兩岸三地多少高僧大德、居士是一生言行無虧的，無半點爭議的。取其著作影音觀之，細想之，是極其容易的，是前人多麼夢寐以求的事，簡直是有若大菩薩、大羅漢現場家教一般，若緣者再看其一生行持，這樣的一點培養、厚植，緣者就會對就算外表「九十九分像」的「近似佛法」，及一些社會亂象成竹在胸，不為迷惑了；進一步再言，就算緣者跟小師一樣是龜毛挑剔者，自可從中再選出「成道者」或「公認者」看看其著述及一生行持，緣者就會發現這些大師級的人物，不論其生前是否渺小，死後一定會留點「化跡」，包括一些舍利、不壞肉身及著述與緣者結緣，見證佛法之偉大，這是其他宗教所不及之處。事實上，小師當年就是這麼幹的，是從這些成道者著述入手，因為小師認為佛法雖難，仍是想徹底了解，縱費時、費心但也比賠上一生慧命於無謂是非之中。

(二)佛家正法的反指標：

如果緣者能認同前文所述「成道者」的著述及行持這一理路與標準，那麼小師就可進一步的告訴緣者，可以看清楚這些佛門亂象的一些反指標，無論緣者覺得外在看起來多麼像，成學問如何豐碩或徒眾萬千，凡有：

1、奇裝異服者不是。

2、要其信眾對其自我崇拜者不是。
3、亂現神通者不是，或以神通聚眾者不是。
4、生前自稱菩薩、羅漢、活佛者不是。
5、居士身攻訐或挑釁佛門耆宿者不是。
6、干犯世法者不是。
7、倒終為始者不是(這裡就是說把解脫境界者當成自己所誤解、誤知為自在者境界之不是，如邪禪、狂禪者)。
8、貪戀俗世任一物者不是。
9、爭議過多、過大者不是。

不是什麼？！不是佛門「正知、正見」，不是對修持理路明瞭的，小師有這些淺見，是因從古至今的祖師大德著述，持身領略來的。

二、本書不論淨、密

小師書中不談念佛法及密宗，不是說沒有或沒用，而是念佛法門，終究是要到「念佛之心」與「念佛之號」中，兩相歇息才知道什麼是「實相念佛」，從中悟入，方得悟入、入門，與小師書中理路並無二致，是以不論。至於密宗，小師早年曾請教陳師姊，她的回答是「多走冤枉路」，而且她預示將來密宗會更盛行，理由是密宗裡頭有些法門，讓末法芸芸眾生「求財得財」、「求子得子」，反而會耽誤得佛正見，反而「多走冤枉路」。後來小師也看些密宗書籍，也看了一些陳建民瑜珈士的著作，方知密宗多點名相、光影與儀軌外，其所談的大手印與大圓滿，與顯教的中觀，禪宗的理路終究相同，也與本書別無二致。至於真修道人所謂「金剛喻定」，成大菩薩或成佛時，又何須小師在此絮論呢？因此小師不論。

三、「教」、「宗」相通之必要：

學佛與佛學是不同的，但是仍須有教下，研習佛法自然要看「大」字輩的東西。也就是說學術對傳遞、解析佛法自然有功，也就是「佛學」還是必要的，或「教下」的是必要的。徐恆志老居士就在其著述「般若花」中說教理是實踐（實修）的指南，教理是從實踐中提煉出來，為了使我們在實踐中不致盲目。小師也覺得經「聞、思、修」、「戒、定、慧」、「信、願、行」，在悟後擇一門深入是最穩。這道理不難理解，不說別的，緣者沒見過楞嚴經的「五十陰魔」，緣者打坐入定會打得穩？不知觀世音「耳根圓通法門」的「動、靜、空、覺、空、滅」，緣者的「悟後漸修」能走的理路清明？答案是不可能的。甚至小師在此就「信、願、行」的「願」字，也要發露懺悔一下：在小師學佛初期，看了一段教下的著述後，開始多看宗下一些東西，大概是因為這樣，腦袋中固然裝滿了「願」是成佛根本，但心中還是多少認為「願」就像商品的廣告，是佛門的「招攬」廣告般，或是菩薩門的「招攬」廣告，了不起是種志趣的提醒，但不是應該像禪門者和和尚說的「老僧心中，無此閒家俱」才是對嗎？後來遇見陳師姊後告訴我前章「願」有「不退轉」的功用，後來上網一查果然在大乘本生心地觀經第七卷中載有「復次，善男子！一切菩薩復有四願，成熟有情住持三寶，經大劫海『終不退轉』。云何為四？一者誓度一切眾生，二者誓斷一切煩惱，三者誓學一切法門，四者誓證一切佛果。善男子！如是四法，大小菩薩皆應修學，三世菩薩所學處故。」小師不得不心頭一驚，諸疑併消，乖乖發願了事。在另一方面，不可否認，教下名相，法門眾多，簡直是多如牛毛，有時簡直是進到五里霧中，後來耐心的看下去，看到實修者的一些東西，才知不僅佛經本來就藏有一些「功夫」。甚至教理，諸如「三法印」，「無我、涅槃」，也是功夫階段，甚至「空、假、中」、唯識的「無我、法空」也都是功夫。說它是功夫，就像緣者練武術、練氣功一樣是要蹲馬步、打木樁、練氣、接氣一樣，是時時在「心地上」做功夫，因此，才確立「教下終需一悟，悟後終需如教下漸修」此一理路。

四、談氣功與中脈問題：

氣功治己病、他人病是「好」，甚至到所謂「開發人體潛能」沒什麼不好。問題是很多人把佛法包裝成「XX 禪功」或是「XX 功」，以為這樣就是修佛，可能有問題了。原因是佛門中只求「好」事，也是執著，終究是落得人天福報。這裡，小師還是用徐志恆居士「般若花」一段話來說明比較快。徐老居士說：「要注意定慧修持與氣功的區別，隨著時代的進展，氣功似已成為當前熱門的話題，也有人把佛教的禪定功夫，看成高級氣功。實際上，一般氣功的吐納引導和佛教的定義慧修持，原是二事。大體來說：氣功和佛教的坐禪，前者重於保健益壽和調動人體潛能，後者著重於明心見性、斷惑證真，因為佛教認為『四大苦空、五陰無我』，如果一味執著於肉身、軀殼，最終不但會落空，而且會增長我見和身執，不能完成戒、定、慧的三無漏學的修持。雖然佛教在修習禪定和藏密無上瑜珈各層次的修持過程中，有一些調身、調息的方法，不僅有防止禪病發生，促使長壽健康的作用，而且發生種種特異功能的效應，但這不過是修習禪、密功夫的初級階段和副產品。只有止觀並通過理事雙修，斷除我、法二執，開發本具智能，解脫生死流轉，成就無上覺道，才是學佛的真正目的。」小師想這一段話就說明白了。但小師還要補述一段話，緣者可能會問，打坐、習定的過程是否有三脈七輪的問題或現象？小師的答案是一定有，但不用理會，不管它便是。因為緣者若看過一零三歲葉曼女士的自述文章，她沒有一日習過氣功，已近五十高齡習佛，仍然開了任督二脈。小師雖然走的不是她的路子，但也從來沒學一日氣功，照樣通了任督二脈，所以小師對通中脈的看法跟她是一樣的，「功到自然成的」。隨緣再帶一語，年輕時，小師也去個地方玩過「助開中脈」的遊戲，小師給開過之後，結果什麼事都沒發生，當然緣者也可學蔣維喬先生一樣，去練開中脈、頂輪，只是小師要問，如果開完，出去的是個髒髒的「意生身」又有何益呢？緣者或要問，習氣功真與學佛無關或有涇渭之別嗎？小師的答案，也未必是，小師還記得陳師姊的一段話：「無論何種法門或外道，他懂得像佛門般用佛門方法在心地下功夫，那麼他就是在修習佛道了，也終必成佛道。」

五、大乘非佛說：

就算要略談大乘非佛說，仍不是小師在這本書的旨趣或討論範圍，原因為何？除了事涉太廣，不僅涉及大、小乘的爭議，幾次集經、原始部派的討論，及大乘佛教興起源流乃至近年日本「批判佛教」的問題。小師認為那是「大」字輩的事，如果緣者有興趣要了解較簡明的內容，小師推薦以下三文：「初期大乘佛教之起源與開展：長慈法師著」、「略談大乘佛教是不是佛說：大寂法師著」、「日本『批判佛教』與『大乘非佛說』－依據『阿含經』論『批判佛教』

的謬誤：吳真觀、付方贊先生著」，就可一窺堂奧。既然那些不干小師的事，為何小師還硬要插一插嘴呢？那就是如果緣者只是「望文生義」的話，的確是會對初進佛門的緣者造成一些困擾。比如說小師就見過一些佛堂的信眾會問：那我們在學什麼呢？年輕的網友也據一些資料，在網路論壇爭論不休。老實說，小師當年在初看到這個題目時，也一楞一楞的，有著一般緣者的疑問，但隨即一轉念，先不說小師遇上陳師姊的事，心中想著的是，若說居士學佛遇上僧侶、法師，可說是一般般的碰上專業的，而論佛門法師中若是明星級的，如兩岸三地百年肉身成道者，就不知凡幾。試問中國古今，這些成道者學的是什麼？就是「非佛說」的大乘，那我們這些小居士們還需擔心什麼？進一步而言，宣化上人曾說：「楞嚴經不滅、佛法不滅」，台灣的廣欽老和尚也在語錄說：「我要去就去，要來就來」，因此小師個人在越老時更相信無論緣者讀書多少，只要夠誠心，人世間自有大、小菩薩、羅漢來教你的，何必把一些只能用識心窺知佛法、舞文弄墨、自以為很學術的東西放心上呢？小師也敢斷言只是在此糾纏是入不了佛家「實修」之門的。

六、「青青翠竹」之爭議：

「青青翠竹，盡是法身，鬱鬱黃花無非般若」：最早講這話的人，小師見過但忘了，但近代月溪法師證悟之後也講了類似這樣的話。同樣的這話，如果翻成白話說，早在「指月錄」上有個小僧就問慧忠國師這般話說：「是不是邪說？」慧忠國師就回答了這句話的意義是「普賢、文殊的境界，不是凡夫、小乘所能信解而接受的，這句話全部與大乘了義經相符合。華嚴經說：「佛的法身充滿法界，隨因緣感應示現於一切眾生前，沒有不周全，但還是恆處在菩提座上。翠竹既不出於法界，難道不是法身嗎？」又般若經說：「色無邊故般若亦無邊」，黃花不超越色，所以黃花豈不是般若嗎？意義深遠的話，不省悟的人難於了解其意義的。但大珠慧海和尚卻認為「這樣講是不對的」，大珠和尚說：「馬鳴祖師說：『所言法者，謂眾生心，若心生，故一切法生，若心無生，法無從生，亦無名字。』」癡迷不悟的人不知法身是沒有形象的，只是隨因緣顯現，於是就說「青青翠竹總是法身，鬱鬱黃花無非般若，黃花如果是般若，般若就該是無情的物質，如果翠竹是法身，法身就如同草木，那麼人吃筍，應該就是在吃法身了。」這段話如果從識心學佛的來看問題是在「翠竹既不出法界，難道不是法身嗎？」這句話上。因此，小師見過心物是同源，或是心物是同一，或者用空有不二來解，但是「空有不二，就是一？」還是在論「空有不二又非一？」，也見過法師為文怕緣者誤解而力說「物若是真心，則物也可成佛」來澄清一些觀念。物當然不能成佛，但小師當年還是有傻傻問了陳師姊這一問題，師姊很肯定地說：「這人世間，是人的福報或業報地，因此人吃五穀雜糧不是吃法身，但是農夫因之或有殺蟲之業，所以要感恩。」那這問題怎樣回答才恰當，小師覺得恐怕要如天衣義懷受其師雪竇重顯問到「肯定不對，否定也不對，肯定否定都不對時，你怎麼辦？」義懷正要回話，就遭棒打，反覆多次，不得契悟。某日晨起義懷自寺外挑水回來途中，扁擔從中而斷而大悟，而扁擔從中而斷意味：「兩頭具截斷」及「離有無二見」不起對立分別之心，空無所得的「中道觀」或者如近代高僧宣化上人在解釋這個「翠竹、黃花」問題時，用萬物皆在說法的道理解說，意思是善人給你說善人的因果法，惡人給你說惡人的因果法，牛給你說牛的因果法，馬給你說馬的因果法…」最後歸結到「翠竹、黃花」問題應當如是觀。明白了，就放下了，不明白，就執著了。

七、真正佛法：

小師相信三藏十二部經，八萬四千法門，真明道的禪師、法師最後都是如指指月，這個月是什麼？暫且稱之為「一法不立」，什麼叫一法不立，淨空法師在淨土大經科註第63集中說得好，小師抄一下：他老人家說：「我們自性清淨心裡頭有沒有佛法？給諸位說沒有，自性清淨心裡頭一法不立。因為眾生執著有世間法，佛就用一個出世間法來對治你，來應對。你把世間法放下，佛法就沒有了；如果執著還有佛法，你又錯了。二邊不立，中道不存，中道也沒有。二邊不立，還抓著一個中道，不又立一邊了嗎？又錯了，還是有執著。連那個執著也不執著了，叫真乾淨，心裡頭一念不生，什麼法都沒有，那叫契入自性，那叫證得真如。這些都是假名，不能執著，一執著就錯了。不執著就對了，執著就錯了。道是幫助你證入的方法，就像過河，我們用個船幫助你過渡，到達彼岸了，你一定要把船捨掉，你要不捨掉你到不了彼岸。沒有到彼岸，它很管用，用佛法幫助你到達彼岸，到了彼岸，佛法就沒用了。這個道理不能不懂」小師這裡接著補述一下淨空法師這裡說的「法」，這個字，緣者見得到、想得到、說得出的都是，而「一法不立」是沒有這些東西的，所以在「定」中的一切身心變化，還是要不理的、不管它的，否則就是著相、執著了，至於一法不立，長著什麼樣子，小師後文勉力述之，緣者耐心續觀就是了。

八、陳師姊心中錄音機的由來及對小師的最後叮囑：

小師行文至此，突憶起有關前文陳師姊的一些事，這裡就向緣者交代一下：

(一) 陳師姊最初學佛時是用一聲佛號、一個跪拜禮佛的，是否因此動感佛菩薩讓她看了上、下集，小師實所不知。

但看這上、下集是小師當年遇見陳師姊前一、二年的事，她記憶甚是新鮮與清楚，惜當年小師雖摸了一些佛書，不及今日比較通達的一半，要不當年問得可能會多很多，但一切自有因緣，不是嗎？另外行文至此，甚至書成之日，陳師姊皆不知小師有意將其故事成書，特此先告緣者。

（二）前文提到陳師姊與小師心中皆有部錄音機，陳師姊的那部有大悲咒與佛號，小師的只有佛號，陳師姊的大悲咒與佛號有多響小師不知，但她曾經說過有時候在山中打坐，覺得佛號響徹山谷。但小師情況一樣，有時關不掉，只是小師的錄音機常愛響不響的，只知道有時看佛文時會響，緊張會響，入靜時會響，寫書時會響，有時不知為何會響，有時睡起時發現它在響，有時注意了才知它在響，有時靜想事情也在響，不干擾思緒，但大小聲不一定，大聲時就像你聽到三尺之外的錄音機，小聲時你只知道它是在響了，但小師從不管它響或不響。也許緣者心中也可有部錄音機或念佛機，以下小師就說小師心中錄音機怎麼來的：當年小師在跟陳師姊聊上、下集的時候，不知怎麼的就聊到念佛時，當時小師記得的是她說：「你睡前念佛，唸到睡著了，就可把佛號打入潛意識了。」小師也不知其真實意思，但就抱著姑且一試的心理，於是睡前有時躲在被窩裡大聲念，唸到自己睡著，有時很睏了或是體力不支了，就嘴裡喃喃念著，反正就唸到不知不覺中就睡著了。就這樣搞了二、三個星期，小師心中就有了這部錄音機，從那時至今，情況就如前文所述那樣，就算日子過得再混，它還是久久會響一下，因此小師平日不念佛只背誦大悲咒，於此就完整的分享給緣者。小師提這一段是想讓緣者知道小師錄音機的由來與方法，也許緣者也可以試一試，但是小師先聲明在先，小師在遇見陳師姊之前自得一「善境」，因此，這方法對緣者管不管用，小師實屬不知，只當作小師從陳師姊處得一善法，分享緣者，緣者若有成者，自可推廣之。

(三) 就在小師決意行文之前，小師曾故意揣了一個佛法，一個很深的「名相」去「盧」(台語、煩擾的意思)了陳師姊，希望得知其看法。陳師姊講了很多，包括其近日之事，但小師卻覺得不太切中要點，於是小師繼續盧下去，最後陳師姊才講了：「才知道你們讀書人是這樣」，反而在小師要驅車離開時，靠近車窗前很謹慎地告訴小師：「要忘掉她告訴我所有的一切，一切歸零」，小師其實是有醒的，知曉師姊想說的是什麼，回程至今，憶起還是滿滿的感激。只是小師不知緣者看到小師這一段是否有醒嗎？

第三節 大乘三系的簡述

在簡論之前小師有些話不得不說，因此需要於此向緣者再交代一番：

一、不拘門派獨立思考：

小師認為要論述一個問題或相關的問題，總是要能有比較全面的了解，才不會囿入某一篇文章或因師出何門而有一定偏頗，影響緣者獨立思考、判斷或思想的啟發。另外，又思及緣者看完全篇不能掌握核心，於是有了論述時主要文章的編排，而這些文章就在「大家看好書」那一節中第四點那些分類文章，若緣者覺得小師於後論的不詳或不確之處自可去尋那些文章參看，或據以發源，再做探索，相信會自有定奪及豐收之處。

二、深入淺出：

為使緣者比較方便理解，尤其是讓不能完整尋獲前列書文的緣者了解，也為了小師撰寫方便，小師想用比較融會貫通、比較簡明，配合問題導向式的論述，用較不學術，且條列式表述。而所指稱與述及學者大體前列文有附，無附者會將文章指出供緣者探究。總之有點深入淺出的讓緣者知道，要緣者看得懂就好了，也請緣者這樣看下去就是了。

三、主客觀分立，由總體再個體了解：

在看那些大人的文章，或者小師以下的論述時，小師有個良心的建議，就是緣者可試著釐清論述者客觀及主觀論述部分，那麼你對佛法的演進可能就有一種比較寬宏及宏觀的了解，而不會囿於一宗一派的了解，同時也不會失去佛法流傳至今，又能尋思及掌握其精義所在。而小師認為對緣者而言，領略所謂「正確的佛法及精義」是重要的，如此就不會迷失在學海裡，也不至於人云亦云，而增加自己的執著。小師在此只能給緣者在「佛法的流變」中建立一個比較整體的印象，然後再論述一點，但不再深論其他，這是緣者要先能了解。在了解這些後，小師於下開始論述：

(一) 大乘三系之判定：

大乘三系「性空唯名論」（中觀系）、「虛妄唯識」（法相唯識系或唯識系）、「真常唯識論」（如來藏說），印順法師參考其師太虛對大乘三系的判定看法在其所著「印度之佛教」及「印度佛教思想史」判大乘有此三系。

(二) 大乘三系之相關爭議：

但是對大乘三系的看法及研究方法、目的不同，包括三系存在與否或其重要性的重點應側重哪系？或者說哪一系比較符合印度佛學正統？或者說側重哪系有何缺失？從楊仁山居士開創金陵刻經處後所主持的刻經與興學事業復興近代佛學後，近百年間使佛教界及學術界不斷爭議於其中。包含：

1、數次的太虛與印順法師的「無諍之辯」。

2、以「大乘起信論」真偽為核心，使太虛法師與以歐陽竟無為首堅信「大乘起信論」是「偽經偽教」的支那內學院之間的論爭，與新儒家熊十力，牟宗三與內學院的呂澂的論爭。

3、也包括了在一九七九年日本佛教界曹洞宗對部落民歧視所引發的事件，所應緣而生的「批判佛教」，最初將批判矛頭指向日本的大乘佛教，稍後則波及中國傳統佛教，以及大乘佛教。也就是說間接的引發了中國學者對日本「批判佛教」及相關「大乘非佛說」的論爭。

4、就這些「大人」們的爭議，小師摸摸額頭冒出來的汗跡，想想這些人物，都是小師年輕求學時期老師的老師，其輩分及治學嚴謹之程度，不是小師或緣者能想像與比擬的，因此小師不敢也沒有那個份量去議論。反正大人事大人會解決，最好遵循大人吵架，小孩靠邊看的古訓，先看再說，倒是這裡小師可以先小小簡略提及告訴緣者：

⑴就太虛、印順間的「無諍之辯」：主要在大乘三系的出現時間上及應側重何系上有所差異。基本上太虛法師認為以出現次序，印度及中國都是真常唯心系先，再次才是中觀與唯識系。而印順法師則從三系有關經論的出現考據與出現次序或龍樹兼論其利弊也在此次爭論之內。

⑵就太虛法師與支那學院歐陽竟無其弟子呂澂等爭論表面上是對「大乘起信論」真偽之爭，但骨子裡因

為「起信論」是中國天台、華嚴、禪、淨諸宗依其義理所建立宗派，而「起信論」也是屬「真常唯心系」的重要經典，否定它就可全盤否定中國佛教乃至東南亞佛教的正統性。因此「支那內學院」藉著論證「起信論」是「偽經、偽教」表面上是進而推崇玄奘一系的唯識學，希望中國佛教能回歸與符合印度唯識學的發展進路上。但效果或目的上實在等同於殲滅中國佛教及東亞的佛教。而太虛法師當然是持與「內學院」不同的看法，而新儒家與呂澂之諍可說是這波爭議之餘波而已。

(3)至於原來起源於日本佛教界曹洞宗歧視部落民事件，所興起的「批判佛教」的爭議，原來僅是日本佛教界的事。但是日本學者從檢討與反省此事件，進而檢討日本「和」中歧視的文化思想，再進而歸納「和」的思想、來源自中國教佛教的「真常唯心系」的思想，因而興起「批判佛教」思潮，其企圖包含前文所指支那內學院與太虛法師之爭的目的，但其目的範圍更大，大到連中國唯識也想一併掃除，想滅除整個漢藏佛教、真常唯心系統，乃至大乘三系都是「非佛說」，影響所及可見一斑。因為此「批判佛教思潮」當時引起美、日及國內佛教界及學術界重視，不免中國學者對之爭論。基本上「批判佛教」認為「如來藏」思想是偽佛教，因為它違背二個佛教基本教義「緣起」與「無我」，認定帶有「神我思想」是偽佛教，而影響所及日本佛教界持有「大乘非佛說」的一支勢力也擴展，因而引起中國佛教界及學術界的反擊。

(4)中國佛教界或學界的反擊，以小師見過有的從日本學者理論體系的矛盾或哲學思想邏輯上的瑕疵著手，也有從「如來藏系」的思想不等同日本「批判佛教」所認定的是「基體論」著手，也有從大乘佛教出自佛口，但非從「阿含經」而來，（比如說認佛陀時代本有般若思想）著手論證大乘是佛說；也有直接從「雜阿含」及四阿含中論及佛本有神異之能，可以在天上人間廣談各經，因之而流傳，或其中本有說及佛所知正法，未必在阿含經為弟子說著手來論述大乘是佛說。也有從修證角度來著手說明大乘是佛說，也有學者直接引阿含經有關「六見處」條文與法義來說明「見道位」以上的佛弟子對六見處的親證是有「我」的來著手。總之，不一而足，部分文章前文小師有列，緣者自可參閱。不過小師認為對此問題或相關問題，在此先持開放的態度，先不做論述，但認為還是先從整體佛學的演進來看，才不會有遽判的失誤及影響緣者的思路及觀察。

(三) 原始佛教：

有關原始佛教是指部派未分裂之前，佛法所流傳的狀態，通常是指二次阿含集結佛經之前的狀態，緣者一般需了解的有：

1、阿含經是由口誦、記憶流傳，一直至西元前一世紀至西元前150年間，先巴利文，後由梵文寫成文字，其中「雜阿含經」與「巴利五部」中「相應部」的經典為現今研究「阿含經」最為接近原始型態。但這些經典，因為歷經了部派分立的時代，可說是各部派傳承下來的綜合體。而據「大人」的說法，在釋尊在世時，初期先有諷誦、自說、契經的傳誦，中後期才有九分教、十二分教分類的成形，這些經典是釋尊四十多年教導的核心，也就是阿含經的雛型。而「修多羅」（經：佛、佛弟子說法）、「祇夜」（經文的憶誦）、「記說」（法深義的解說），是九分、十二分教最初的三分，與漢譯「雜阿含經」、南傳巴利語的相應部相當。而此中又有大人研究九分教或十分教中的「方廣經」是「梵網經」、「幻網經」、「大空經」、「小空經」……算是「甚深空相緣起」的大經。到了大乘時期就以「般若波羅蜜經」、「六波羅蜜經」、「法華經」等大乘經取代了。而「阿含經」的阿含意思是指「輾轉傳來」也有傳授傳承的意思。

小師之所以將大人們研究成果拼拼湊湊出前文這一段意思就是「雜阿含」或「四阿含」也好，其實是一段長時動態增補的過程，不是一次集結成今日我們所見的「雜阿含」或「四阿含」，因此大人們的研究多以「雜阿含」為始，但引述的經文及文義的解釋又恐是個人意見不同而造成分歧之始。甚至現傳漢譯「雜阿含經」，結構品目秩序，也是近人呂澂及印順法師才能品目分明，卷次有序，這些是緣者須先行了解的一部份。

2、一般而言，佛陀為了使眾生命解脫於業緣、輪迴大海，而且反對當時印度對生命「斷」、「常」二見，也就是死後虛無或死後若能解脫歸常、樂、我、淨的梵天（神我）思想，若不能解脫，就再有一自我再入輪迴。因此我佛如實的、樸素的提出「緣起」中道（戒、定、慧三學）思想，接著提出「苦、集、滅、道」四聖諦，八正道等基本道理，再進而要眾生了解「十二緣起」要破無明（我見），要離愛、取與染著意欲的道理，從而鼓勵從了解或體會自身心五蘊色（物質）、受（情緒）、想（想像）、行（意志）、識（覺知），與眼、耳、鼻、舌、身、意等這些身心活動的基本下手，或進而修行四念處、七覺支、正定等方法，離欲、取、我執，從中確立，安住在這些道理、方法與修學次第，就能趣向涅槃（先知法住、後知涅槃）。而這些道理方法，修學次第都是要自行實踐、奉行的，所以說不管緣生的道理有多深、涅槃的狀況有多難解，佛陀給弟子的修行、教誨、都是從自己的身心體會就可了解或修行的。而上敘的內容，有大人說主要思想在：

(1) 以觀察、體會「五蘊」破我及我所執：如「雜阿含經」第九經言：「爾時世尊告識比丘：色無常，無常即苦，苦即非我，非我者亦非我所，如是觀者，各真實正觀。如是受想行識無常，無常即苦，苦即非我，非我者亦非我所，如是觀者名真實觀。

(2) 以「四諦」、「十二因緣」破「常」、破「我」，彰顯「緣生義」、「業感緣起義」與「還滅涅槃義」。

(3) 有些大人們研究原始佛法時，在討論或參考「輪迴」的因素，會論及「無我」怎麼輪迴，有時會讓一般通俗佛教弟子，以為「無我」是原始佛教精義或原始佛法的中心，其實恐怕是一種誤解。因為現存所見的聖典如前文所敘是個「部派綜合體」，各部派所傳，有時會捨去原始佛教的立場，而採用自部的立場。至於用「無常、無我、涅槃寂滅」稱為三法印是龍樹論師在「大智度論」所提出的意見，是大乘菩薩道的見解，以此見解直接解釋原始佛教或直接認為原始佛法的中心並不確當，也就是說以「緣起無我」為佛法中心是大乘佛法或後世部派（後世所稱「一切有部」）中的見解較為妥當。另外，有些學者指出原始佛法最初佛陀僅提出樸素的「緣起說」及「苦、集、滅、道」四聖諦以啟發弟子實修，對實修以外的情事較不側重。或因如此，事實上在原始佛法中佛陀對佛弟子或外道，超出身心可體驗的範圍都不回答，因為那跟解脫的梵行無關，這就是「十四無記」的由來；另外亦在「阿含經」有個故事是說佛弟子問是不是「識」在輪迴，就被佛陀喝斥。不過小師對「無我」怎麼在六道輪迴有點興趣，就在此提一下：基本上小師在看過一些大人的文章後，小師認為這個問題可能要從佛陀的角度去看，亦即緣起中道：(1)不斷、不常、(2)無我或非我的定義（我：單一、不變（常）、主宰）、(3)色、心的無常、(4)無邊的業、緣大海、(5)去除我執、趣向涅槃的目的一起才會有個抽象或印象或答案。因為在佛陀非我或無我的定義下，並不妨礙我們一般人所認知「我」的想法乃至自由意志的存在，只是佛陀提醒一般人認知的「我」可能是錯誤的或不必需的。在這種定義及相關因素考慮下，世人所認為的「我」是色、心無常，其實只是不斷變動的身心綜合體，而且也是業、緣大海支配下不斷的變動體。但人總是因我執而造業，不懂得在輪迴的業、緣中止息，不斷的生死，不知如何不再受業輪迴牽引而枉受輪迴，在此狀況下，緣者就算要問出沒輪迴之間的主體是什麼，恐怕也是一種「緣生」、「緣滅體」或「受報體」。至於有關的譬喻，小師見過火把將火點到其他火把及其他的比喻，不過，印象最深的是「撞球理論」，一顆黑球衝撞另一顆黑球，另一顆黑球就會向前奔去，衝撞的力量就是業力，而二顆黑球就是不同時間輪迴中的「你」，那麼這種「你」的「我」，又是什麼東西？有些大人在檢視「阿含經」後說是「意識流」、「香陰」、「中陰身」或後世其他部派的概念來解釋，因為這顆球到底是什麼？

事實上「佛陀」並沒有說（十四無記）。只是小師相信吾人去除我執及法執後能趣入涅槃後是「無我」的，甚至連「無我」的概念都沒有，也就是佛陀只想解釋修行解脫給一般眾生，而不想說這些複雜想法或知見，引起眾生不必要的困擾或知見。

(4)心性方面：方立天先生的意見，此時期談到了五蘊（色、受、想、行、識），除了色（物質），其他四蘊都是精神性因素，也就是心的不同作用，同時在十二緣起時，無明、行、識、觸、受、愛、取等都屬於心的範疇。而且這裡的「識」不僅是心的認識作用，而且是前連結潛在的意志行動（行），後生認識對象（名色）的主體精神活動，具有心主體的意識。但是這些並沒有鮮明心性論的思想，只能說是對心的作用、狀態、性質做了初步的論述，但是對心的染淨兩種姓質有了判斷（比丘，心惱故眾生惱，心淨故眾生淨—阿含經卷10），深刻地影響了爾後佛教心性論的發展。

3、部派佛教：緣者需瞭有：

(1)這時代離佛示寂至分化完成（約西元前一百年）時已有二、三百年了，分化的原因主要在教義及戒律的看法，尤其在各部幾乎有各其傳承的「四阿含」。此外因各部都有發展「論」，「論」（即阿毗達磨）：即對經義專題、整理研究出來的東西，使在思想上各重其部內教義的傾向，故對問題看法更加分歧。有「大人」說每次的集結或部內的分支，代表各部或其分支對佛教的教義「加工」或發展有重大影響。但是「論」也有好處，就是後世大乘經典，有的與這些「論」有關，經典中的現象與了解要靠這些「論」

才能有進一步的說明，因此這時期對後世佛教的發展有承先啟後的功能。

(2) 基本上各部間的討論或爭議的問題非常多，包括佛說的是出世、入世，諸法是有是無，中陰是有是無，也包括大乘是佛說，有「大人」列舉十多項，但不管問題有多少，各部基本要面對原始佛教所遺留下來的主要問題，及對相關問題上提出看法。這些主要問題，至少是包括有：

甲、在業感緣起或輪迴流轉還滅的「主體」問題。

乙、感果功能為何的問題。

丙、實踐成佛的可能性與方法問題。

由於各部派詳細的分類及分類方法甚多，小師為了讓緣者參看本節文章時「有感」、「有印象」與方便，特將文中提及複雜的分類，化簡為：

甲、大眾部及其分支「一說部」、「說假部」。

乙、源自上座部的分支有：

(子) 一切說有部（其分支為經量部或說轉部）。

(丑) 分別說有部（其分支為化地部、法藏部）。

(寅) 犢子部。

這樣來了解文章中所述相關問題時，就不會搞混其源頭是上座或大眾部了。

(3)主要及相關問題及其部派：

甲、有關在業感緣起或輪迴中流轉與還滅「主體」(即：果報主題中)：源出上座犢子部建了「補特迦邏」，化地部立「全生死蘊」，經量部建立「勝義補特迦邏」，犢子部有「不可說我」，而大眾部則建立「根本識」，其分支說假部建立「有分識」(相當今日潛意識)。但不管各稱為何，都是「細意識」也是「實我」的意思，有「神我」色彩與原始佛教「無我」不相容。

乙、針對如何感果：源自上座部的一切說有部建立「無表色」(看不見的無形實色)，意思是說身、語、意的業都會在最後由「無表色」來承擔業力，感異熟果。而經量部則建立「種子」說，即身、語、意的業，最後會薰成「種子」來感果。

丙、為了解析世界萬法：大眾部及源自上座部的分別說有部建立九種「無為」法，開始形而上的理性探討；而一切說有部歸納一切法為五類：色法、心法、心所法、心不相應法、無為等五種。

丁、為了因果相續的安立也為了探究前文所述「法」有無實體進而探討「法」的主體。源自上座部的一切說有部提出「三世實有」、「法體恆有」，意思是精神物質現象與事物，存在的和非存在的，過去的和現在的，都是實有的。而所謂「實有」是指法體，法的本質或法性恆存在，而非指世間緣起生滅事物的存在，也就是有個形而上的主體存在。而大眾部一些部派則雖不否定三世說，但重因果現實的報應，此部則主張「現世有」說。大眾部的分支一說部則比較徹底的說「諸法無名、假體說」意思是說世間和出世間法部不真實，只是虛妄不實的名相或名詞而已，而其後的方廣部（大空部）則說「一切皆無」被人為是種「惡取空」。

戊、為了修行，就探討修行的主體，「心」是染是淨，及修行的次第，「次第見諦」或「一念見諦」，即修行是漸修或由涅槃著手的問題：

(子)有關「心」淨與否：就此問題，上座部認為「心性本淨」只是暫時為客塵所染，修行就可去客塵，而大眾部大多部也持有此種看法。但其中有一些部派認為是此「心」將來可能淨，去汙得淨時則為一「心」，而不說本淨。至於持「心性非本淨」（染心說）反對「心性本淨」大抵源出上座部的一切說有部，因為他們認為「貪」是「心」的本性，有之故所不淨，有心自性上的原因。由此我們知道「心性本淨」（淨心說），是當時主流，而且「心淨」的意思是跨越時空永遠清淨的意思。至於「心性本淨」又為何能被所染，淨心說的是認為人因知覺取相，便生煩惱，在染垢心，而心性本是清淨的，在此，「染」心的意思是「覆蓋」的意思，而「染心」說則認為根本沒此問題，那是「心性」本質的問題。此外「淨心說」、「染心說」還探討煩惱種類與心相不相應問題，於此小師就不多說了。但值得注意方立天先生對此問題提及「成實論」，心性品有一段話：「心性非是本淨，客塵故不淨。但佛為眾生謂心常在，故說客塵所染，則心不淨，又佛為解怠眾生若聞心本不淨，便謂心不可，則不發淨心，故說本淨。」（大正藏第32卷258頁中），意思是淨心、染心是一種為眾生隨緣的說法。

(丑)有關「苦、集、滅、道」修行次第的問題：有漸修的四次第見「見苦得道」，持此看法有源出上座部的一切說有、犢子部及經量部（說轉部）。主張「頓現觀」、「見滅得道」，認為修行涅槃著手的有大眾部、說假部、及源出上座的法藏部。

己、佛陀觀：上座部系認為佛陀是如世間常人，佛的生身是有漏的，無漏的是其無漏的功德法身，而大眾部是持比較「理想化」、「十方化」的佛，從「無漏的法身，演進、延伸到人間佛是「化身」，真實的佛有如上帝，無所不在、無所不知、無所不能、壽命無邊，十方世界皆有佛出世。經中說沒有二佛同時出世，是約指一佛所化的世界「三千大千世界」而說的。會有此種看法，「大人們」說是對佛陀情感懷念的因素而激發出來，因而演進出來的。

庚、就心性論的進展而言，部派佛教在原始認識分類的基礎上，除進一步從存在論的立場，對宇宙一切萬事萬物，也就是萬「法」加以探索分類外，在心性上開始對心理、精神現象展開了非常細緻深入的探討，故提出以下的一些思想，而這些思想有的與修行「禪定」的經驗有關，分述如下：

(子)區分心與心所（心的作用、功能或狀態）。早期原始佛教的五蘊中並列的「受、想、行、識」都是心的獨立作用。而部派佛教則視「識」為主體，而受想、行是從屬於識，不能單獨的發生作用，從而突出了「識」的主導地位。

(丑)肯定除了不同表層心的存在，如人在睡眠、禪定乃至死亡，過去的經驗、記憶、知能、性格是否存在內心深處呢？如上座部對禪定中的心性表現，心理過程做了非常細密的觀察、研究、分析，指出了：有分識及前文各部提出有關輪迴主體的各種名稱的「細意識」，同時也進一步去探討心與煩惱（惑）的關係及心性本質，也就是前文所列的「淨心說」及「染心說」。

(4)部派佛教對後期大乘佛教演進與展開的影響是深刻及長遠的。小師從一堆「大人們」有關部派的文章，勉力整理出各部派所提出論點因素的影響性大致有個體，（即與大乘三系各系可能有直間接影響）與整體性影響，分別略述如下：

甲、個體部分：對大乘三系各系的影響：

(子)中觀部分：就在前文所述及部派在探討法的主體有無時，主張「法無主體」。如前文所指「諸法無名、假體說」，指稱世間、出世間法唯有假名（是一些名詞或名相），並無實體，一切如幻的觀念，影響「空」義的開展及擴大。加上部派的理論繁瑣，提出反動希望回歸佛陀本懷，有的大人又加上犢子部在論及輪迴主體所建立「不可說」（畢竟空）的影響等因素，都有直、間接的影響因而使中觀系成立。

(丑)如來藏部分：受到法的「主體」實有，及上座有部的心體、涅槃實有，理想佛觀所影響提出的「法身觀」及心的本質「淨心論」等因素的直、間接影響如來藏系及佛性的建立。

(寅)唯識系的部分：經量部在論及輪迴主體時曾提出「勝義補特加羅」此一「細意識」為主體。而「勝義補特加羅」是由「體性永恆」的「一味蘊」及其他延伸會變化、生滅的「根邊蘊」二者所合成的。其中「一味蘊」此一「體性永恆」的實體，經由後世唯識系直接繼承為「阿賴耶識」。此外，經量部也提出「種子說」、「薰習說」，因此經量部應該是影響唯識系的直接因素與部派。此外在探討「染心、淨心說」時，有關識的作用與轉變的相關看法，也該是唯識系建立的間接因素之一。

乙、總體部分：是指部派佛教思想對大乘三系整體或整體內部間的影響及對後世初期大乘佛教的影響，這些影響至少有：

(子)前文所述有關流轉主題，感果功能及實踐成佛，仍未完全解決，或沒有共識。事實上這些問題至今大、小乘內部仍存有爭議，也是今日佛學爭議問題的所在。

(丑)部派對法的「主體」之爭，與說一切有部之執「三世實有」與大眾部執一切如幻，產生「有」、「無」二邊的計執，而後產生「實有論」與「虛無論」之爭。而大乘三系次第開展中固然對這些問題加以努力研究，但是由於加入輪迴「主體」及「心性的染淨」的見解不同，於是又產生新的「空」、「有」之爭。

(寅)淨心觀，原本指心性本質為淨，但是漸漸演變論證為有心、自性清淨心，也就是菩提心。如果人人都能實知此心，自心就是菩提，進而知道「心即菩提」、「菩提即心」，這樣將菩提心歸結為自己，邏輯上就能肯定了。這就成了大乘視眾生本心為菩提心，主張生皆有菩提心，成為大乘的主要思想。同時從「理想的佛陀觀」推演出要效仿佛陀的「慈悲心」形成大乘重「慈悲觀」及菩薩行的思想。

(卯)由修行「一念見諦」的看法對日後大乘主張是由涅槃（滅諦）著手，有所啟發，而也有一些「大人」主張那是由禪定等修行體驗所得來，而由此有所啟發，另外有些大人說與般若思想有關。

(辰)由於部派對「法」（萬法）的探索的因素，使原始佛教樸素性、經驗性的佛陀教說，開始轉向對宇宙人生整體性、哲學性、宗教性的探索，對大乘三系的探索方向也有所影響。

(巳)佛陀示寂後追思與效仿：佛陀示寂後，在時間久遠佛弟子除了後對佛陀的懷念，除了對遺體（舍利）、遺物、遺跡的崇敬供養，同時在部派未分裂前，經典的發展已有十二分教的發展，已如前文所述。其中「譬喻」、「因緣」、「方廣」、「本生」都與後來大乘思想有關，尤其是「本生」中記載佛陀前生，也就是累世修行菩薩為主，其中固然有些印度傳統神話或先賢事蹟十分雷同，但無損「菩薩行」的成立。在歷經部派佛教時期後，由於情感追思及效仿，在西元前後業已逐漸形成「發菩提心、修菩薩行」的悲願思想，也就是從效仿「本生」的思想發展成修菩薩行的「悲」、「願」思想，而這思想正式形成初期大乘佛教的重要或主要因素之一。

(午)另外有些「大人」認為部派的有些思想與大乘三系個體或整體影響無關但影響大乘一些宗派、法門的，小師在此隨緣提出。諸如大眾部系認為眼等五識也有離染（煩惱）的作用，這與往後「音聲佛事」，如強調出聲的念佛與誦經修行，有一定的啟發。另如源出上座的「赤銅鍱部」，在西元前一世紀就接受現在有十方佛、十方佛土的觀念，這個觀念為大乘淨土或念佛法門的重要觀念。

(四)初期大乘的興起：

起初大乘的興起當然有很多因素，諸如大乘經典傳出，大眾部及受大眾部影響的一些源出上座部派或比丘，自由思想的在家居士的支持，大乘樹立前具有大乘思想的菩薩如龍軍、馬鳴菩薩推展或支持及部派內外環境的思潮激盪與含容……等因素而促成。不過與此，小師想在參酌下述幾點讓緣者去了解，分述如下：

1、大乘興起的主要因素是般若思想興起與「本生」的追思、效仿，「本生」的追思、效仿已如前述。這裡僅就般若思想興起加以論述，一般而言，在西元前一百年或五十年至西元二百年間，初期大乘的佛典已被編輯出來。包括般若法門、淨土與念佛、文殊師利法門、華嚴法門、寶積部、法華部等主要類部的經典都已出現。目前已知古早的大乘「六波羅蜜經」、「菩薩藏經」，估計出現在西元前一百年左右。「般若經」部類約在西元六年附近傳出，所以一般認為般若部類是大乘初期最早傳出佛典的「部類」。而我們稱之為「部類」

的意思，就是指其中包含很多部經的意思，而由後人分類整理出，而每一部類、每一期的經都代表是長期間不由一人，而是多方面傳授持行，再歸輯出來的。以般若部類而言，一般是由小品系般若經（包括「道行般若」、「八千頌般若」……），再拓展為中品系般若，由中品系般若，再拓展到上品般若，再到「般若經」已經是二百五十年（西元前五十年至西元二百年），其中每一品系都是長期傳授、發展、編輯而來。事實上我們所看見的每部「經」可能都有此歷程。至於般若的起源，有「大人」說是源自「一諦見」，而聖嚴法師其所著的「印度佛教史」初期大乘的興起一節中認為是緣於大眾部的「現在有體」之因緣法的基礎上。

2、般若及相關意義，從原始般若（即從「下品」般若揀擇出來）來看，它的意義是「無所得」、「無生」、「無住」或「不可言說」的。因為它是直觀一切法不可得、不生滅，而悟出諸法「實相」，一切法不生不滅，無二無別（不二法），是一種絕對的、超越差別、生滅的。在此意義上它相等於對涅槃或勝義諦「空（有自性的空）」的體悟與修證或內容是同一的，是種大乘菩薩所得的「智慧」或是境界，也就是「無生法忍」。它是源自原始佛教，但又超越羅漢解脫的，要成就無上佛道的一種智慧。對此種智慧難以了解，為了化導眾生，成就此智，於是大乘菩薩隱含大悲精神的「權變巧智」不得不加以使用這就是「方便」，也就是般若的體真是「無所得」，但在涉及俗事、俗務、悲願利眾時，不能說「無所得」就夠了，還是要有「方便」的。「方便」與「般若」是一樣重要的，沒有般若的慈悲方便只是人天善業，沒有方便的般若只能是成就羅漢小果的。所以，學習般若與方便是菩薩乘的重要功課及目標。但是要學到般若智，需要有發「菩提心」為前提，也就是大悲心，與成佛心為前提，同時為了要確立菩薩行應修的學習科目要點，又發展出以般若為前導的「六度波羅蜜」或「十波羅蜜」等。

3、般若的特色與影響：從原始般若到後期般若經典的完成，其特色或對大乘思想內容及影響可說是全面性，尤其是在對比小乘的原始佛法可說全面的不同。原始佛教基本上是從「緣起」的還滅，從觀「五蘊」無我所起，依「先知法住，後知涅槃」的次第，鼓勵自行修證解脫。但是從般若思潮後初期大乘佛法及後來大乘皆有顯著不同，從中顯出及特色與影響，以下以原始佛法簡稱「佛法」，大乘佛法法佛不分初期及後來簡稱「大乘」分別簡略述之：

(1)發心與目的的不同：「佛法」是發出離心、修解脫行，證涅槃果(重利己)；「大乘」是發菩提心，修菩薩行，證佛果(自利、利他)。

(2)對律的強調不同：「佛法」是遵之以法，齊之以律，「大乘」重法的自化化它而不重律。

(3)對法的側重性：「佛法」由「緣起說」，觀法、身心「無我」契入解脫，「大乘」則重瞭達真諦—「勝義諦」為先。即是說「佛法」是種俗諦說，要依勝義諦說。而此種說法是文殊一系的說法，如「彼土眾生，了真諦義以為元首，不以緣合為第一也」(佛說文殊師利淨律經)，此中文殊內容宣揚的「彼土」，即是出現於東南印度的「大乘」。而文殊教典為是「般若經」的同源異流。

(4)修行的次第：「佛法」要依次第，但在「大乘」不論根基為何，皆從涅槃的「甚深處」入門。

(5)對涅槃的名稱與層次：「佛法」中的如、法界是表示「緣起」法的名詞，無生、離、滅是用來表示涅槃的名詞。但在大乘經中這些名詞如、法界或其異名如空性、真如、法界都是指勝義諦、涅槃的別名。而涅槃的層次，早期大乘認為與羅漢解脫無二無別，而後來的發展認為菩薩「悲智雙運、自利利他」。修的是「涅槃」與「方便」並重的「不可思議解脫」因而說二乘的解脫、涅槃只是「化城」大乘的涅槃是真涅槃。

(6)生死對立到不一不異：「佛法」是生死與涅槃對立的，緣起是有為法，涅槃是無為法是對立的。但「大乘」認為涅槃是不離一切法，但又不著一切法，而且超越一切，從涅槃的角度看生死即涅槃，法界也是「一真法界」，不二法門的。而進一步說，「一切是一」，一切是一平等不二，佛、眾生在一切相互涉入各住其相，其位而不亂而已。

(7)對「空」義與「生死流轉」的看法不同：「佛法」重視無我，無我所的「空」。但「大乘」除了立了「勝義諦」的空（包含般若有自性空），也立了「俗義諦」的空（無自性空、本性空），來解說萬法的實相與虛幻，同時也來解說菩薩心智與眾生的不同。就「生死流轉」的看法，「佛法」認為是眾生的無明所造成，重在流轉還滅的歷程與方法的說明，而大乘則重在修證，對生死流轉相關的說明，不太重視。

(8)對「解脫」的認知與觀念不同：「佛法」認為不能解脫的主因在於「無明」。而「大乘」則認為不能解脫的主因在眾生是不懂般若所以執著，要解脫就要懂般若，去除執著，所以主張「無住、無本」，無住處立一切法，並使眾生不要執著。同時，「佛法」而言只說「解脫」，而「大乘」因為重視「般若」與「方便」，及它們之間的相輔相成，所以「大乘」的解脫稱為「不思議解脫」，這就是大乘的修持目標，而與「佛法」解脫差別，就是也重視「方便」。

(9) 因為般若的本意是「無所得」，本質上是「不可言說」，任何名相或一切法們從它的角度看來都是「方便」。因此，「佛法」中「四念處」、「七覺支」、「三十七道品」，在「大乘」般若都只是成佛的「方便」法門而已，甚至「無所得」這名相也是個「方便」說，也因此般若「以無所得為方便」。

(10) 重視「方便」的其他影響：因為般若重視「方便」，大乘因「方便」觀念及思想產生：

甲、參與修行或菩薩道者而言：「佛法」原只有比丘眾修持，過著「律」制下生活，與社會保持一距離。但大乘的修行者可以擴及諸天、鬼神及在家眾，而且菩薩也可以是諸天鬼神。結合「本生」說法，同時大乘菩薩道下的修行者或菩薩都可以用不同身分、職業、角色、生活，菩薩更是以如此角色，深入社會各階層，以不同的方便渡眾，基此也源此，佛、菩薩，有「(應)化身」，與「法身(真實)」觀點出現，甚至有在天上成佛的觀念產生。

乙、因為重「方便」故可以造佛像、寫經、念咒、(原「佛法」不許)，同時配合念佛法門，淨土法門的相關的經典出現，贊同這種俗世化的易行道，念佛、誦經、懺悔、迴向皆有功德觀念產生。

丙、為濟渡眾生，開始講求「留惑潤生」，說「煩惱即菩提」，尤其以文殊法門為最，說「貪慾是涅槃、嗔、痴亦如此，於此三事中，有無量佛道」（出自「諸法無行經」）。另外因造佛像，激發念佛三昧的修行，說修「般若三昧」成就的，佛會現其前，能為行者說法。因而修「瑜珈」行者，理解到佛是自心所作，三界也是自心所作，自心是佛，唯心所現，就在「後期大乘」、「秘密大乘」中發揚起來。

丁、方便的流弊：但過分的「方便」，一般眾生只重佛僧，不重法義。同時依華嚴經上「十地品」毗盧佛是與印度的大自在天，同住色究竟天而成佛，文殊、普賢菩薩變成佛弟子的梵天化、帝釋化，說明了佛法與印度天神「溝通」，混化而在俗化上與鬼神結合的咒術滲入佛法民俗信仰。世間的經懺法事氾濫，「雙修」、「火供」，原本屬印度神教都納入「秘密大乘」，這些種種本是使佛法普及到一般民間，避免與當地舊有的神教起衝突，在發展過程中多少融攝了神教，但如法義不明，就不免使佛法神秘化、形式化與鬼神之教於眾生認識中含混不清。這些都可說是過於講求「方便」的流弊，也使原有權巧使眾生攝入佛法「法義」的意義喪失了。

(五) 大乘三系的簡述：

從前述的論述，小師相信緣者從原始佛教至初期大乘在佛法、思想的觀念的轉變上，有一整體的印象了，這些印象的掌握，就足以在大乘三系的開展有一延續的思緒可供了解與思索後續的問題，這也是小師在前文撰述的目的。不過要了解大乘三系開展前，緣者還尚需了解三件事，免得亂了思緒：第一、大乘三系的開展從時間看，依序是中觀、如來藏，再來才是唯識。第二、每一系的開展時必有相對的經論出現為資源，為其開展時的思想依據。諸如中觀系有關的經論有「般若」、「華嚴」、「法華」經已經出現，而如來藏系則有「涅槃經」、「如來藏經」、「勝鬘經」等出現，至於唯識系則有「解深密經」、「楞伽經」或彌勒的「瑜珈師地論」、「辯中間論」的出現。不但如此，大乘三系的每系還有因不同的時期，在時間的洪流中與其他系有交涉或融合他系的情況，而出現不同的派系或經論，有融合或兼採的觀點存在，這是「大人們」在引述一些經論不曾告訴您的；或者說閱讀單一的「經論」時，緣者若不清楚某一經，論是在大乘三系中的哪系、哪派、哪期，有無交涉或融合其他系的思想，那麼緣者就會像小師當年拿起某經、某論胡啃一番，導致思路不清，跌入佛學大海，五里霧中爬不出來了。第三、由於唯識系是成立在最後，因此大乘三系在印度、中觀、如來藏系的思想，在唯識系的興起後，主要思想幾乎為「唯識系」所吸收，而使唯識系的理論更完整而且豐富，也因此唯識系在印度後期幾乎是獨存的狀態，也就是中觀系也好，如來藏系也好，在印度佛學最後實際是消亡了。因為如此如來藏系在印度最後成為「秘密大乘佛法」，而後又流傳在西藏的一些地區成為「藏法」的一部分，而如來藏系的思想卻因傳譯至漢地，反而開花結果，成為中國佛教的主流思想。而中觀系的思想在印度實質消亡後，反而成為「藏法」的主流之一。然而中觀系思想在漢地卻沒有得到應有的重視，一直到近百年來印順法師才加以鼓吹，其下弟子更是承繼其師立場，盡心推廣，才使中觀系的思想得到應有的重視。小師認為緣者在識知這些史實，才可進一步的去敘述大乘三系，而且小師也只能著重論述其中最初的主流思想，而不能細述及其後各系間交涉或融合的經、論或學派，這是緣者當知的，於後小師便基此敘述於下：

1、中觀系（性空唯名系）：緣者要認識的有：

⑴提出者與背景：一般認為提出者龍樹菩薩（西元200～300年）當時面對源自上座部的一切有部主張「三世實有」及「法體實有」與大眾部執一切如幻的思想各執一端，而產生「空」、「有」之爭。同時他也想回歸原始佛教阿含經的緣起思想，而此時「般若經」已經出現，於是他用般若經一切法空的思想，結合原始佛教緣起論，成了「緣起性空」的核心思想，闡明「空有不二」的真理。其思想傳弟子提婆後，有在中印弘揚龍樹菩薩思想，但後來因大乘另外二系的興起則一度衰弱，故只能說是一種學派，一直到佛護（西元470～540年）及弟子月稱，及另派弟子清辨（西元500～570年）才又重起發展，因此後世學者認為此時才成一系，因為其有後繼論師、法師弘揚。

⑵結合方法：前文說過，般若有真、俗二諦，真諦與涅槃相當是聖者自證之智之境是「無可言說」的，是有「自性」的；俗諦則為「（自）性空」，來解釋一切法的緣生幻有。所謂「自性」是指自存、有體，有學者認為是「單一」、「不變」、「可主宰的」（與我義相同），以俗話來說是「自存不依它」、「自成的」，客觀而自力可存在的。因此「無自性」是指自性是空的或是當體就是空的，不需打破萬法，其本質就是空的，是不實在；也就是說我們覺得萬法存在，只是個有「實在感」的錯覺，其實萬法本質是無自性、是（性）空的、是不實在的，也就是眾生「無明」所在。龍樹菩薩將般若俗諦「無自性」或「（自）

性空」或「空」在其理論中當成「真諦」或是「真諦」的一部份，應是肯定的，而把原始佛教緣生而幻有的萬法稱為「俗諦」，用真、俗二諦來結合緣生與般若是很明顯的。其邏輯應該是緣生幻有（萬法），是俗諦「有」，但「真諦」來看是（自）性空、是空、是無自性，於俗諦「有」是「幻有」（緣生），等於真諦的「（自）性空」或「空」，也就是俗諦緣生等於（自）性空或空等於真諦。所以「真俗不二」、「空有不二」。

(3) 理論內容：一般而言，「大人們」會說龍樹菩薩的「中觀」思想包括緣起論、性空論、迴諍論、八不中道論與真俗二諦說，其實除了迴諍論外，都是從龍樹菩薩「中論」推出，而重點應落在八不中道論、真俗二諦說與「空、假、中」偈語上。而所謂的八不中道是指「不生不滅、不常不斷、不一不異、不來不去」，「八不」是在形容緣起萬法的真實像，而與「真、俗二諦」的關係，就如前文所述的邏輯與結合方法一樣，沒什麼出入，是說明「空有不二」的中道見的。但是龍樹菩薩的「真諦」意涵，是否包括小師前文中提及是包括般若的「俗諦」，還是也應該包含般若思想的「真諦」、也就是涅槃呢？這裡有點爭議，這個可以從其衍生的主要學派及方法論探知，小師於此，再述下去。（這裡小師強調的是，般若的真諦是有「自性」的，俗諦是「無自性」的，這裡緣者不要與中觀的真諦「（自）性空」與俗諦的「幻有」（緣生）相混淆。）

(4) 真諦的內涵：由於龍樹菩薩的「中論」是一部高度濃縮的偈誦體。這樣高度濃縮的言語形式，其實已經為日後埋下了理解與詮釋上的思想紛爭與發揮空間。在當時印度對其思想是極度推崇，為其作註的亦非常之多，可見盛譽之一斑，亦為後世相關派系眾多之因。但值得緣者注意是：龍樹菩薩的嫡傳弟子提婆在「中論」的看法就與其師略有不同，原來龍樹菩薩提出「中論」時只主張「破邪顯正」，但提婆卻認為其師破的不夠徹底，在繼承龍樹空觀的基礎上，主張「破境為觀」或「只破不立」，甚至破到了主張「不立自宗」來詮釋中論。此外提婆「二諦說」的基礎上提出了：諸世間可說，皆是非真，離世俗名言，乃是真非假（廣百論，教戒弟子品），這就是說俗諦，緣生萬法為假，真諦的空不是虛無，而是一種超越名言不可表述的存在。也就是說其認為真諦不再是般若思想中的俗諦（無自性），而是採用般若思想「真諦」的概念，相當於涅槃「不可言說」的概念。也因此他一樣主張用真俗、空假統一起來，不落兩邊即是中道，但是仔細看來他的空是般若思想真諦的「空」，不再僅是「無自性的空」或「萬法當體的空」（自性空）不壞萬法，而是涅槃的「空」（般若空）。提婆對「中論」二諦解釋，甚至還被後成立的中觀系看成是自己的根本原理。果然，在公元六世紀佛護、月稱與清辨號稱中觀學派的復興者或中觀一系確立者的中觀學者，便因此分立為主要二大派，這就是「中觀應成派」與「中觀自續派」。其中「中觀應成派」是由佛護及其弟子月稱持「只破不立」的觀點所建立的，同時對「中論」的真諦看法是持般若真諦思想—涅槃的思想，因而主張世間名言、戲論（名相）都需泯滅，使之不生，名為無住，才能表達空意，意味不只一切法不可得，即不可得亦復不可得，昔以為有個不可得仍屬名言、戲論所以又被稱為「泯絕戲論無住派」。相對的由清辨所建立的「中觀自續派」主張「立論以破敵」，到了其弟子靜命（又譯寂護）時，對「中論」的真諦是採用般若俗諦的「自性空」（可視為中觀真諦）概念，主張緣生萬法，無自性，當體皆空，是為如幻，所謂真是即空即有，空有不二，所以名之現空交融，也因之又被稱為「現空交融的如幻派」。因為這二派的主張，後世學者以「中觀應成派」為主流，因此後世學者論述中觀時，總是省略這一段歷史因由，因而至今所見「大人們」文章，多數直接採用「中觀應成派」的觀點直接論述，這也是小師當年思路會迷糊的原因。另外，「空、假、中」偈（眾因緣生法，我說即是空，亦是假名，亦是中道義），據學者研究，由於漢譯與梵文直譯不同，且龍樹菩薩本身對「真、俗」二諦並無正面解說，而依「空、假、中」偈配合二諦說來一起審視時，發現龍樹菩薩並無將「中」別立一諦之意（即認為「空、中」應歸於中論的「真諦」）。因此，合理的闡釋應該為「空」亦不可執（空亦須空）才能顯現「中」之意，意思是中論真諦之「性空」之空（即般若俗諦）亦不可執，而且也要超越，才能達到「中」的境界或旨趣。然而，這種論述無疑的是又將般若「真諦」的「無話可說」或「涅槃」的觀念含攝於「中」的觀念內。因此，近世學者論述途徑固有不同，但以不偏「空、有」或超越「空、有」來論「中」，實為近代學者論述之主流，但是，是否真的是龍樹菩薩中論中「真諦」的意涵，小師認為其實是有待學者更多的查考與論述。順便一提的是，將「中」列為「空、假、中」內一諦應該是以後天台家的事了，尤其天台家在談「一心三觀」、「三諦圓融」或「止觀」修持、修證，是將「般若真諦」含攝其中，這是很明顯的。也因此，以嚴謹的學術標準來論，龍樹菩薩「中論」中的「真諦」是否就自含般若思想的真、俗二諦二層次，就不能確知了。（但小師個人相信「中」是包含般若思想的「真諦」，也包含「不住」之意義）

(5)對他系基本論點：由前文所述，後世稱其為「空」宗實有道理，而且一般論者認為其思想是與金剛經、心經相通，不過相通哪一派的「空」，則緣者可自行領略。另外以比較主流或純正，比較不涉及大乘另外二系的中觀家而言，大體他們主張外境在心外實有（由極微塵所成），心境是直接作用，而產生的諸法相狀是就俗諦而言。而就真諦而言，能觀之心，所觀之境的體性皆「空」，與唯識宗認為諸法相狀皆由「識」所現的「萬法唯識」，完全不同。此外認為業力只是種餘勢，必須受報時方能消除……，總之他們不承認有阿賴耶識與如來藏的存在，認為唯識諸經論皆不是究竟說，只是方便說而已。

(6)影響與缺失：中觀系對後世的影響與缺失，小師所見如下：

甲、一般而言：中觀系在漢地、中國的成實宗、三論宗、天台宗是受其影響成立的，尤其天台的「止觀雙運」或是天台的「空、假、中」三觀也應是植基在此的。不過小師也一樣見過用中觀系「如幻派」與「無住派」的觀點來解說天台的「空、假、中」三觀，而小師個人是支持「無住派」的，因為從其主流的方法論—「只破不立」下，那該是必然的結論，要不然就是「中論」的「真諦」本來就該有「般若真、俗」二諦之層次的觀點存在。而傳入藏地後藏密的紅、黃、白、花四大派中都是承認龍樹菩薩的中觀之見為佛法的了義說。並且在修行的心法中，黃教的「止觀雙運」不用說完全是依中觀應成派的見地起修，即使是紅教的「大圓滿」、白教的「大手印」頓修法門，其心法之次第與原理也是不離般若中觀的。

乙、一般而言，中觀學派從佛護、月稱、清辨確立成系後，就對其他大乘二系（如來藏、唯識系）展開另一形態的「空」、「有」之爭。

丙、一實相印的確立：中觀對有情與物質的非真實存在稱為「我空」與「法空」。換言之，我空、法空代表中觀對一切存在的看法，而中觀的我空、法空，基本上是承襲自阿含經的「無我」、「無我所」。龍樹在「中論」第18品內容就是從無我，無所展開我法二空的論述。不僅如此，學者認為「一實相印」又名一法印，意思是指一切法空性，在「妙華蓮華經」（方便品）稱為「實相印」。而龍樹菩薩在其所著「大智度論」卷22曾回答有人問起「大乘是一實印，為何有人說是三法印呢？」的問題，龍樹在論的回答是：佛陀說「三法印」，大乘略說為「一實法印」（佛說三種法印，廣說則四種，略說則一種），因為這些原因，可能再配合華嚴、文殊經典的義理，後世則認為大乘是「一實相印」，可以與三法印相通或相同，可以盡括並印定一切佛法，甚至進而主張透過認知與修行「我空」、「法空」就足以替代「無我」與「無我所」的認知與修習了。至於一實相印又是如何相通或相同於三佛印，那是學者在研究雜阿含中有關緣起「空」的思想及研究過般若及中論「空」

的思想後，認為二者可在「空義」下，彼此應可以銷融會通或相同。

丁、缺失方面：

(子) 對生死流轉或輪迴流轉的主體，或感果功能等問題，仍然有待解決。

(丑) 對中觀之持「只破不立」的方法及所確認「空」的思想，容易使不足夠了解的一般信眾產生偏空或執頑空的誤解，使眾生無實體感或仰望，追求目標因而在大乘他系出現後轉向追求，而使中觀消亡。

(寅) 對如何悟至實相，並無實際的解說。

2、真常唯心（如來藏、佛性論）系：漢傳佛教自古以來即有將真常系獨立於中觀、唯識之外的例子如法藏。而近代真常唯心一系又經太虛、印順二大法師確立成系，不過實際上它早是中國（化）佛教的主流，小師在看過一些學者文章後，認為緣者需了解以下幾點，分述於後：

(1) 流行期間：它的流行應該是中觀系末期後，在唯識系大興之前，約為西元四至五世紀左右的事，是當時印度佛教相當流行的佛教思想或學派。稱它為學派是因為它無明顯的論師或無嚴密的教團組織傳承及論述，因此它一直未成宗成系。但亦有學者在其思想上看，在「寶性論」出現後已經將學說系統化，應可成宗。但在唯識系大興之後，很快的被唯識學所吸納，有人便認為它消亡，但有些近代學者認為比較公允的說法，其實並不能說它是消亡，因為至少在唯識系中期，它還蘊含在唯識系一派中，致有唯識的「古學」、「今學」之爭，或「新譯」、「舊譯」之別。因此，很難說是誰吸納誰，只能說是與唯識系「交涉」或「融合」，然後隨著傳譯中國及入藏，反而大興，成為主流或主流之一，這是後來與當地人文條件有關的結果。

(2)思想的主要內容或核心：小師歸納總結學者的說法，它應該是印度大乘發展中探討「眾生有無成佛的可能性」這一主題下主張：「輪迴六道眾生雖有無數煩惱，但在煩惱包裹覆蓋下仍藏有與佛無二眾生平等的清靜心性，而且這個清淨心性永不被煩惱所污染（空如來藏），而且這個清淨心性可以產生無數、無邊功德（不空如來藏）這二種一體兩面特性「清淨心性」便是「如來藏」（後世發展下又被稱為「佛性」）。這個「佛性」，人人具有，而且是平等不二，也可稱為「如來種姓」，也是吾人輪迴六道的真實「主體」，但是吾人只要信、願、行，努力修持心法，便能與佛無二，清淨、解脫、自在，因為這個「佛性」是「常、樂、我、淨」的。不過，這個思想內容或核心，是從一些複雜的思想源頭及長期發展的經論所確立的，但因或許「如來藏」這名詞源流與印度教有關，而且因為與早期佛教「緣起無我」思想不合，所以常被認為有梵（神我）化色彩。另外在中觀系再興後，或唯識系大興後，兩系便企圖「淡化」或修正所謂「神我」色彩，也因此在「後分」的大涅槃經或楞伽經說「如來藏說」只是個「方便說」，並企圖以中觀或唯識觀點去解釋，當然會喪失它的本意，而且是否確當實在是值得再討論的。

(3)思想源頭與相關經論的述說：前文說形成如來藏的思想與核心內容，是經長期演化的結果才確立的，緣者可以從思想及經論兩面敘述去了解它：

甲、思想方面：有學者說華嚴唯心思想、般若不二思想、法華一乘思想，乃至大乘「法身」塔廟舍利思想，早期大乘文殊系或方廣系經典、及原始佛教、部派佛教中「心淨說」、「心性本淨、客塵所染」的思想乃至部派中探討「輪迴主體」主張以任何形式「我」的輪迴中的「心識」主體如前文所述都會有關。但一般而言，以心淨說或「心性本淨，客塵所染」說為學者共允的觀點來說明「如來藏」的思想源頭為主流。而小師自己相信亦持此主流觀點，再搭配點「輪迴」主體的觀點、華嚴唯心與般若不二觀點就足以了解了。由於「心性本淨」說是部派佛教「輪迴主體說」之主流，前文已說過了，這裡就略述華嚴唯心與般若不二的觀點補充說明一下。在華嚴唯心觀點下，世間與出世間，佛與眾生一切皆為唯心所造，清淨法身遍滿虛空法界，故眾生與佛無而無別，同具真心。而般若從勝義說觀點出發，世間出世一切法，生死、涅槃不二，到後期般若系經典及解釋為心、佛、眾生、無二無別，推衍出一切眾生心中，皆具如來智慧功德，與佛無異。

乙、經論方面：一般而言，有關如來藏的經論，經的部分最早從如來藏形成前相關經典起算，有「般若經」、「華嚴經」，至少有十幾部經及包含「空性論」在內的三本論典。不過一般學者認為初期如來藏說是以「如來藏經」、「不增不減經」、「勝鬘經」、及「佛性論」為主軸，並配合「大般涅槃經」

前分以解說「眾生皆有佛性」，茲略述如下：

(子)如來藏經（大方等如來藏經）：此經主要提出「一切眾生如來藏常住不變」比較原始而模糊的經旨，並以貧女懷妊輪王、地中珍寶、萎華中諸佛……，等九喻來表達，應還沒有進行真正如來藏的理論建構或闡釋。後來學者研究這階段有關經典或此經中「如來藏」，只是說如來的「智」或成佛因地的信念，但此經旨是由「涅槃經」的「一切眾生悉有佛性」所繼承，而九喻在寶性論才被解說為如來藏意義之三義（法身、真如、種姓）。

(丑)不增不減經：提出「法身即眾生界即如來藏」的經旨觀點，主旨大意闡明眾生皆有如來藏，所以眾生界皆不離法身，而在凡不減，在聖不減。另外，又提出眾生界有三法可以表述，大意是指如來藏有清淨不變的體性，但也與其不相應的妄法成客塵煩惱所污、所覆的妄心存在。但這妄法、妄心，唯有如來的菩提智可斷，這是從如來果位觀點來看，所以清淨法界及依之所成的眾生可和合併存，因此眾生即法界，眾生界即不增不減。這裡的表述是小師綜合學者的論述，存在有點怪怪的邏輯。倒是小師自己的領會上，其實就是說由眾生清淨心的本體與污染心（與本體不相應）情況，放大到整體法界的情況來看眾生整體或眾生界，所以眾生界即法界，才有強調本體清淨平等實有，但又有污染可去除的情況。

(寅)勝鬘經：有學者說此經約為如來藏經系中，相當於全盛時期的經典，所以提出的經旨或重要觀點相當多，包括：

- 如來藏的二面特性或智慧：即真實不虛，而能產生萬千功德的「不空如來藏」及強調能除去或空去煩惱、汙染的如來藏存在即「空如來藏」的二面持性存在。
- 主張二乘（聲聞小乘、緣覺中乘），此可收攝在「如來藏」一乘佛的一乘了義思想中，並認為由「意生身生死」及「分段生死」的兩種生死理論看來，認為二乘是尚未破無始無明，所以對生命存在的體性，並未完全了解。
- 將如來藏語自性清淨心聯繫在一起，並明確提出自性清淨的如來法身，隱藏在一切眾生的貪嗔癡等煩惱中。而且強調如來藏境界，而非二乘可知。
- 提出「依」的觀念，強調如來藏是染淨諸法，眾生迷悟所依持的基礎，也是眾生生死、輪迴和涅槃的所依。即是一方面說明眾生有成佛的必然性，即是嘗試解決生死輪迴流轉與還滅的主體問題，而且「眾生位」的法身叫做如來藏，去除煩惱的如來藏就是果位法身。
- 也說明眾生自身清淨，為何會為煩惱所污、所覆，是佛才可知的。另外也說苦、集、滅、道四諦是最後歸於滅諦的思想。
- 如來藏是指眾生位中有為煩惱所纏的法身狀態，但是如果把依附在如來藏的煩惱去除，就是果位如來法身。同時如來藏與煩惱之間是「依存」，而非「本具」的關係，但為何這樣，如前所述，唯佛知之。

● 如來藏法身具常、樂、我、淨四波羅蜜，作是見者是名正見。

● 如來藏是法界藏、法身藏、出世間上上藏（出世間法藏）、自性清淨法藏，換言之，如來藏=法界=法身=出世間法=自性清淨法。

(卯) 大般涅槃經簡述：大般涅槃經與其他此期成立涅槃經，是在前述如來藏系經典成立後的重要經據，但尚未融入唯識系思想，一般認為是接近中期的如來藏系的經典，它的特色是：

● 如來藏原是一種「智」，但至此時則有包括「境」的意涵，也就將如來藏、佛性思想與「果位」的思想連結在一起。

● 它的中心思想有三大要義：第一是如來常住、第二是涅槃常樂我淨，第三是一切終生悉有佛性。

● 所謂如來常住的意思是指涅槃不同於小乘的「無餘涅槃」(被認為是永遠沉寂式的消極涅槃觀)，大乘強調涅槃當下即是生死煩惱的不二性，如來可以從「真空」同時「妙有」地出入涅槃和世間，繼續其渡化眾生的工作。同時，它也強調它的涅槃是不同於中觀系或小乘斷煩惱的涅槃，是種大乘的大涅槃，不同小乘之處是在於有無見到「佛性」，大涅槃不只是見「空」，還要見到「不空」（佛性）的中道佛性智慧。

● 提出「我」的概念：「我者，即是如來藏：一切眾生悉有佛性，即是我義」，同時含有意義「我」是有體，我是「常」即有「法身」，所以它又具有「常、樂、我、淨」四德，故名為「大涅槃」，同時強調「我」的意思不是外道神我色彩之「我」。

● 大般涅槃經的「後分」：前分是指前十卷部分，思想如前所說。而學者一般認為「後分」，由於中觀系思想涉入，在所謂需要「淨化」前分「我」神我色彩下，除了在修正前分「一闡提」不能成佛，到後分變成「一闡提」在佛、菩薩的慈悲濟渡下是可成佛的「一性皆成」說；另外開始在前分所表達的「我」、「如來藏」、「佛性」三者統一意義名詞，漸改為用「佛性」一詞取代「如來藏」，而漸不提如來藏了。而更重要的是開始用中觀「空性」的觀念來解述「佛性」，另外改採「佛性當有說」，這個說法就是眾生將來都會有佛的體性，而不是如「如來藏」原始的意義是「眾生位」上即有成佛本性（或因性）。甚至有的學者還說後分後續說存有一切眾生皆有佛性（如來藏）的說法，一如「楞伽經」的說法，只是為了誘化外道的方便說而已，因而引起前後分思想的不同或矛盾處，這是由於中觀系思想涉入的緣故，所以緣者若有讀及「大般涅槃經」，有思想矛盾不能貫通處，則應先思及是否前、後分思想不同的差異處。

(辰)寶性論：它要表達的是舖演成一條成佛三道，而基礎建立「一切眾生有如來藏的」信心，再經修行，終究圓證法身，並起無盡教化眾生的業用。因此它除了繼承「不增不減經」及「勝鬘經」的思想、要點加以組織系統化，並有點創新將「不增不減經」的三法及「如來藏經」中的九喻用如來藏三義或三要素：法身（佛的法身遍滿一切眾生中）、真如（眾生與佛的真如無差別）、佛種姓（一切眾生具有）來解說為何有如來藏及其意義及佛性理論依據何在的一些基本問題。另外，也提出「有垢真如」與「無垢真如」的二種觀點，使佛教存有論與修持有所交涉，也再強調「勝鬘經」所說如來藏「厭苦欣涅槃」的動態作用，而有「動態真如」的意味。到最後還是強調信受如來藏的重要性，用轉依的觀念，使成佛之路得以展開。同時寶性論也提到「四法」及「七金剛句」是旨在說明生佛不二，從成佛大道上，終究以佛的為究竟歸依處，來說明佛業是利益眾生的業用，佛體是菩提，佛法是佛的功德的旨趣。

(4)交涉及影響：所謂交涉是指與大乘它系或有關思想，交互影響彼此融合或吸納的現象。一般而言，學者常以被吸納為其他系的體系內，就可宣告，被吸納的系的思想已不復存，或僅用被吸納後被修改的意義來解釋或認定該系的思想。也就是用被修改後的意義來論說、主張或支持其系原有論點。這無疑是種類似「對某系思想原始意旨的斷章取義」的說法，不僅對支持被吸納那系思想的學者是無效的論證，也是會造成後學之人的混淆，而不能真實體認被吸納的系思想的真面目，而影響後學者的思考。

同時客觀的說，事實上被吸納的系，其實在不同文化底蘊下，可能因而被接受，一直發揮影響力，甚至蔚為主流，這種存在的事實，是任何學者不該抹滅或模糊焦點加以遮掩的，這是緣者需要明白的。就以如來藏系思想而言，對「大般涅槃經」前後分的矛盾，已如前文所說，但是「後分」說是要淡化「前分」如來藏真我、實我的思想，那麼後學之人，就該如此看待「如來藏」或「涅槃經」了嗎？又「寶性論」之後唯識系興起後，「楞伽經」、「密嚴經」融攝了如來藏系的瑜珈行者，融攝了阿賴耶識系法義，成立了自宗真常為依止的唯心論。但就以「楞伽經」而言，如來藏已變為「如來藏識」，同時也說只是誘化外道常執我的眾生，使其信受佛法，進而趣向一切法空的真義，因此方便說如來藏，那麼同樣還是會發生有「應如何合理看待其真實意旨」的問題。有學者說這是滿足眾生一個精神依託體，使修行者能有憑著自身修形成正果的希望，這樣的解釋圓滿嗎？更重要的是有些學者如周貴華先生主張唯識系本存有「有依唯識學」與「無為依（如來藏）的唯識學」存在，而且也顯現在唯識古學或今學或唯識學今譯與唯識學古譯的爭議上，甚至在近百年唯識學在印順、太虛法師同樣引起爭議。而且以小師所見文章，就算今日還是有學者持類似看法，無論後期唯識學如何「淨化」，不願以現行的唯識學為宗還是有的，因為有為依與無為依唯識學之間的差異是很大的。

(5) 如來藏成立的基本目的：如來藏的思想淵源以如前文所述，但是因為產生是在中觀，唯識系之間，它的定義與思想最為分歧與複雜，而且因為在印度無明顯論師加以繼承，所以很難說已獨立成系。後來再傳譯至中國，尤其隨著明確具有「本覺」、「性覺」（心體自性清淨，又照照靈靈，有覺知之德，為非修而成，乃本有自爾之性德，是非修成而然）思想的「大乘起信論」在中國受到重視後，而使如來藏的思想盛行於中國。其中的大致歷程，小師已用比較複雜的說明在前文所述。小師在此再作歸結，大致如下：「如來藏經」最早是比較模糊地指出眾生皆有佛的「智」，並在後發展為「智、境」，然後在「勝鬘經」已有「實體」及「本體」（法界）的意涵，然後在「寶性論」中隱含有實體「本覺」的思想，然後在唯識系興起之初期大致仍保有此種意義，甚至也反應在「楞伽經」與「密嚴經」中（以上觀點，大致採周貴華先生「無為依唯識學」的觀點，當然也有反對此種看法的，但小師認同此觀點，因為它在傳譯中國時存在）。但是唯識系是採心識的角度論述，因此，就開始以唯心意義上的心性真如來解釋如來藏（尤其是圓成實性的觀點上），這也反應在「楞伽經」與「密嚴經」上。只是「楞伽經」強調心性如來藏非實體，而為法性，同時指如來藏只是為了攝化外道的方便說。而唯識系的中期以後經論又因「中觀系」觀念的影響，開始用「空性」的觀點來解釋「圓成實性」空性如來藏或如來藏的觀念，來「淨化」或減少不提「如來藏」觀念於後來唯識系的發展中。但是不論是否「無為依」的唯識系真的存在，「如來藏」在傳譯中國後，得到充分而精緻的發展，蔚然成宗、成系已是事實，如前文所述，而且它是早期的實體觀念無誤，可由它成立的動機或目的來探知，這也是緣者應於了解的。而就它為何發展上來看，不論它起源有關的思想有多少，但是它是沿著「淨心說」或是「心性本淨、客塵所染」

的主軸所發展的。同時它也反對中觀系會對眾生造成連「涅槃」也無的過份「空執」此一立場，同時更重要的是，它要解決到部派佛教論述不足的地方，也就是解決解脫涅槃後生命主體存不存在的問題。因此我們可以說它的成立目的，是在「反中觀」及解決解脫後生命主體存在與否此一問題而發展出來的。但是，如來藏思想在印度因不想牴觸「無我」思想，且常被他系批評具有「梵神色彩」而限縮其意涵的解釋，這也是現今很多學者用「成佛的可能性」這一主題來述說「如來藏」的原因。

(6) 如來藏系的缺失與禪宗中人的異議：如來藏系的思想從「寶性論」、「大般涅槃經」、「楞伽經」至以下有關經論，都曾強調「常、樂、我、淨」的「我」不是外道「神我」，但總是被大乘其他二系及有關學者評為「神我」色彩太重，原因是在原始佛教「緣起無我」的基本教義下所致，故說這是其主要缺失。另外在大乘三系的分類框架下，禪宗被歸類是屬真常唯心系，但有些禪宗中人並不同意這樣的看法，因為禪宗本意是「教外別傳、不立文字、直指人心、見性成佛」的，或是自認為是「借教顯宗」的，所以不一定要歸為教下那系。另外從修證的立場而言，禪門中人自認所「證悟」的境地來說也根本與「神我」色彩沒有任何關係，如聞名港台三地的南懷瑾先生就持此立場與見解，立文在其所著書文中。事實上，有些學者認為真常系及下節所述唯識系都是由佛法修證經驗的角度立論而後發展的，那更不用說禪宗了，這個觀點，緣者應予以注意與了解。

(7) 如來藏系的命運：在唯識系逐漸興起後，此系就逐漸因教義被吸收而衰敗，因印度教再興，因此與印度教混同而轉向秘密大乘，最後在西元七世紀終於在印度消亡。但因其甚早傳譯至藏地又成為藏地佛法「大中觀」的一部份，又因傳譯（西元三世紀末至西元七世紀）到中土，反而因漢地人文種種因素而大受歡迎，致使「如來藏」（佛性）思想雖在印度有內容不斷擴展的事實，但嚴格來說還未形成理論化的體系，反而在中國才真正被獨立出來成為如來藏學，最後得到更精緻的發展。其是通過植基於寶性論的本覺說，真如緣起說，「起信論」之「一心二門」的模式整合成嚴密的中國如來藏學，不再是印度唯識學的附庸，如來藏思想理論在中國發展才是達到最高階段與終結。如來藏教義，在中國佛教思想一說到如來藏，便想到一切眾生有佛性，可以成佛，如來藏成了佛教的核心教義，可以說離開如來藏即不能顯示佛法的深廣圓妙。具體而言，如來藏思想不僅影響華嚴、天台、禪宗三宗的創立，從涅槃經的傳譯後期，思想上主要通過「涅槃經」、「楞伽經」、「十地經」和「大乘起信論」等滲透到諸宗派上。除了前述三宗外，三論、慈恩、密、淨諸宗都有這方面的理論。而中國如來藏具有兩大思想的特色，主要表現在「涅槃佛性說」與「心性佛性說」上。「涅槃佛性說」自東晉南朝竺道生首創「一切眾生皆能成佛」以來，通過「實相說」把佛性與性空般若溝通及統一起來，使佛性般若成為涅槃佛性說的最主要理論根據之一，這是中國佛教如來藏思想最大特色。隋唐時期，由於三論宗、天台宗兼弘「涅槃經」影響四大宗派，使涅槃佛性說成為各宗的重要理論部分而得以闡發。中國佛教如來藏佛性的另一個特色就是更注重心性，尤其以禪宗作為中土佛教的代表，把一切萬法歸諸心性，認為「即心即佛」，眾生的佛性是無差別的，人人都有恆常清靜的佛性，佛性即是本心，人人本心都具有菩提的智慧，一旦認識本心，就是頓悟、解脫。六祖壇經中的「何期自性、本自具足；何期自性、本無動搖；何期自性、能生萬法」這裡的自性也即是本心，也就是如來藏。此外天台宗把諸法實相歸結為一念心，認為「觀一念心即是中道如如來寶藏，常樂我淨佛之知見」。華嚴宗在「華嚴經」法性本淨的傳統看法上，進一步闡明「真心即性」側重於從心的迷悟去說眾生與佛的異同。總之，一切悉有佛性，在中國佛教是個關鍵性觀念與理論，保證了一切眾生都有成佛的可能性，從而使佛教更具普遍性與接受性。

3、唯識系（虛妄唯識系、法相唯識系）：有關唯識系緣者應該了解的有：

⑴唯識系建立的原始目的：唯識系發展在中觀系及如來藏系之後，當然從其立場來看，不論其思想來源為何，它有修正中觀、如來藏系，甚至「部派佛教」心識學說的不完整性，企圖建立最完整一系的目的與特色。首先其認為就中觀系而言，中觀系的「空」，不包含涅槃，會形成被認為「惡取空」的可能，因而認為中觀系的「空」講的不夠詳細完整，有其缺陷，於是一方面繼承了中觀「空」思想，但是另用「三性說」來解釋，以彌補中觀系的缺失，另一方面其可說是又確立了一種新的「空」的理論。但是這種「空」理論，常被中觀系的學者評為「他空」說，因為這種「空」是有空、有不空，不是徹底的「空」說。另外它為了解決如來藏具有「神我」色彩，卻又想吸納解脫後主體的存在，於是也反應在其建立的「三性說」上。更重要的是它要解決部派佛教在探討「輪迴」主體及業力承載論述的不

完整性，也就是沒有體系性，於是巧妙的用部派佛教的種子說與建立的第八識（阿賴耶識）連結，用來解決輪迴主體及業力承載的問題，然後再將「阿賴耶識」與三性說的結合，從認識論的角度闡述，創造了一個至少就其立場而言，是大乘佛教發展以來最完整的理論體系。雖然就思想來看它可遠溯到「淨心說」或「心性本淨、客塵所染」，但是就目的性而言，是比較側重輪迴主體，業力承載上的阿賴耶識（第八識）的解說，彌補原有部派中「心識結構」的不完整性，因此這種目的可說是理論目的上的重中之重。

⑵ 唯識系的思想源頭：其思想源頭中有學者可遠推到南傳「法句經」，此一部最古老經書中的一句話「諸法意先導，意主意造作。若以染污意，或語或行業，是則苦隨彼，如輪隨獸足。」，或認為阿含「六識」、「十二因緣」中「識」為最早的起點，其亦可導論到「淨心說」或「心性本淨，客塵所染」之心性思想或其源頭。而往後在部派時期因「意」識範疇只論及到「意」等六識，在輪迴主體上是論及各種有「我」含意（如一味蘊、窮生死蘊）的各種「細心識」，於是結合部派佛教「經量部種子學說」，創建了一個用種子學說解說業力承載的輪迴主體「阿賴耶識（第八識）」；同時它也有修正如來藏系、及中觀系的學說，建立一個全面而完整的佛學思想體系，因此，可說它建立在採用其前期的有關或有利思想，都涵攝在其中。此中除了原始佛教到部派佛教中所討論與心性有關的思想，及輪迴主體已如前述，它尚包括「華嚴唯心思想」，「涅槃經」、「勝鬘經」的如來藏思想，中觀系的「般若」思想、「密

嚴經」、「大乘阿毗達摩經」之阿賴耶所知所依思想、「說一切有部法相思想」、「經量部種子學說」及綜合新出現的「解深密經唯識思想」等，都可說與其密切相關的思想源頭。由此最早的源頭，是從「淨心」、「識」及原始佛教開始，加上唯識是從重視身心修持經驗以修禪定為主的瑜珈行者有密切關聯，因此禪定經驗中「一切事物不過是心造出來的影像」的主張，其實也應該攝入其思想源頭中，此系一開始被定義成有「唯心傾向」的原因也在於此。至於比較偏於用「中觀系」的觀念去解釋或者認為是完全符合「中觀系」觀念，則是在唯識學上「有相唯識」與「無相唯識」二者分流以後的事了。而這個「有相」與「無相」唯識學，就是前文討論「交涉」時周貴華先生所說「有為依」或「無為依」的唯識學。

(3) 有相唯識學、無相唯識學的由來與唯識學的命運：

甲、有相、無相唯識學的由來：唯識系主要依據經論有六經十一論，由彌勒、無著、世親三位菩薩所創。其中，諸經中最重要經是「解深密經」，唯識學的主要思想和核心理論在這部經都提到了。如六識之外確立了阿賴耶識的存在作為輪迴的主體，在種識現起一切的思想確立唯識無境的原理，另外也提出三性、三無性確立等「三性說」，並說「三性說」中遍計所執是空的，依他起性和圓成實性都是有的。可以說「解深密經」基本上奠定了唯識學的理論基礎，是唯識學最主要的經典依據。又彌勒菩薩漢傳五論中又以「瑜珈師地論」最為重要，被公認是唯識學的根本論點。該論中共分五分，其中「本地分」最為根本，心、意、識、八識、種子、薰習、轉依等重要理論和思想都在「本地分」中明白的說了。另外，本論中提出了證明阿賴耶識存在的八大理由又以四相建立流轉，一相建立還滅，於四相中明確提出末那識說，從而完成了八識唯識說的思想體系。此外，無著主要的著作中除了「顯揚聖教論」可說是「瑜珈師地論」的大綱外，又以「攝大乘論」最為重要，被認為是無著的代表作品，而本論是解釋「大乘阿毗達摩經」的，又亦於其中建立唯識理論的核心，對阿賴耶識和三性等問題做了詳細的說明與證論。至於世親菩薩是無著之弟，原大力弘揚小乘，後受其兄感召，轉而信受大乘，廣造經論，弘揚大乘唯識學，他將唯識學說加以嚴密組織，使之條理化、系統化可以說是唯識學的集大成者。他的有關著作中以「唯識三十頌」最為重要，此中依照唯識相、性、位的次第，配合境、行、果的修學程序，建立了嚴密的組織，是世親晚年一部具有代表性和總結性的唯識學著作。在完成了「唯識三十頌」後，世親菩薩本來打算為頌文再寫一部釋論，可惜這願望沒實現就去世了。世親（西元320~400年）去世後約二百年間因詮釋的不同，後來有所謂十大論師，而後分為二支，其一傳承是德慧、安慧、真諦、調伏天一脈「無相唯識學」（又稱無為依唯識學、古學）與陳那、無性、護法、戒賢、玄奘一脈的「有相唯識學」（又稱有為依唯識學、今學）等二派（此時，對唯識體系又有發展）。至於為何詮釋會有不同，小師查閱學者的理由大抵如下：

(子)若以「楞伽經」為界（此經學者考證，應為世親其生前或歿後時經典），此時，唯識學派的經典，如「解深密經」、「瑜珈師地論」、「大乘莊嚴經論」等經典已經出現，而此時即前文如來藏思想唯識系的「交涉」現象已產生，其相當於如來藏系的中期與唯識學初期。至於「楞伽經」集成後，唯識學派的理論與如來藏理論已經融合，不過「楞伽經」除了將如來藏與唯識思想會通，也將般若學派的一切法空會通。

(丑)第二種觀點是：當時傳承的經論論述中並未明顯提出「如來藏」這個名詞，但其中表示極清淨或雜染根本概念均被後學認定為等同如來藏，而後學者在承襲舊有經論時又經常自行修飾，導致很多問題無法溯源釐清。

(寅)有的學者基於考證的立場，認為二派的最初傳承人陳那剛出生或未出生，而德慧比陳那更晚出生二十年，因此在最初傳承之時可能就有斷層，或另有法源只是難以考證。總之，陳那、德慧並不是世親傳授教，這或許是「唯識學」被詮釋不同的肇始之因。

(卯)另外有力之說，是印順法師認為最早的論書「瑜珈師地論」卷帙浩繁，廣攝三乘，使此派思想發展，非簡而繁，而是一開始即呈現多元的面貌，但是其認為無著、世親調和真諦大我，同時在無著、世親論如「大乘論釋」，處處引入如來藏說，這是其肯定的。

(辰)有的學者則認為彌勒、無著、世親三者思想本來就有差異，或是說無著、世親間就有很大差異。總之在十大論師後，就有「有相」、「無相」唯識學的區分，也形成了後世的唯識古學、今學之爭。而且在護法時期，護法與中觀清辨等人也有「空、有」之爭，而後世學者所說大乘空、有二分中的有宗，理應包含一部份如來藏唯識學派，也應無誤的。

乙、唯識系的命運：印度唯識學興起以世親（西元320～400年）至十大論師出現而大興（此時應為唯識中期，如來藏系晚期）。而後在西元七世紀後，由於密教的崛起和中觀性空的復興，加上至戒賢、法稱以後很少有傑出的唯識大師出現與弘傳，此後唯識學就逐漸衰弱了。但中國唯識思想，首先在南北朝（西元420～589年）後魏傳入中國，其次是梁陳之間，最後則是唐代，因為三個時期譯者或弘揚者不同所以思想上也有顯著不同，在中國形成三大系統，即地論宗、攝論宗及玄奘大師奠基，而由弟子窺基法師所創的法相唯識宗。三宗簡述如下：

(子) 地論宗：是由菩提流支、勒那摩提、佛陀扇多及義學緇儒等十餘奉宣武帝之命，於洛陽譯出世親的「十地經論」，根據此論在中國成立地論宗，後因宣揚者對合譯中譯師認同之差異，後來分為兩派，即北道派（近無相唯識思想）與南道派（近有相唯識思想）。因南派勢大，北派逐漸沒落，北派最後被納入攝論宗。南派逐成為地論宗正統，從六朝至隋一直興盛，但到了隋末唐初，也被攝論宗與華嚴宗所吸收。

(丑) 攝論宗：隋真諦（西元499～569年），是早於玄奘一百年的人物，在中國譯出無著的「攝大乘論」，又翻譯世親對此論的「釋論」，在中國形成攝論宗（近無相唯識思想）。此宗吸收地論宗北道，曾興盛一時，但至唐代，玄奘大師將「攝大乘論」，攝入為「成唯識論」。而「成唯識論」是解釋世親菩薩「唯識三十頌」的綜合性與總結性的論著，是以護法為中心（以其注釋為主），參考、調合和其他九大論師之說合譯而成的，此後本宗則漸漸式微，乃至與法相宗合併而廢絕。

（寅）法相唯識宗：由於玄奘早期困於地論、攝論有關印度唯識學的法義、真義不明，故西行取經，回來著「成唯識論」，由其弟子窺基所創的，前文已述。但此宗經由弟子慧沼、智周、如理再弘揚，普及興盛約為一百五十年，後在唐武宗會昌法難（西元840~846年）後，中國其他諸宗如天台、華嚴、律等宗都漸回復舊觀，尤其禪、淨二宗反而更興，然而此時唯識宗卻大衰，最後此宗「宗滅」，僅剩「學派」。而後至北宋初期永明寺延壽禪師（西元904~975年），將唯識宗的教義成功地納入以「大乘起信論」為圭臬的「性宗」或「心宗」架構中，而其所著「宗鏡錄」的出現後，後人僅是用以了解其中的「唯識觀」而已，這部著作可說正式宣告唯識宗在中國的終結。直至沉寂千年後，近百年在楊仁山大居士倡議復興中國佛學後，才掀起研究唯識學的高潮。此時研究唯識學的團體主要有三個，即歐陽竟無領導的支那內學院，北京韓清淨領導的法相研究會（後改三時會）、太虛大師領導武昌佛學院。但三者思想觀點、研究是有差異與分歧，然無論如何，可說是唯識學再興之機。

(卯)一般而言，學者認為唯識學在玄奘法相宗確立前，南北朝至隋唐之際的唯識學突出的特點即是融合性，也就是涅槃、地論、攝論三者的宏揚者有高度重合，在思想上的融匯則主要體現在如來藏佛性的結合，以及地論、攝大乘論之學的「起信論」化。至於「會昌法難」後，唯識學漸於中國佛教消亡的主因，學者大致論以不適合中國思想習慣，鑽牛角尖的分析也不適合中國的語言，或是面臨他宗的競爭，也包含其中有變革的思想，不受後來統治者歡迎等等。而更值得注意的是，近百年來的學者都認為因為真諦所傳譯經論時有「改譯」之失，而玄奘所傳譯則有「偏譯」之失，使得近百年學者有舊譯、新譯之爭，或「古學」、「今學」之爭，致使近百年唯識學復興之機。但是卻有充滿爭議的情況，也使印度唯識系原始面貌難能復見。

(4)有相唯識學（古學、古義無為依唯識）與無相唯識學（今學、今義有為唯識學）：以下分二點敘之：

甲、不需有何者是正統的謬誤：古學、今學的用語是近代學者呂澂的用語，有、無為依唯識學是近代對此問題著墨最力學者周貴華的用語，但是「有相」、「無相」唯識學是較多學者的用語，故小師延用之；這些用語都在顯現與反應真諦的「改譯」及玄奘的「偏譯」（新譯）的歷史史實的問題，致使唯識學傳承至今何者為無著、世親唯識思想的「真面目」或比較完整性，甚至正統性有所爭議，而且這爭議古今皆有。早在初唐就有靈潤與神泰在佛性論爭議，隨著玄奘新譯，傳來更加激烈，此時靈潤就對新、舊二譯列舉出十四點不同。而近代是指前文述及由太虛法師、韓清淨、歐陽竟無三個佛學組織及當代佛教的教、學二界知名人士的爭議。其中梅光羲也依靈潤提出新舊譯八點不同，但就其深入新舊譯的不同之後，其認為代表舊譯的譯師即「真諦」師，在其所譯的經論上有所謂企圖將「如來藏」思想置入其中，如「轉識論」、「決定藏論」、「攝大乘論釋」等，經近世學者（如呂澂）與過去梵藏文典籍對比，發現中差異，「舊譯」因此受到抨擊，而被公認是有「改譯」之嫌。但就其思想性而言，就稱之為「無相唯識學」，因為其認為唯識無論所謂「內、外境」相全是虛妄，根本無有。而玄奘「偏譯」是指其對只要有沾染如來藏思想的經論，不論後世學者看來在唯識學佔有重要地位的經論幾近不譯。諸如「楞伽經」、「密嚴經」、「大乘莊嚴經論」等皆不翻譯，連「佛說無上依經」以如來藏思想為中心的經典，他也只翻譯了談佛功德部分，但涉及如來藏的內容卻被捨棄而不予翻譯，因此被稱為「偏譯」。也因此他的「今譯」有人說其是忠於他所認同或信仰的正統唯識學，但實際上這種做法，學者卻認為其有試圖造成「無相唯識觀」到「有相唯識觀」的翻轉，或突顯「有相唯識學」的地位，削弱了「無相唯識學」的價值。至於為什麼被稱為「有相唯識學」，是因傳譯的經論對「內、外境」的看法上，認為外境雖無、內境實有，內境之相既有，故稱為「有相唯識學」，而一般也認為經過梵、藏文的比對，是比較信實原典的翻譯。但是由於「改譯」、「偏譯」的原因，終究是造成近百年學者爭議，其中最著名的包含道譽隆盛的守培法師（當年與印光、興慈合稱三大師）、支那學院及早年印順的爭議。其因可說是「新、舊譯」立場間的差異，並由於所據經論，所崇宗派、思想不同，各成也各據一方之言。到晚年印順法師經細細思考後，其對舊譯態度轉變，因而部分支持對新舊二譯皆各有所勝的立場下，做出「那些一筆抹煞古義、以為唯有玄奘所傳才是正確的見解，這豈是膽大而已！我們要理解它的差別，然後再做融會貫通，不然牽強附會的圓融，與偏執者一樣的走上絕路！」的結論。另現今學者無一敢論斷何者必是傳承無著、世親真義來看，緣者實不需要據少數書文就要論斷什麼，或是誰是正統，這是小師要告訴緣者的。至於近百年對此爭議詳情可就隨文所附書目，依慧仁法師、聖凱法師、陳一標、周貴華等學者所述文章，次第看完，則就可了解的。

乙、有相（有為依唯識學）與無相（無為依唯識學）內容上的差異：二者的差異，在前文已敘及。唐靈潤歸於十四點、近代學者梅光羲歸於八點不同，而一般學者用內境有無做了最簡單的分野。但為了讓緣者更深入的了解，也為了後文的深入討論有個基礎，所以在此給緣者多一點印象，方便了解。

(子) 心識結構不同：由於真諦是立於如來藏的立場來說，它立九識說：九識除了第九識代表境識俱泯，智如不二的（真如、佛性），真實性如來藏稱為「阿摩羅識」外，將其他八識分為「顯識」與「分別識」。顯識即第八識，能變識，能變五塵四大，諸餘識，為其所變，即所謂「一種」能變，但另七識不說能變，也就是說其他的識都不能變；而第八識是汙染性，因為真諦除了要保存如來藏的真義外，他認為染淨有別，污染的第八識與清淨法是矛盾的，所以是以八識成佛是不可能。但在玄奘一系的「有相唯識」，只建立八識，主張識有「三能變」（即第八（異熟）、第七（思量）、其他六識（分別）），諸識都能變，且心所都有四分及見分與相分。此中第八識（阿賴耶識）是染淨和合的，而以種子來立說，就是染、淨種子皆有。

(丑)解脫觀不同：「無相唯識」要解脫，原理是要以信樂大乘為生因，般若為緣，習破空定除執，堅固菩薩法身，度生為成就，以諸多因緣成就聖道，而成佛時，八識是要滅除或清除的，來回歸第九識，是一種回歸式的解脫觀。而「有相唯識」則認為第八識有染淨分位或一體兩面的看法，只要有無漏種子（有新薰或本有說之別）能產生，由聞、思、修「轉依」的作用，得「菩薩心」或「後得智」，而使染位的阿賴耶，舍染得淨，由染位轉為「淨位」，所以以第八識成佛時，第八識的主體不要消失，同樣的前七識主體性也不用消失，只要轉為平等智（七識）、妙觀察智（六識），成所作智（前五識）。所以「無相唯識」與「有相唯識」之別，在於前一種是「除垢」歸性與後一種「轉依」得智或精確一點說即是轉舍汙染，轉得清淨，因此是智、如（真如、佛性）為二的。

(寅)對「依他起性」性質的判別不同：在「三性說」中，「真諦」認為站在圓成實性（真實性）或佛性的角度來看，依他起性及分別性或認識主體（依他（緣）起）性，與相或內境分別起，終究都是虛無的，也就是對圓成實性（即九識佛性）而言，是無的。而「玄奘」的依他起性有一部份是反對印度婆羅門教自然性（即無須因緣法），一部份在解釋俗諦上因緣有的事物，所以認為緣生的依他性或認為托緣而生認識活動的心識主體及境相還是有的，只是無自性或不合實性。而分別是一種遍計所執，體相本無是與真諦相同。

(卯) 進一步說明，很多的學者，是用「見」、「相」或「能」、「所」的觀念來解說無相與有相唯識的差別，也就是用認識論的角度，認為「相分」就是認識的內容。就是「無相唯識」的「分別性」，而依他起，就是認為「見分」，就是對「相分」心裡不斷的活動，因為相分是虛幻無體的，緣取的見分，站在圓成實性的角度，依他起性也終究無體。依他起性，在「無相唯識」，也是一種「遍計所執」，因此它可說是一種「唯識無境」的觀念，這觀念可能建築在根本識即所依體的相續執持義上立論。但有相唯識則區分「見分與相分」，認為主體即心理活動的主體是「見分」，是依他起，是有體的、存在的，而「相分」則是認識活動的內容，對圓成實性而言是，端看見分的染淨二分的差別，淨分所見就是圓成實性，染分所見就是「遍計所執」。同時所建立的「圓成實性」也有三層意義，就識境關係而言，學者研究的結果，只能說是「識不離境」的觀念，而這觀念可能是在根本識即所依體上受薰持種義上所建立。這些論點大概是採用窺基「成唯識論述記」中的說法：「安慧（解）玄：所變見分、相分，皆（遍）計所執。見似能取相，相似見所取。」又言「護法云：前所變中，以所變見分名為分別，是依他性；能取於所變（之）依他相分故。」但是近代部分學者自法人李維（Sylvain Levi）在尼泊爾發現安慧「唯識三十論釋」後，世人始知安慧未立「見、相之分」之說，故學者除將古學改以難陀為代表，不再以安慧為代表。將見分改為「思惟（分別），相分可由後相否定可見虛幻，所認識的相分，只是表象是思惟（分別）的產物，實相是離開思維存在，是一種「離開的照明當體」，所以表象與思維，同時是虛妄的，都是遍計所執，以此來說明「無相唯識」。對「有相唯識」來說則認「思維（分別）」或對象的「分別解釋」的思維才是關鍵，如果能對對象除去不正確的思維或「分別解釋」，認識的對象就能從虛假中得以解除，所以思惟才是虛假的本源，而認識的表象或思維的對象、形象，其實是有實有其體性的。（可參考梶山雄一的「空之哲學」，吳汝鈞譯）。

(辰) 偏動態、靜態與精緻、簡略之別，就「無相唯識」而言，去垢得淨，簡單的很，成佛就歸九識，清淨寂靜的如來藏（佛性），偏屬靜態。而「有相唯識」，不僅設了「見」、「相」二分，又為了建立因果的關聯性，建立嚴密的「種子說」，於阿賴耶識中，而種子又是具有功德意義潛在力，作用、能剎那生，剎那滅，但是現行（善、惡行為或影相）可以薰種子，種子生現行，現行再薰種，因成果，果又成因，而因果不亂，所以阿賴耶中是動態的。是一套動態、細密、精緻、深化的學術建構，因此有些學者會說識雖是有主體性，但是未必要視為實體，它只是個「理」體。同時，後世有些中觀學者是以般若觀點，去解釋「無相唯識」中的圓成實性就是「空性」或「空性之理」。但是這個觀點也有錯誤，就是「無相唯識」的本意是有個實體外，更重要是隱含本覺思想在其內，也就是後來由大乘起信論所發揚的「本覺」或「性覺」的思想，不能以「空性之理」視之，但無論如何，「有相唯識」是動態，功能觀念是無疑的。

(巳) 其他與譬喻：此外「無相唯識」其「如來藏（佛性）」認為眾生皆有佛性（無為法）。「有相唯識」是建立在「無漏種子」（有為法），就現實性及忠於傳承上認為眾生一部份是沒有「無漏種子」（一闡提）的及維持印度「五種性」說。此外，在判教，羅漢會是否回入大乘行菩薩道，修成佛後功德是否永存、或生滅……等等差別，不過思想上主要差別，已行文如上。又如果緣者還不清楚二者之別，小師就舉個大致的譬喻，諸如虛擬實境，虛擬實境可視萬物與你、我，但虛擬實境基本上要有個硬碟及無數的程式（App）。不同一般程式的是，虛擬實境的程式（App）是有「人工智慧」，而且精密異常，與虛擬實境或其他程式互動後會成長，但因果皆不混亂，這些具有「人工智慧」的程式就是種子，色、心、心所都有這些程式與種子。

而「無相唯識」談的就是「硬碟」（佛性）為真，程式、虛擬實性皆假，因為它是立足於「硬碟」來看的。而「有相唯識」就是不談或不強調硬碟存在與否，側重在如何解脫，因阿賴耶識本身就是一個虛擬硬碟，或本身就是一個能包含各種「人工智慧」（種子）程式的大程式，更或者連這個程式概念都不重要，它只是個很多複雜「人工智慧」程式互動的「場所」，或為了描述「人工智慧」互動在一起的觀念或道理，所以有些學者認為它雖有主體觀念，但不需有實體概念，只是個「理」體或觀念。而換個角度說，「無相唯識」是要認為虛擬實境與App都是虛無的，都要拿掉或放下才看得到硬碟（佛性）。而「有相唯識」是裝能清淨的App（種子），才能看到真正實境而不是虛擬的實境（圓成實性）。這個譬喻或有失當，但信必有助緣者了解尋思。

(午)有學者認為，「有相唯識」與「無相唯識」的差別可以用「淨識種子」在其理論結構中主、從的角色來判別。因此，「有相唯識」是建立在「染心說」，而「無相唯識」是建立在「淨心說」，其詳細的理由可以參照下節「唯識學的心性論」所論內容。

(未)「無相唯識」所主張「唯識無境」的意思，學者意見大致有二種，一是所有的事物或萬法都是由「識」所「變現」，二是指唯「能」無所，只有見分的作用功能，無所謂境（所）的存在。進而知道所既不存，能也不存，得空性之旨，所以稱為「只有識」。而「有相唯識」的「境」

不離「識」是指見、相各有自己種子，皆從緣生而且「相」不離「見」所以「境」不離「識」，唯識所現，所以「不離識」。一般來說「有相唯識」，比較精密細緻，為令人所愛，但小師曾見過不知出自何人手筆的「韓老居士，功在千秋」一文中，指出所謂「南歐北韓」，與歐陽竟無齊名的韓鏡清居士，一生奉獻給「唯識學」研究的老居士說：「境不離識」，初學者很容易接受，但是這是因一般人很難理解「唯識理論」的道理，因而在後來與小乘和外道的辯論中，被迫發展出越來越多的方便說法，以接引更大範圍的眾生，所以較古義的「無相唯識」方便說的成分多一點。但他覺得學到最後該回歸古義才能更接近佛陀本懷，而實際上也只有最終通達古義，才能融會貫通整個修行次序，看清楚個層次方便說法如何統一服務於實證空性的最終目標，並依之斷妄證真，轉識成智，這一點小師至盼緣者注意與了解。但小師認為「無相唯識」與「有相唯識」終究是旨歸一同。

(5)唯識學的特色：為了使緣者在進入後述內容，能對其內容的了解，也為了讓緣者對前文所列有關唯識系的問題，有更綜合的了解，小師再用此一小節敘之。敘述的方法是將唯識學的主要結構稍作大部分分解，來說明唯識學能滿足其預設目的，又如何採用這種特殊結構，來解說在之前期各期佛教沒有申論完全，或立於其立場能作為最完美或完整的體系，也就是用目的與內容結構的路徑，來讓緣者深入了解一點。經由小師在前文論述唯識學系，在多元的思想根源上及目的上，緣者大致可獲得一個印象，在思想上它主要是由「淨心說」或「心性本淨、客塵所染」的思想所發展過來，也跟禪定修持經驗有關。同時在目的上，它是修正中觀系給人一切皆無，所謂「惡取空」印象的「反」中觀立場，同時它也必須填補在它之前不論是初期大乘，或是部派佛教在理論上的不足，但又能盡量符合原始佛教的教義下有一合理的敘述。而這一切是在有關的經論，是循「解深密經」、「瑜珈師地論」、「攝大乘論」、「阿毗達摩大乘經」、「唯識三十頌」及「楞伽經」系列的唯識重要經論所發展出來的。期間又有所謂「交涉」的現象而有「有相」、「無相」唯識學的差異。但不管是有相或無相的唯識學，僅是內容細部或完整性的差異，但在大的結構而言，它們都是滿足它們預設的目的，那就是填補在其出現前佛教在理論上的不足，又能盡量符合原始佛教的教義，有一完整合理的論述。但那是如何做到的呢？在此，小師用唯識學至少包括了「解脫論」、「本體論」、「主體（輪迴主體）論」、「緣生論」、「因果論」、「認識論」及「動態功能（非我）論」的特色來解析與試述於下：

甲、解脫論的特色：「三性說」（遍計所執性、依他起性、圓成實性）的內容與設計，可以達成修正中觀及具有「解脫論」的目的。因為「三性說」不論有相或無相唯識至少還有一個圓成實性（有相唯識還多了一個依他起性），是不會導致如有誤解中觀一切皆「空」皆無的印象偏失，而且「圓成實性」代表從執迷得到解脫的境界，不論是由有相唯識「轉依」或無相唯識的「去汙得淨，都是解脫或涅槃的「境、智」狀態，因此我們說有「解脫論」的特色及目的存在。至於這種狀態，要用有相、無相唯識或中觀系的觀點去解釋，則不論是學者的偏好為何，在唯識學是「有」的，至於這個「有」是理體或實體，學者也未必定於一，但無論如何，我們今日所見的唯識學大多屬於玄奘一系的「有相唯識學」。

乙、主體、本體緣起論特色：阿賴耶識據學者的研究，阿賴耶識的建立，尤其以有相唯識學，可以具有「本體論」、「緣起論」及「主體（輪迴主體）論」三種特色。從部派佛教一直在探索解釋輪迴主體時，就說過經量部「一味蘊」或「勝義補特伽羅」等細意識，視為受世唯識家所繼承發展為阿賴耶識，而阿賴耶識中有關「異熟」的觀念，所以可以成為輪迴主體，所以有「主體論」的特色及目的在。至於「本體論」與「緣生論」據學者研究是二種合一的，這裡的「本體論」是指一切法所依或諸法實象，是不同西方的「本體（存有）論」，是一種唯識學內偏向心識認識或內在心性實在的「本體論」，這是要先說明的。但是唯識學的「本體論」與「緣起論」為什麼能合一呢？這就要說到唯識學發展過程中「阿毗達摩大乘經」關於「界頌」的一段話：「無始時來界，一切法等依，由此有諸趣及涅槃證得依。」此中指出「界」作為無始相續之等依，即平等所依，從而成為建立生死輪迴所攝的諸趣及解脫菩提所攝涅槃之根源。在此意義上，「界」即是一切法所依存的本體，而且在此經中對有「頌」對「界」坐進一步的解釋，說「由攝藏諸法，一切種子識，故名阿賴耶，勝者我開示。」即將「界」詮釋為一切法之種子的攝受體，即阿賴耶識與餘一切有為法構成本末之所依與依的關係。由此阿賴耶識在唯識學具有本體意涵，常被稱為所知依、心體、根本識。而「緣起論」又怎麼會與「本體論」合一呢？小師認為這是邏輯推演或邏輯結構的必然。具體而言即是一切法所依的主體，由此進一步被解釋為輪迴與涅槃所攝染淨一切法之本源。這也就是說「界」的概念上，含有一切法之因的概念，因此構成「界」是一切法根本所依即本體，又是一切法之因，因此構成了本體論與緣起論之合一。由此，阿賴耶識有「主體論」、「緣起論」及「主體論」的特色與目的。另外，於此順便一提的是，有學者指出前文所述「界頌」的詮釋，在「有相唯識」與「無相唯識」源頭與所據經典是有不同，前者是「攝大乘論」詮釋，而後者是透過「究竟一乘寶性論」詮釋。由於解讀不同，無相唯識學對「界」的解讀是被「寶性論」解釋為「真如以及安立於其上的佛性、如來藏」，在此意義上真如如來藏便是一切法的依止，由於安立生死輪迴與解脫菩提，因此與有相唯識「阿賴耶識」有極大差異。固然「界」的主體論與緣起論合一的特色與目的相同，但解釋力從宇宙論、緣起論及因果論來看，「無相唯識學」是沒有「有相唯識學」完整邏輯的一致性，因此這也是「無相唯識學」，在印度約於唯識學中期後，被邊緣化的主因之一，不過要解釋起來有點複雜，不是初進容易了解的，因此小師在此點到為止，不做贅述。

丙、認識論的特色：分別、了別或思惟，或見、相二分也好，從這些觀察可見，有相、無相唯識都是在唯心的基礎建立的認識論是無庸置疑的，因此有此目的與特色。但是這個「唯心」的「認識論」，都不等同我們這個世間的「唯心」或「認識論」。我們這世間的各種學問，不論是科學、人文、邏輯與歸納，這些學問在唯識學上都被認為是一種「遍計所執」，是虛妄的。會有這樣的看法是唯識學的學問是在有修習觀心禪定或修證佛法有一定成就的菩薩，在其程度或境界才是可證知的（有說初地菩薩才能），或者說要去執到某種程度才可證知的，因此就凡夫或普通人是很難理解，或與凡夫的經驗，認為是完全不同的。其討論範圍包括所謂十方三世，業力流轉，所以根本不是凡夫或這個世間的「唯識無境」論可以比擬的。但是其內容也包含了這世間有情眾生的認識或心識問題，也才有凡夫可有某一程度了解的可能性。以無相唯識的「唯識無境」來說「阿毗達摩大乘經」就說要有成就四法或四智的菩薩才能有真切的了解，而不解的凡夫只能就其不解的問題提出疑問，這些疑問「成唯識論」卷七將這些疑問歸為「九難」，以質疑為何可以成為唯識的理由，卷九有就這些疑問加以回答。此外「唯識三十頌」撰寫目的就是論主為了回答這些問題。相似問題的論證之就是有稱「一心應四境」之頌文，這個頌文出自「攝大乘論、增上慧分」，此頌說「鬼、傍生、人天各隨類所應，等事心異故，許義非真實。」這是說在同一處所，我們所見的江河流水，在具足福報的天人看來是青色琉璃世界，在罪業深重的餓鬼看來是一團猛烈的火球或一汪穢濁的膿血，在眾生界，則是安身立命的水晶宮殿，這些就說明客觀上沒獨立的境界，我們所見都是隨業變現，故各類有情所見不同。「九難」固是對「唯識無境」所提出，但仔細觀察，這些疑問及回答，就部份而言，對「識不離境」的有相唯識而言，也一樣可參考、通用的，這部分就請緣者自行參看了。總之，唯識學有唯心的認識論的特色與目的，只是這個唯心的認識論是一種實踐、實證與修證的唯心認識論。

丁、因果論的特色：阿賴耶識是種名，阿賴耶識這個種子體它的內容即是種子，會發生功能、作用全都是各種種子在發生作用。無相、有相唯識差別只是後者種子多些而且較具完整性而已。從「攝大乘論」的種子六義中的「剎那滅、決定性、唯能引自果」，就含有因果觀念，此種子與現行及薰習也是因果觀念，另外從「異熟」或從「轉依」或「除垢得淨」以得圓成實性也是因果觀念，在此就不細說了，但是可以得知唯識學是有「因果論」的特色及目的。

戊、動態功能（非我）論：從「成唯識論」卷之說阿賴耶識的特點有二：

(子)「恆」是無始時來，一類相續，毫無間斷的綿延之流，如瀑布一樣，永無間斷。

(丑)「轉」指每一瞬間都在生生滅滅，並非始終不變。另外從其內容即種子的特性，在「種子六義」中它的特點是「剎那滅，果俱有，恆隨轉，性決定，待眾緣，引自果」來看都有動態的性質。而種子意義，是第八識見分之自體分（自證分）中所具有能起現行之力，以其能生起現行或識，故喻為種子。為說明現行生起之因或本質，故提出種子概念，並非說現行之外，有實體性的種子存在。因此從自體玄名，則為功能，若從種子起現行相薰，亦名習氣，其實是一個生生不已之力，但一般學者都簡稱為「功能」，因此它不僅是「功能」、「潛能」，而且相當物理上的「能」。由此我們說唯識學是有動態功能論的特色，但是唯識學家採用這樣的「設計」或解釋，據學者研究，除了部派「種子說」的承襲外，最主要是避開外道的「梵化神我說」的色彩，因為「我」的定義是「單一、不變、主宰」，如此動態變動的觀念即可避開恆一不變的神我觀念，因此它是「非我」的。而阿賴耶識是動態功能非我論的特色。

(6)唯識學的旨趣與法相：「無相唯識」因含有「如來藏」的思想，要破中觀「惡取空」的流弊。表層看來，它是強調表達「三界唯心、萬法唯識」的思想，因此它說明凡夫在六道輪迴的事實下，一切事物只是「識」所變現，「一切皆識」因此學者常用「存在論」加以標示來立論、解說。而「有相唯識」學者一般皆論以「一切不離識」，是一種較完整的唯識體系，是一種「認識論」致使後學常誤以為二者，是二種天差地別或者覺得不相干而分立的論述，而不知取捨。然而從其旨趣來看，可能是殊途同歸的，因為「無相唯識」的「一切皆識」研究到最後是要我等凡夫去「遍計所執」，入「唯識性」，去認識「離言自性」的存在。而「離言自性」是什麼?可以用「皆不可得」之自性來解說。而「有相唯識」的「一切不離識」是說一切法（相、境）離開「識」就沒有了，法的存在只因識而顯，離開了識就沒有了，所以一切法不離識。學者通常說它是要不執外境，因為只有內境實有，識也有體（即見、相二分是有體，不似無相唯識，見、相是無體），因此可歸之為一種認識論。總之，唯識學認為您要懂得「境不離識」或「唯識無境」的道理，才有可能「轉識成智」獲致「圓成實性」。同時，唯識學不是要否定外在的物質世界，而是在否定名相或名言的世界。但是（也因此是）研究到最後，它要強調的是什麼呢？答案是「識非有」，因為「成唯識論」裡有一段非常著名的：「如果執著識實有，也是法執。」識也是要破的，只有這樣才能證「勝義唯識性」。那麼試問「皆不可得」與「識都無有」又有差別？有關以上的細部說明，緣者可以參閱林國良居士所著「準確把握唯識論」（出自全國佛教院校教師研修班講座）一文。如果緣者看清了這點，那麼對有些學者堅稱「無相唯識」與「有相唯識」二者定有優劣，或稱二者雖各有演進之源，但應是並重，方能得見唯識學原貌。更或者如前文所提窮一生之力，研究唯識學的韓鏡清老居士發現玄奘所譯的文章是沒有分清梵文的唯「辨別識」與唯「了別識」的差別，致使無相唯識的本意變成了「有相唯識」曲解。但緣者從認清唯識學的旨趣後，而二者之別是學術性的，但就學佛修證者或修行者志求解脫而言應是無別的，就不會有何是何非之慨了。另外，當年歐陽竟無先生除提及唯識古學（即無相、有相唯識）之別外還提出法相與唯識之學識二種學之說，這種說法還引起當年太虛大師與印順法師對是否應於分判做出不同的結論。由於歐陽先生是純唯識學，太虛大師是法界圓覺宗，而印順法師是般若中觀宗，歐陽先生從能、所關係上建立唯識與法相之分述；太虛大師則是以心識藏萬法，心大於法以法相必宗唯識；印順法師則認為法大於心，以法攝心，故說明唯識必是法相的，而法相義廣不必是唯識的。客觀的說，歐陽先生所舉十點唯識、法相分宗是有理由的，但是歐陽竟無先生的再傳弟子田光烈先生曾蒐集相關資料，對唯識、法相分宗的道理認為「非評細疏通，不易理解，而欲評解又非專著不可……只好存而不論。」實際上擱置了對「分宗說」的所含義理研究。此外程恭讓先生研究歐陽竟無先生的「抉擇於真偽之間－歐陽竟無佛學思想探微」中亦有專章論述「分宗說」，學者號稱該論述是目前探討此一學說為最詳盡的研究，仍只以「分宗說」階段為分析重點，對於歐陽先生之後的相關論述大多缺乏申論。也因此，學者研究後一般認為若細分則五法三異，但是在終極原理上法相唯識學是不二的。法相必宗唯識，唯識必攝法相。唯識之識是存在的心體，法相之相識在心中所在之相，心體與心相是不一不二的。唯識學的目的就在於，對時空心物都是「遍計所執性」所幻現之物有所認知，最後在於超情離見，轉成智，最終悟到離言離思的大般若境界或佛性。也因此緣者現在所見唯識學內容大致是以「楞伽經」中五法、三自性、八識、二無我混在一起講的，但終究不會離唯識學的本意，「法相、唯識分宗說」，緣者只要知道有這麼一件事即可，其他的部分就留給學者去辛苦就是了。

(7)唯識學的內容：在看過前文對唯識學應有的認識後，緣者就可進入唯識學的內容了，當然最簡便的就是從五法、三自性、八識、二無我去了解，不過依小師之見，稍微「正統」的學習可能比較能正確認識，由於這類文章網路上俯拾皆是，所以不擬詳加介紹，只做重點的提示，在前文已經論述過認識唯識學層層的紛擾後，內容應包括：

甲、基本觀念，集中包括若是要應對唯識學那麼多的名詞，最好要先學「百法名門論」，再者了解「唯識」有三義及「不離識」與「一切皆識」之差異外，就是要了解唯「心」與唯「識」是否有差別，而這點學者常用窺基法師所著「大乘苑義林章」的解釋，只是「因位」與通「因果」或「經論」的差別而已。另外就是要了解「識」的功能不似凡夫的大腦是有質礙的，大小而有侷限的，而是無質礙、無侷限的；再來就是明確唯識學始於「唯識」而終於「唯智」，如何「轉依」使「識」成「智」，消除主客對立，成就「無分別智」的目的，才算掌握了基本觀念。

乙、種子論，包括種子、種子種類、薰習及識與種子差別為何。

丙、八識及識的結構及「識變理論」，其中「識變理論」包括「因」、「果」能變及三能變。

丁、「三自性」與「三無性」論，用「勝義無性」遣蕩「圓成實性」亦不可執，使之達到「空、有雙遣」之道。

戊、了解五重唯識觀，包括瞭解五重唯識觀與三自性關係，以證「圓成實性」。以上大致就是唯識學的內容。

第四節 佛教心性論

本來小師在前文中打算將各節都略分述點各期佛教心性論發展，於後文中總論再來兼顧，但後來發現這樣處理還不夠周全，倒不如分立一節專述之，這樣處理可讓緣者知道能貫穿中印佛學的核心就是在「心性論」。另者，就是讓在前文看得頭昏眼花的緣者，在此可以會通佛學發展與重要轉折，再者，補前文的敘述不足，使佛學能較為融貫，能發揮一本抵千本的作用，省去緣者摸索佛學的心力，致力實修，才是小師的本願，當然，前面已述及的小師就不再那麼精細，扼要的一筆帶過緣者自可參考前文或附文去詳解之，總之，這節就是從心性的角度，去融會佛學的貫通為主，這是緣者應知曉的。

一、原始佛教時期：

原始佛教講「緣起論」，另一方面就是「無我論」，內容也就說「人無我」，而此中的「我」有特殊的定義，是單一、不變、主宰的意思，這是從「五蘊論」分析達到「無我」的結論。另一方面原始佛教有繼承印度的「輪迴論」或「業感的輪迴論」，在此之中有關的論述，就是「十二緣起」與「苦集滅道」的「四聖諦」。這時，有關「心性論」的論述，大致如心的性質如「識無形、無量、自有光」《長阿含經》或「極光淨，卻為客隨煩惱所雜染《漢傳大藏經》（增支部）」，同時「五蘊論」中，除「色」外，「受、想、行識」，都是「心」有關的範疇。此外「十二緣起中」，無明、行、識等也跟「心」有關，這些學者一般視之為「心性」有關的基本討論。其中，心是有「主體」的趨勢，但仍不足夠成「心性論」，因為心是否「主體」、「輪迴」中的狀態，乃至有關宇宙「本體」等問題，佛、世尊是不回答的，而歸於「無記說」，就是十四或更多的「無記」與「箭喻」等部分。

二、部派時期：

部派時期討論的事物非常多，各部派見解也不同，但是影響後世有三：

(一) 修補「無我論」的缺失：

為修補「無我論」的缺失，即緣起無我論不能解釋在輪迴受業報主體，因此努力發展各種及名稱的「細意識」，企圖建立一種「實體我」來補足「無我論」缺失。

(二) 提出與「無我論」相關也相應的法體說：

部派除開始探討宇宙世界萬法，將萬物分為「無為法」及「有為法」，還進一步討論「法」之背後有無實體，有各種意見。其中說一切有部「法體說」是有，另外是一說部是主張「諸法無名假體說」，最為特別及對後世最為影響。

(三) 心性染淨論：

一般而言，「心性本淨，客塵為染」是各部派主流，但主流對「本淨」也有一些特別說法：如大眾部說「心有將來淨的可能性，但淨後不退回染」。同時主流是說明染的根源為「取相而後染，而有煩惱生」，而與主流意見持相抗相反的意見是一切有部，主張「心性本染」，他們認為心性並不是本淨的，染的原因不在人心的「取相」

或「貪求」，而是人「心」有本質上的原因，要除染才能得淨，經過修持才能得到的。由染到淨是種轉化過程，染、淨前後之心本質上不是同一個心，是兩個心。

(四) 與大乘三系的相關性：

據學者研究，「諸法無名假體說」與後來的中觀有密切的相關，而後來「如來藏」則可能與「法有主體」與「心性本淨」有關，或與輪迴主體有關。同樣的「唯識學」與部派所述前述三種因素有關或取任二因素去排列有關，總之是在「染心」、「淨心」和「法有主體」與「輪迴主體」，取二或取三去論述相關性，而有一脈相承的關係。

(五) 學者通說：

但一般學者通說原始或部派佛教心性問題的討論只是心性本質及認識的條件等心理活動，或是心理學及倫理學的層面，而缺少形上成本體的意義層面，也缺乏具有精神實體的意義。而這顯然是受到「緣起論」或「無我論」的影響，而且探索重點在消滅煩惱、解脫或超越輪迴與生死。

三、大乘佛教的心性論：

(一) 法身觀念的轉變：

要掌握大乘佛教或其心性論，除了前述部派與大乘大三系的相關外，除了慈悲觀外，最重要的是「法身」概念的轉變。在部派佛教是指「佛推行及成就佛法的聚集，「身」就是聚集的意思。但在大乘佛教時期「法身」被理解為佛的內在本質，而且這種自性與本質，是與萬方的「法性」是相同的、是清淨、遍在的、不生不滅的，這種「法身（法性）遍在」的思想，支配了大乘佛教及心性論，具體的影響又可說為：

1、「無我論」的內涵，從「人無我」到「人、法皆無我」的確立。

2、大乘佛學上升至「本體論」的範圍，也就是上升到宇宙、萬物，背後的那個本體來立論佛法及人心。

3、而這些立論旨趣都是在眾生成佛的可能性，或成佛這一標的為導向的，這也是不同西方哲學之處，在了解這前提，方可真實了解後續諸點。

(二) 般若中觀的心性論：

中觀一系的出現揚棄及粉碎了小乘法體實有及輪迴主體的建構努力，取代之是人、法兩空的「實相」或「諸法實相」的觀念。因為從中觀及般若的絕待思想，或只破不立的思想，「實相」就是人、法二空，無可言說，言語道斷的不可說境界，唯有修持般若智慧有成的聖者才能體會卻不可言說境界。因此中觀雖然建立真、俗二諦，講空、講畢竟空，或「非有非無」或「超越有、無」的中道，或有時借用源於「維摩詰經」的「不二」觀念來解說真、俗不二，出世、入世不二，但終究還是要你修持般若，你才能體知「實相」是什麼。那麼不管「實相」的異名真知、法性、實際有多少「實相」，從認識論觀點就是萬物本相，或客觀理體，從修行論那就是涅槃，亦即從萬法中，憑藉般若智慧體證涅槃。而且從不二的觀點世間與涅槃不二，即求取涅槃也不出世間。因此般若中觀的「實相」本體論即具有一般西方哲學本體的特點，也有不同西方哲學可悟、可修、可證的體性或理體。在此意義下的中觀心性論，吾人可以這樣合理推導出，淺說心念是念念牽流「無自性」的，深說則是修持、體知般若，從世間領會「實相」，求證涅槃。因為「心、法」畢竟空、畢竟清淨，就是其心性論的要點，但是它從不正面肯定精神主體的存在。

(三) 如來藏的心性論：

除了前文部派承繼思想外，為了反中觀一切皆空的思想，如來藏的系列經典核心思想是「眾生心在因位或果位，皆有如佛的清淨心」它是從眾生心的本性及本質性立論，也是成佛可能性的確立。它實在有精神主體實體存在，它是「心性本淨，客塵所染」的延續，也是突破，因為它不在只求煩惱的滅除、解脫輪迴，而是進一步到成聖成佛可能的確立。但是它常被指責為神我色彩太濃、太似，所以經典常用成佛的因或是成佛的潛能（可能性），或是為了勸誘外道畏無我的解說來迴避與「無我說」的抵觸，或受支持或參酌中觀或唯識思想的融通與修正，來淡化有實體的色彩，這是很清楚的。這也是當今學者論述「如來藏」的方法，使得如來藏這如此簡明的思想核心，卻在不同時期有不同的面貌與解說。但是其概念若上升到萬物本體，在有關諸經中皆是若隱若現很難明確去定論它，一直到大般涅槃經（北本），師子吼品，佛性（如來藏），又等於萬物的本性—「法性」，才有明確上升到本體意味。而且大般涅槃經前分用如來藏解釋佛性，就是指二者概念相通，佛性可替代如來藏的概念，因此本經可說是如來藏說的進化關鍵所在，也是後世經典或學者用佛性指稱「如來藏」的原由或論述意涵差別之所在。但是緣者尚需了解後來佛性一詞在不同時期經論是不斷引申，它可以解釋為清淨心性、萬物體性、人法二空的實相，或空性智慧或中道智慧，殊勝的禪定（首楞嚴三昧）、佛果境界、涅槃等等意思，不一而足，緣者當知其本意為何，就不迷糊了。因此，如來藏的心性思想，其實也是很簡明的，就是眾生皆有佛性，眾生皆有如佛清淨心，眾生皆能成佛，只又修持、去除煩惱便是。簡而言之就是「眾生皆有佛性，眾生皆能成佛」，術語稱之為「一性皆成」。

(四) 唯識學的心性論：

唯識學及其心性論，小師可以簡略予以說明，但是仍具其複雜性：

1、唯識學的思想可遠溯至「淨心說」，但以玄奘的「唯識學」是以部派「染心說」出發，宇宙、人生皆是阿賴耶識的反應，換言之阿賴耶識為宇宙萬有的根本，也是世間眾生的人心本性的依據與反應。阿賴耶識的地位與作用可以定義為「所知依」，「所知」指一切認識對象，「依」的意思就是「依止」或「依持」，因此阿賴耶識就是三界六道，凡聖眾生及一切萬物存在的一切依據。同時，因為種是現實（印度種姓制度），強調人與人的外在差異，進而肯定眾生的本性差異，它們反對「一性皆成」的思想，主張「五性各別」或「一性五性異」的差別，即聲聞、獨覺修自我解脫，斷善根的一闡提都是不能成就佛果的，只有大乘菩薩和懂得不斷精進的不定種姓，及蒙佛加被、發菩提心，或發願濟渡眾生入涅槃的一闡提（即菩薩種），眾生不入涅槃，自己也不入涅槃的，才有機會成佛（入楞伽經）。總之，不是人人可成佛的，要看你先天的種姓，而哪一種種姓又是先天決定的。總之，要看你有無佛種子而定。而佛種子或無漏種子的來源又有新薰說、本有說或綜合說（前二種之綜合），不管採哪一說佛種或無漏種，在唯識學（玄奘一系）是眾生本性、是污染的，因為阿賴耶識中清靜的無漏種子是處於「客居」的地位，它的存在並不能改變眾生心性污染本質，除非它經由眾生自身的努力，或諸緣成就的外緣（如高僧、大德、居士的開導），否則它是不能發生作用的。這種模式與如來藏蘊涵「心性本淨，客塵所染」的模式完全相反，因此有些學者稱其「妄心派」或「虛妄唯識派」的原由。

2、然而近百年來的爭議或時下流行將前述心性模式視之為印度唯識學派唯一的見解，並為主要回歸印度唯識學方為正統，或以此分別中印佛學的深廣高下，雖各有動機、立論，但學者研究出應有不當之處因大致有以下各點：

(1)前述的唯識大致是玄奘一系所傳唯識學的主要內容，但就經論來看，印度瑜珈行派理論繁雜、典籍繁多。就一般所崇奉「六經十一論」的依據而言，其心性思想並非單一「妄心」所能概括，如「大乘莊嚴經論」、「辨中邊論」明顯持心性本淨說，而「瑜珈師地論」及「解深密經」似乎兩可。此外，由於預設了瑜珈行派持「妄心」的立場，因而對彌勒的著作及世親的「佛性論」，智慧的「大乘法界無差別論」發生疑問，其幾乎持一致否定其理論價值的觀點。然而就上述典籍研究可以發現瑜珈行派內部存在著與如來藏思想貫通的一條學說走向，即「淨識派」或「真心派」。

(2)就思想源頭或傳承史實來看，前文中小師就曾列舉有學者研究彌勒、無著、世親三大唯識祖師，思想本就不一，而且史實上真諦一系所傳古唯識學或稱「無為依」唯識學，不少當今學者也為主力證其存在。「有為依」與「無為依」唯識，至少在印度唯識學發展的中期，各有所崇的影響，在學界依然存在，那麼專以晚近流行的唯識學或早期玄奘唯識學的觀點來論述，顯有不當。

(3)如來藏說與阿賴耶識的調合：學者指出兩者調和是由「楞伽經」和「密嚴經」所調合，也就是把如來藏與阿賴耶識等同視之的代表作，兩者只是名稱的不同，實質上是沒有區別的。也就是說，印度唯識學派吸收如來藏思想，在唯識學說的框架下加以論述，從而使如來藏思想日益失去存在的獨立性，因而也是印度佛學被後世學者一般認為以中觀、唯識二宗為主的主因。「楞伽經」漢譯本有四，現存三本，分別由南朝宋代、北魏、唐代不同印僧所譯，卷本不同，所言有別，這裡指的是南朝宋代的四卷本。其中，強調世界萬物「人心所造」、「自心顯現」，由於眾生不明此理，才是迷悟關鍵所在外，就是強調眾生人心本性未染即是「如來藏」，染了之後就是「阿賴耶識」，因此只是一心染淨不同而已。而「大乘密嚴經」譯本有二，有唐代日照和不空三藏所譯，今流通的是日照的譯本，這裡指的就是此譯本。「密嚴經」強調的是內外境界皆為「心識、意識所變」，都是阿賴耶識的「變現」外，強調眾生心—阿賴耶識的本質是清淨、不增不滅的，但是又強調阿賴耶識有「染、淨二分」，阿賴耶識是淨染、染法所依，又用「礦裡藏金」的比喻，強調修持的重要。也就是說，它不像「楞伽經」講染了就是阿賴耶，淨為如來藏那麼直接，而是強調修持除染就能見阿賴耶的清淨本性，這就讓如來藏與阿賴耶識提供了調和的依據。也因為前述兩經將看似對立的學說綜合起來，因此有些學者認為這是為「大乘起信論」更高程度的提供了理論準備和現實條件。所以不管「起信論」是被看作印度撰述還是中國人的偽記，都不影響其是受「楞伽經」和「大乘密嚴經」影響的事實。進一步說，這言下之意小師私度之，縱將「起信論」推翻，也無法否認兩經「如來藏」與「唯識學」融合或調和的事實與趨勢，終究會有如「起信論」作用的經論及論說出現或發現的，那麼又有何實益呢？

(4)唯識學的圓成實性：印度唯識學至玄奘慈恩宗一系所崇是印度護法戒賢系為正統主張的圓成實性，是由了解「境不離識」的道理後以「轉依」方式來達成。但如果從印度唯識學史實來看，有與如來藏調和的一面，主張從了解「唯識無境」而達成「圓成實性」，就可能是如來藏的「佛性」、「真心」或「清淨自性」，也不能算錯。甚至圓成實性以人、法空解釋也不勝枚舉，這顯然又是受般若中觀的影響，尤其在唯識學晚期與中觀合流，而這三種解釋至今學者都有人沿用，端視站在側重或相信那種立場，見解有所不同而已。對過分偏執，玄奘一系的唯識學方為正統的朋友，小師只能提醒一句，莫忘了「成唯識論」中的那一句：「若執識為實有，亦是法執。」

四、印度佛學的心性論：

從小乘心性論「心性本清、客塵所染」主流，目的在滅除煩惱，解脫輪迴外，另外就是試圖建構不牴觸「無我論」的情況下，又能補足「無我論」在六道輪迴無法清楚解釋的困境，提出各種「細意識」之說。到了大乘時期，「法身」概念的重視，使般若中觀出現，雖使小乘「細意識」理論建構停止或努力的粉粹，但般若中觀用「實相」建構，解釋了宇宙萬法，使佛法也正式進入「本體論」的範疇，但是這種「本體論」，與西方哲學的「本體論」相比，旨趣與性質皆不相同。從旨趣而言，它究竟是為成佛的標的，從般若智慧所得的結論，不再僅是小乘的「滅除煩惱，解脫輪迴」而已。從性質說，它具有可修、可證的特性，自難用西方哲學思維的「本體論」相比擬。但是，可能般若中觀對芸芸眾生而言，般若智慧的成就與修持是太過遙遠與艱難，再者，般若中觀的「畢竟空」可能被誤解為「斷滅」或「虛無」。總之，印度佛學的心性論是繼承小乘「染心」、「淨心」的思想，從眾生心性與成佛的角度出發，並反對或補足般若中觀思想而發展出如來藏及瑜珈行者的唯識學。「如來藏」最初是有實體的傾向，最後也上升至本體論，但是常被指為有「梵神」的思想，在經論一路發展常用「成佛因」、「成佛潛能」或為誘導畏懼「無我」思想的外道學佛的方便說，其目的就是要解釋，它是「無我的如來藏」，避免與「無我論」相衝突或是淡化其衝突。而唯識學雖以「阿賴耶識」解釋宇宙、人生的萬法，最後也吸收「如來藏」於其思想，解釋架構之中，有上升至本體論的事實。但其又堅拒持有「實體論」的事實，以免與「無我論」相衝突。於是小師從中發現印度「大乘三系」的思想，無論哪系都避免與「無我論」相衝突，理論內容性質雖然各有不一，或有融通之處，但對「無我」論的態度確實是態度一致，就是無法與「無我論」抗衡而且都被限縮。因此三系上升至「本體」的部分或兼及論述都以抽象的「理體」名之，而不視為一實體名之，這是現有諸多學者對印度佛學及心性學說正統發展至最後階段的幾近最大「共識」的地方。但是一方面，他們也承認那是印度佛學心性思想在印度特殊人文歷史下的限制或矛盾之地方，因為他們知道，堅持「無我論」的意義，故是接近或不牴觸原始佛教，世尊本義，但是那又意味輪迴六道中的眾生，「主體」究竟是什麼，是無法論述的困境，也是印度佛學的理論先天困境之處，這就是緣者需要了解、細查之的地方。

五、中國佛教的心性論：

印度佛教傳至中國，有一段悠久的歷史演變，當然可以從文化、理論、思想、制度、語意、詮釋、創新……等等角度去認識及申論它，不過那會是個太大又龐雜的論述，會失去焦點。以小師之見，只要掌握「心性論」的角度，就能掌握其變化的主軸，而且是中印佛學貫穿的焦點所在。因而在此小師嘗試的解釋為什麼會「變成那樣」及中印心性思想差異所在的關鍵因素，使緣者等簡略的掌握這些因素，而出入個學者的文章，領會一下就會無礙，不致迷失。

而論述的範圍大致至隋唐為止，因為學者的研究，中國佛家心性學說大致在此都已經發展完備，宋後的儒、道、釋三教合一的「心性論」則小師就興致缺缺，宋後也只是枝節的變化，有志的緣者就自行請「谷歌菩薩」幫忙吧！以下就開始綜合學者之見論述之：

(一)印度心性思想發展之終止及中國心性思想之開展：

一般而言，學者認為「密嚴經」及「楞伽經」的出現調和「如來藏」與「阿賴耶識」，標示著佛教心性本淨與心性本不淨兩大心性學說的融合，而印度佛教心性思想的發展，至此就基本上終止了。而要掌握大乘三系及至相關的思想大致以「動、靜、主、客」就可了解，諸如靜態的觀念—般若中觀，是偏靜態的觀念不分主客，歸無所得。動態的觀念是阿賴耶識與如來藏，前者以染為主，以淨為客，後者以淨為主，以染為客，並皆上升至本體的範圍，但在「無我論」的前提下，自動限縮，而且有融合的趨勢。但是佛教傳入中國後，在中國的文化機制，或者粗俗一點來說即是中國的市場機制下，「再融合」就成了現在中國佛教的主流樣貌。「再融合」，從歷史的演變過程中，包含的範圍當然很廣，諸如以道家、玄學與大乘三系中各系的融合，或者用「不二」觀念，產生現象與本體（不二），或真俗不二，體用相即等融合，甚至也包括了心性論與本體論，或大乘三系間的融合，出現在各學派或宗派之間的種種樣貌。但就中國佛教比較純淨「心性論」而言，指的是將般若中觀的思想融入「佛性論」，也就是以「佛性論」涵攝或會通中觀的思想，多數的學者稱之為「佛性論」與般若中觀思想的「有機融合」。說的更清楚一點就「有佛性，但是有般若中觀的智慧」，或是「有般若中觀智慧的佛性論」，而且最後歸諸芸芸眾生的心或「自性」之中。這種思想可簡稱「般若佛性思想」，這種般若中觀智慧的佛性論或「般若自性」，其中又以禪宗的「六祖惠能」的主要思想為標誌，成熟、深化到了頂峰。而影響及流傳至今，其中主軸即在此，這也可以說明或解釋為何中國佛教至今還是以「禪、淨」為主的主因。至於中國歷史的各學派或宗派以小師的個人之見，就是前述的各種「再融合」，或「再融合」配合經論的再創新，但皆不妨害主軸的呈現。小師在這裡將個人知見的先給緣者，緣者就不會看昏了頭，同時小師也認為掌握「再融合」的觀念，再閱讀各學派或宗派的形成與理論，或者個別學者的書文時，無論其觀念說得多複雜或繁複，只要細心品味，就較容易理解其立場與觀念而心中有主。

(二) 印度佛法傳承至中國之時間脈絡與發展內容及重點：

為了使緣者較能清楚印度佛法傳承至中國時間脈絡及研究背景因素，小師就學者意見做大略而模糊性的劃分，而使緣者思路略能明朗：

1、東漢末年至兩晉之前的傳譯初期時期：

印度佛法傳來時，在印度是部派佛教末期與大乘佛教興起的初期，相對中國而言，時期大約在東漢末年，所傳來的秩序大致上與印度佛教思潮的秩序也大致相同，先小乘而後大乘般若中觀、如來藏、唯識學的經論。在這傳遞的過程初期主要是靠西域及印度僧人所謂的「譯經師」傳遞過來的，其中翻譯的第一人即是西域僧人，所傳大致包含阿含經及安般守意經等經典，相傳這是印度部派佛教「有部」的小乘的經典，在中國學者稱為「禪數（禪教：禪定、對法）之意」的經典。此時經典，大致是「格義」式的翻譯，所謂「格義」的意思，就是將經典的文義，用中土的術語、概念來表達。而東漢時期，除了儒家外，就是黃老道術，因此中土的黃老道術的用語、概念表達所傳來的經典就稱為「格義」，「格義」式翻譯就是此時期的特色。諸如原典的「禪定」就被譯為「守一」，「涅槃」就被譯為「無為」，「真如」譯為「本無」，這現象至兩晉（魏晉）初期時期還存在。如西晉竺法蘭就在譯「光贊般若經」時把「真如」譯為「自然」、「無上正等正覺」譯為「道」……，影響所及的就是除了儒、道的概念及思想滲透乃至添加至當時所譯的經典之中。

2、兩晉時期（般若導入研究）：

這個時期是大乘般若學說傳來的時期，但是更正確的說法是大乘般若學說與當時流行的玄學會通、混淆與再澄清的時期。因受格義的影響，也是學僧迎合時代風尚，藉由某些玄學概念與方法論證一切皆空的般若本體論的時代。據學者研究，當時學僧還不善於運用「般若經」中的中道論證方法，只能對於本體與現象、本無與證法、空與色、心與物、真諦與俗諦等命題論證簡單的肯定或否定的結論，而不會用遮詮（否定）和相即的表述方法，得出非空非有，色空相即、真俗不二的結論。再當時研究的高峰時期，雖然同論證法性空，但論點各有所偏重，所以出現了「六家七宗」的現象，其中影響較大的有三即：

⑴ 道安為代表的「無」。

⑵ 支道林為代表的即色宗，認為世界萬有本來性空，故色（物質現象，包含地、水、火、風所現）即是空。

⑶ 支愍度和道恆為代表的「心無宗」主張，其雖不否認客觀世界的存在，但是在心應脫離外界，不執萬有。

「六家七宗」的出現反映了當時般若受歡迎和被認識的程度，但還是沒有正確認識或了解「般若中觀」的時期。正確解釋「般若中觀」，應從反對「格義」解經的譯師鳩摩羅什及其弟子（被其師稱「解空第一」）僧肇著述「不真空」論為開始，對當時受「般若中觀」影響較大的三家，做了批判性的總結。在其論中指出三家或偏有、偏無，或不空萬物，皆背離了非空非有，空有相即的中道精神後，般若中觀才算有了正確的認識。雖然「六家七宗」的解「般若」思想還是有其前述偏失，所以當其論出現時，學者多認為是中國、民族佛學正式形成或創建的時期。而這時期，小師認為：還值得學佛人所認識是被鳩摩羅什推崇為「東方聖人」的道安法師（西元312～385年），他是淨土初祖慧遠之師，是般若中觀學在中國的先驅，撰寫「綜理眾經目錄」，開創中國佛教文獻整理和目錄研究之先河。創僧侶「釋性」，判定「佛法憲章」為僧團規則，創東土彌勒淨土法門，「合本」（多本對讀）譯經……後創「本無」宗，且教行合一，可謂對中國佛教的貢獻，是無限深遠的。

3、南北朝學派（印度大乘佛學研究，及轉向佛性論）時期：

隨著印度大乘三系的大量傳入譯出，並伴隨注疏講經之風，佛學研究空前盛行，因而研究一部或幾部佛經為中心的學派紛紛興起。他們研究範圍大抵以印度傳來的般若中觀、如來藏文及玄奘法師譯經前的唯識學即前文所說包含真諦一派有如來藏交涉的唯識學。而這當中最有影響的是涅槃學派、成實學派、地論、攝論及三論學派。這裡所說的學派，只是某些學者對特定經論中取得較突出或代表性的看法。而這些學者所研究的經論不只一、二部經論，每個人也不一定只在一個學派，一個涅槃學者可能是成實學派的一員，成實學派也可能是三論的學者。這些學派研究的主題歸納大致有二：一為用中觀或唯識學研究來詮釋本體論，說萬法本體是空或萬法唯識所變；二為涅槃學派論證心性問題。就後世的影響力而言後者顯然不遜般若中觀，而且更為深遠。有些學者指出般若前期「般若性空時期」為中國「佛教」重心，則涅槃佛性論則為此期中國「佛學」中心論題，並進而直接影響隋唐各宗派思想理論的形成，因此可稱南北朝為「般若佛性論」為重心的時期。而此中促成般若轉向的佛性論或說般若會通的關鍵因素的學者都認為，南朝的名僧「竺道生」(約西元360～434年）有關。

4、竺道生：

竺道生是前文所述佛學大譯家鳩摩羅什的弟子，羅什門下有「四聖十哲」尊稱，竺道生就是其中之一。其從師精研般若中觀，深深體會語言文字只是詮表真理的工具，不可執著拘泥，他曾感慨：「夫象以盡意，得意則象忘，言以詮理，入理則言息。」他除了精研佛學外，集當時佛學思想之大成，並也是儒道哲學的精通者，故能涵攝儒道哲學，建構其理論體系。他最有名的故事是在北涼譯的大本「涅槃經」未傳至南方前，他根據自己研究心得提出「一闡提也有佛性」，而未見容當時只相信法顯所攜回之六卷「泥洹經」中所說「一闡提」不能成佛的佛教界，致使被驅逐出僧團，淪為至虎丘對石頭講涅槃經，而留下「生公說法，頑石點頭」流傳千古的故事。他是「人人皆可成佛」及大頓悟「頓悟成佛」同時提出此二創見的第一位中國法師，更被後世稱為「涅槃聖」。對後中國大乘佛學、哲學影響甚為鉅大深遠，在此小師以其思想內容及意義影響大略述之：

(1)主要思想內容：「人人可成佛」、「頓悟成佛」、「得性涅槃」、「涅槃」與「生死不二」是他思想內容，這裡小師用融貫的方式混在一起講，緣者就比較能了解。竺道生認為萬法是皆為一如之實相為本體。實相無相，無形無聲，無法思議，無法語形容，在法稱為「法性」，在佛稱「法身」，在眾生就稱為「佛性」。法性、法身、佛性皆為實相或可稱為「理」之共同本體所現，那麼就本體、本性上具有「人人可成佛」之可能，「一闡提」當然也可成佛。眾生與佛之差異就只是在眾生有「垢障」，如佛種處於潛隱狀態，但眾生本有佛之知見，只要漸積學佛（學教漸修），藉解言參悟般若，就能一朝去除斷妄「頓悟」而「頓悟成佛」。不過這裡要強調的是其對這所悟「理或實相」認為是就在眾生自身上，故不必向外求覓，返歸自身見性（得性）便能成佛。由於理就是諸法實相，理不可分割，故「悟必頓悟，不分階次」，而也就是「不分階次」外，也強調理的悟道的完整及不分割性，而且「悟不自生，必藉信漸」也就是要依教修行，有點後世禪宗東山法門漸修及六祖頓悟混和的一點意味。總之，眾生漸修就能「頓悟」、頓悟後就「見性」，而「見性」就是自己佛性，而佛性就是「涅槃（實相）」，所以「見性則涅槃」，而眾生若不見佛性則涅槃為生死，而見性則能「生死即涅槃」，生死、涅槃是不二的。有學者解釋這種思想，就是對眾生涅槃佛性就是眾生的本性，眾生不應也不需捨離生死，而另求解脫，一切眾生是佛，也都是涅槃，就是竺道生在「妙法蓮華經疏」中說「一切眾生，莫不是佛，亦皆泥洹」的意思。

(2)意義與影響，這又可分三點述之：

甲、無疑的，竺道生將般若中觀融入佛性，或說般若中觀來解釋佛性，使南北朝研究由般若學轉向涅槃學，使涅槃學研究大興。其後，學者吉藏在「大乘玄論」連自己所贊同的「佛性」計有十二家之多，可見當時研究、講習「涅槃經」風威極盛於一時與影響所及。後來隋唐、天台、華嚴，禪宗皆有其涅槃學及其他各宗亦探討佛性或成佛、心性，不但影響其宗思想理論之形成，甚至後來形成與「唯識法相」之學相對，而使中國佛教有「性宗」、「相宗」之分野，皆與此有關，可說是其遠因，其影響力可見一斑。

乙、但是前述的觀察尚屬表面，通過般若實相來解說或等同眾生「佛性」實際意義在於把成佛從對外在宇宙的體認轉為對眾生內在自性（自心）的證悟。強調不外求，反本得性，更突出眾生的「自性自度」，漸修、漸解終而頓悟「見性成佛」或「返本得性」，最後歸結到「淨心的修行實踐」，從而在「大乘起信論」及「禪宗六祖」（主導後世中國佛教，佛學主流的關鍵二大因素）未現之前，在佛學方向上，有先見或前導，甚至承轉或稱關鍵也不為過的作用及意義。

丙、更大的意義，涅槃學派的大興，使「佛性論」的主流是從涅槃解脫的角度把常住的「佛性」與「心神」、「我」等聯繫在一起，以「佛性我」為業報輪迴的主體（不一定實體），與解脫成佛之因。因而把印度佛教的心性論與「非『無我』」的思想傾向統一到眾生主體自性及心識上來。這種有「主體（不一定實體）」的心性或佛性論，因而從中突破印度佛學「無我」的思想所致的困境，使印度佛教中的無我說與輪迴解脫說這個始終未得到圓滿解決的內在矛盾，在中土自然而然地得到解決。當然這種解決也配合其他的關鍵因素，也經歷了一個過程而成為中國佛學或佛教及心性論的主要特色。

5、大乘起信論（以下簡稱「起信論」）：

南北朝時前文所述關鍵因素，或者該說是中國佛教（思想）史上，影響力最巨大、最深遠的一本著作，日後中國佛教天台、華嚴、禪等諸宗無不受此影響，甚至是稱為中、日、韓三國大乘佛教思想史上最具影響力，最被看重的金鼎之作也不為過。此論似涵蓋南北朝已經形成的主要思潮（中觀、唯識、如來藏），但予以融會貫通，並立一家之言，多數學者則認為其為深受「密嚴經」及「楞伽經」的影響。尤其是因「楞伽經」而有此作。因此，也有多數學者認為它不僅是印度大乘佛學中如來藏（真如）緣起為主，並融合其他主流，而且還是加上中國道、儒思想中的「道」、「易經」之「太極」及儒家「人性」思想之作，所以應將看成中國佛教特有「緣起」理論。不過這裡小師將其視為企圖清除南北朝以來對唯識與如來藏本體觀念及關係內容、說法分歧，而會通二者之作而加以論述。而「起信論」相傳為馬鳴菩薩所造，真諦法師所譯，但近世呂澂先生認為本論的理論觸及原始佛教的根本原理「心性本淨、客塵所染（心淨塵染）」，但又因其對魏譯「楞伽經」誤解，方有疑是中國僧眾偽記馬鳴菩薩著作此論之認判，且其主張「起信論」是違反玄奘所傳正宗印度「唯識學」的染心或妄心派的觀點。對呂澂的觀點或「起信論」是印度或是中國之僧人所著，學者爭論不已，考證也各有千秋，難分勝劣，印順法師則認此論是真諦遊學「扶南（今柬埔寨）」所傳大乘佛學譯作，因此本論何人、何地所作，還未定論，小師這裡就不理會，而直逕以會解方式論述之。而因此論影響宏遠，因此多論幾點，望緣者能較了解，以下分點述之：

【1】了解的起點：緣者要了解「起信論」最好要先了解它是動態的觀點，尤其要理解此論在方法上或主要架構是用「不二而二」的觀念推架構出來，而用佛教常用的術語「不一、不異」來理解也行。不二語本「維摩詰經」，入不二法門品：「如我意，予一切無言無說，無諸問答，是為不二法門」。「不二」，在大乘佛教所說的意思是推「超越乎一切相對的兩極端而顯得絕對境界。」簡單的說，就是「不能言說、描述」的（宇宙）本體」的觀念，這不能說的東西，只能用現象界（相用）詮釋或解釋，才能使世人理解，理解完了還是得回歸「本體」，不能絕對的二分。這道理有如「真諦」無話可說，俗諦可解，真俗二諦密不可分。又如水與波，水為真諦、波為俗諦，水波密不可分，無絕對的對立。如果用「不一不異」來解釋「不一」就是有差別，「不異」就是在本體界無話可說，在現象界（相用）來說只能說是「有關係」、「不離」或「依存」、「依止」的「所依」或和合、覆蓋或是一體數面、數面歸體的觀念來解說。用更近人性的觀點來解釋，你、我昨日之心與今日之心不同，但心體不變，心體是同一心體，但「心、相、用」在今日又有別的意思，數心雖起但終究仍需歸體，所以不能絕對二分。若能理解這個，就能理解「起信論」中「不二而二」的思想、觀念。「心生滅門」不是「心真如門」的否定和異化，不過是「一心」展開又收攝的狀態，最後還是回歸於一心。也就是說所有在世俗諦出來的所謂異象、差別，如從無分別心或無可說的真諦去看，又不外是「妙有的實相」。同理，此論中的「如來藏（真如）與阿賴耶識，覺與不覺，真如與無明，亦不具絕對分立或異化的性質，它們只是在說明不變的真

如，不礙隨緣的「生滅心」。「一心」可以現起差別，異相而具有豐富且不同的內容，可以說明萬有的源起過程，也在說明眾生心性。因為「一心」即「眾生心」，而「眾生心」學者雖有不同解釋，但主流是泛指眾生所有不變的法體及眾生的心性，也就是眾生心性存有此一心。至於為何要用此「不二而二」的觀念來表述，如前文所述是要會通「本體」與眾生「心體」及「如來藏」與「阿賴耶識」，則不言可知了。另外，這裡要提醒的是：要理解這裡的「不二而二」，不可用西方哲學的概念「本質」與現象關係來直解，因為這裡的「相、用」在「起信論」中，都視為或規定為虛妄不實的存在。

⑵ 主要內容與主要思想：這裡融通的講

甲、內容是由一心、二門、三大、四信、五行來構成整個體系，所謂一心為眾生心（即真如、如來藏），二門指「心真如門」和「心生滅門」，三大指眾生心或真如的「體大」、「相大」、「用大」，四信指「信本真如」、「信佛」、「信法」、「信僧」，五行指修持「布施」、「持戒」、「忍辱」、「精進」及「止觀」五種修行。其中前三者在本論來看是指一心可開出二門，而二門無論哪門都有三大，用此三者可以解釋大乘佛法「法」與「我」，可使眾生了解進取佛法解脫之道的理論；後二者則重在眾生信己有根本如來藏清淨心為成佛因，信佛、信法、信僧，依修持「五行」，即可顯發佛性而成佛，所以它可說是大乘佛學理論與成佛實踐之方法。但綜合的來說，「起信論」的主要思想可以由此論「立義分」及「解釋分」所包括，次下就依慈航法師的「大乘起信論講記」為主，繼續述之。

乙、一心三大（大乘法、義、立義分）：主要在闡明大乘佛法全部要義，也就是可用一心三大來表示。大乘佛法的道理，總起來講有兩種，一為「法」，二為「義」。所謂「法」就是世間法，出世間法，可會歸於一心，就是我們眾生的心。但這心不是思惟的「妄想」心，也不是相宗所謂的「八識心」，而是聖者或馬鳴菩薩自己所證之心。這個心能夠把世間及出世間一切法，通通涵攝在內，依據這個心才能顯現開示大乘的義理，而這種心在眾生的共同心性或「因位」來看也是都具足所以稱做「眾生心」。為什麼依這個心就能顯示大乘的義理呢？這就是要了解法之「義」（法上所有的義理），這個義理可分為三即體大、相大、用大，也就是說真心「體大」，因為真心是宇宙萬有一切法真如性，是「生、佛平等」，所謂「在佛不增，在生不減」，就是此意。而真心的「相大」，是說這個真的如來藏本就是無量無邊的圓性功德。而真的「用大」，就是這「真心」的功用，能生一切「世間法」的因善果。而此「一心三大」知法義，就是十方一切諸佛，在因地時，本來所乘的「心法」，一切菩薩要到佛、如來藏的成就，也都要靠此「心法」方能到達。

丙、一心二門（心真如門，又稱不生不滅門與心生滅門解釋分）：即對大乘佛法的全部要義進行詳細的解釋（這裡的一心二門的解釋，古有採慧遠、元曉或法藏的解釋，近代學者多採法藏解釋，小師就沿用來解釋）。所謂一心二門就是心真如門與心生滅門，心真如門是指心在本體的狀態，它是「離相」、「無念」，不被任何妄念所染，基本上它是不可名說。以慈航法師在前文所說，要在心無能所（無心、無境）、沒有妄念的狀況下，才能「得入」，或聖者相應自證的狀態，才可體悟它的存在。心真如門既然無相可跡、不可言說，只能用「相、用」來說，因為在「起信論」中，前文已述是「不二而二」、「不一不異」的，以「相、用」來說就是依「心生滅門」來說。在「心生滅門」它強調阿賴耶識是「不生不滅」與「生滅心」的和合。「不生不滅」就是如來藏（佛性）的清淨心，而本覺（覺）的狀態。而處於「生滅心」就是「不覺」的狀態。而阿賴耶識就是依止在佛性（阿賴耶的本覺）上，可能有本覺（不生滅）與不覺得狀態，二者關係猶如虛空中有地、水、火、風，雖虛空為地、水、火、風所依，而虛空如淨常住不變，虛空如佛性，地、水、火、風如阿賴耶識不覺的狀態，地、水、火、風並非虛空所造作，空只是依存虛空之上，所以稱阿賴耶識是「心生滅」與「心不生不滅」的和合產物，或和合之物，二者只有「不一不異」的關係。

丁、那麼覺（本覺）與不覺的差異為何？覺是真如在相用（現象界）的情況，覺時離念，無念無相，離知見，不動心，就是淨。不覺則是真如隨緣，受無明顯響而起心動念，就是對相有妄念，就是染，因此覺的特性是無妄念、不動心，不覺特性就是動心、起妄念。同時，在「起信論」中，覺與無明（不覺）不只是如前述現象界的狀態、過程，而且被描述是「眾生心」心性上相對立的潛能、勢力或動力，因此它們可以「互薰」，也就是相互較力。而且由於它們間的關係是「不一不異」的依存關係，「無明」力大時就會「覆蓋」本覺而染，而且從染時會產生所謂「三細六粗」（三細：業相、能見相、境界境相；六粗：智相、相續相、執取相、計名字相、起業相、業繫苦相）的現象，在發生此一現象的過程中使本覺覆蓋得更加牢執；反之，若覺（本覺）力大，則能消除「無明」妄念，使染、執的情況漸減，使「覆蓋」本覺的情況漸減而還淨或日顯淨用，進而「離妄歸真」。

戊、「覺」與「無明」既然是眾生心性上對立的兩股勢力，那麼何者能勝出的關鍵因素為何？「起信論」的答案是除行者自身努力多聞思經教外，就看有無適當的「外緣」出現。這裡的「外緣」是指能否遇佛、菩薩、善知識及其引導，自身努力為「因」，外緣為「緣」，便能自斷煩惱入涅槃，內因、外緣、先天、後天因素缺一不可。

己、另外，緣者或許會追問「無明（無始無明）」是哪來的？這個比較深的問題，在「起信論」中解釋「無明」的起源只有「心不相應忽然得動，名為無明」。這話意思就是眾生心性雖屬本自清淨，但從無始以來不能了達「法界」。心既然與法界不能相應，結果就「忽然」而有「妄念」的念起。至於什麼叫做忽然念起，「起信論」卻沒有答案，古今學者研究了半天，也沒有確切的答案，只能說真如；本覺、無明這些都是「無始」的，而學者通說的「無始」，不是指西方哲學時間上的「第一因」，而是「沒有初因」的意思，範圍及性質上是屬「十四無記」類的範圍。

庚、調合頓漸：另外，「起信論」在在修行的頓漸也有所調和：「起信論」基本上是主張漸修的，標的就是「無念」或「恢復本覺的狀態，指的是心性不起、不動、離見、離相等內涵，也就是智慧、功德、清淨的體現。而這些須靠眾生修習六度或依修習「修行五門」而經十地菩薩的過程逐漸成佛。但是「起信論」也說證得「法身（即真如智）」的菩薩，功德圓滿了，就不必受「十地」等修行限制可以直接成佛，這種成佛便是「頓悟」。所以，成佛可以「漸修」實現，也不排除「頓悟」的可能。

辛、與唯識學（玄奘一系）的差異：這一點本不在「起信論」的思想內涵中，但是小師覺得還滿重要的，一來是免除用唯識學的思想去錯解「起信論」，二來可以用此對比去釐清「起信論」較細微或精細的思想部分，因而依學者之見簡略述之於後，二者至少有下列不同：

(子) 心、意、識的意義不同：唯識學與「起信論」或有融通之處，但至少在心、意識意義不同。唯識學以心為阿賴耶識汙染為性，意根為末那識，前六識為意識。但是「起信論」的心即「眾生心」，在「生滅門」中又稱阿賴耶識，但其意義是真妄合識，乃真如心（如來藏、佛性）隨緣而成。其次，意識的「意」義也不同。在「起信論」的「意」是指阿賴業，心依「無明」風動起念，而「識」為起念後五種心態或心的狀態，分別為業識、轉識、現識、智識和相續識。意思為妄心起念即有動，動即是業，因此稱業識，轉識依於業識別之動，轉有能見作用而轉成分別心，故稱「轉識」。依分別心所起之境或像稱為「現識」，而由現識而起分別染淨的心稱為「智識」。而每一智識分別染、淨、善、惡之念，都會構成一種影響留於心識中，由於念念不斷，故稱「相續識」，它一方面能保持去無量世的善惡業令其不失，且另一方面因相續識中業力，能引發現在未來的苦果業報，有貫穿三世一切業報作用，而這種作用在唯識學是稱之為「異熟識」。凡此皆可見二者在心、意、識上之不同。

(丑)有無「真如面」的關係與解脫的不同：「起信論」的心識說，從污染的生滅心緣起而言，是依心無明而起念，依意起意識，由三細而六粗，展現人性的作用。它與唯識學心識論最重要的相異處為，「起信論」的心、意、識之心實為一心，而且它與「眾生心」的真如面有不一不異的關係。此種思想、理論用於實踐解脫來看，「起信論」的心識說，是眾生須把生滅心所產生「覆蓋」在「真如心」上的汙染及無明加以去除，才能使自性清淨本覺真如心顯現，才能成聖成佛，而不像唯識學所說需經「轉依」步驟，把阿賴耶識徹底改造成「圓成實性」，才能轉識成智，成聖成佛。

(寅)薰習理論的不同：「起信論」將人性善惡、染淨，歸諸於真如（本覺）與無明相互薰習力量、作用的勝劣，是其薰習說，但這與唯識學薰習論有很大區別。唯識學所謂的薰習是 **1.** 同類相薰，諸法「增上緣」必為同類同性，例如只有無漏因才能引生無漏果，所以唯識家不許真如和無明彼此互動。**2.** 受薰者必為不含善惡的無記性，例如阿賴耶識本身是無覆無記性，依前七識或善或惡現行的薰習，可種下善或惡的種子。3.唯識學中的真如凝然，為絕對的真理，不能如「真如」隨緣產生得用。凡此三點，可見唯識學（玄奘一系）和「起信論」（甚至是「真常系統」）兩者的主要區別及特點所在。

壬、「起信論」的影響與意義及相關議題，這裡小師就不強分何者，直接依序來講：

(子)性宗的成立：學者認為它是影響日後中國佛學思想及心性論最深遠，且成為日後中國佛教主流或主導方向的一本論著。它實際影響範圍包括天台、華嚴、禪宗、淨、密，都有「起信論」所建立的「真如緣起論」影響的思想體系，尤其中國佛教的特產性宗（天台、華嚴、禪宗）更是受其影響。諸如天台三祖慧思的「大乘止觀法門」也都是在闡述「起信論」中的思想，而華嚴宗它的「法界（無盡）緣起論」也與「起信論」的「真如緣起論」的進一步發展，尤其對華嚴宗創始人法藏及五祖宗密的思想都顯現巨大的影響。甚至有些學者認為華嚴宗的主要思想之建立不是在「華嚴經」，而是在「起信論」之上。另外禪宗也有學者論證到東山法門或五祖「最上乘論」中的一乘為宗，一乘就是一心，也就是「起信論」的心真如。此外，神秀的「離念門」或漸修皆與「起信論」有關。有些學者甚至還論證到六祖惠能所提自心，自性就是「本覺」，主張「真如是念之體，念是真如之用」，就是「起信論」一心二門的體用觀念。而認為六祖所提倡的「無念為宗」就直接源於「起信論」的「若能觀察知心無念，即得隨順入真如門故」的思想。總之，日後隋唐「天台、華嚴、禪宗」等被歸諸於「性宗」，與玄奘唯識學的「相宗」，形成「性」、「相」之爭，即因於此。更重要的是「性宗」的共同思想：「把握真心」，提倡「返本歸源」，這是中國佛學的基本路線，並且深刻影響中國哲學思想的發展，也就是透過禪宗思想對於後來中國理學與心學都有影響，凡此都可說是源於「起信論」的影響。

(丑) 真如的緣起論：「起信論」創造出一種緣起論學者稱之為「真如緣起論」。所謂的緣起論，是佛教在說明宇宙萬法及人性種種生滅變異的原理、法則，是佛教異於其他宗教、哲學、思想的最大特色所在，也是一種至高無上的真理。緣起論若依華嚴經結合「判教」有四種，即小乘的「業感緣起」，大乘始教的「阿賴耶緣起」，大乘經教的「如來藏緣起」、「華嚴經」、圓教的「法界緣起」。若依其他學者還可加上「無明緣起」（即十二緣起及密宗的六大（地、水、火、風、空、識六大）緣起），以及般若中觀的「性空緣起」。學者又以中國佛教對心性思想的探索起點，準確地說，是從涅槃佛性思想切入的。而其中竺道生，便是將般若中觀的思想用「法性、實相」將宇宙本體論會通入眾生「佛性」的主體成「佛性我」。以此對照來看，「起信論」是將絕對的「一心」真如，以一心開二門的方式，將「阿賴耶識」先涵攝或會通於「宇宙本體論」再會通於「眾生心」的實體論上，使眾生含有不變法體及眾生心性，以這種「以心歸心」的方式，使「出世間及世間一切染淨諸法，歸諸於眾生自有的心。因而佛境界的緣起，也出於眾生的自心，所以信仰大乘，就是信仰自己的心，證悟大乘之理，也就是證悟這個『自心』，強調不假外求所謂『自性』已身有真如法，自可發心修行」。著重自己內心的修行，終究成佛，這就是「起信論」中「真如緣起論」所代表更深一層的意義與影響。至於這種緣起論，學者有的認為是吸取中國道家或易經，無極分太極二儀所成中國佛學獨特思想，但多數學者還是歸諸於「如來藏」系的真常思想之中。

(寅)本覺與本寂之分野：「起信論」的生滅門中提出了「本覺」的觀念，也是影響中國佛學思想主要的地方。所謂「本覺」就是眾生的心性上，在自性清淨，離一切妄相，照照靈靈，有寂照覺知的功用與性德，也是佛法身本有的功用與性德，只是此功能性德易被「無明」所覆蓋，而淪為眾生於六道輪迴，迷不知返。不過「本覺」這個思想被近世學者呂澂先生認為是中國大乘心性佛學思想的特色，而非印度大乘佛學心性思想（「心性本淨，客塵所染」的思想），所以其認為印度大乘心性思想，應該以「性寂說」來表示。「性寂說」據學者研究是站在般若中觀的「空宗」的立場，以法性或實相「無自性」的空寂，來反應眾生性成眾生解脫後的心性（因學者研究呂先生文章，法性與心性有時分立，有時同一之故），只是呂先生用「煩惱不相應的寂滅、寂靜，來替換了空宗無自性的寂滅」。因此呂澂的「性寂說」在強調眾生本然或解脫後的心性就如法性，是「煩惱不相應的空寂」，並以此概括了印度大乘心性佛學思想，也用此解釋「心性本淨」的意涵，並且強調「本寂說」是可能的、當然的。而「本覺說」卻是現實性與已然性，如此在呂澂先生眼中，中印心性佛學形成了鮮明對比，二者相殊懸遠，簡直背道而馳，如此便將中印佛學的心性思想二分，致引起當時佛教及學界很多爭論。較有名的例子，就是持中國佛學圓覺思想的太虛與呂澂支那內學院的思想大戰、流風所及還影響中日學界對如來藏是否「基體論」的論戰，甚至也包括中國佛學的真偽之爭。

(卯) 近來學者，對呂澂先生的「本寂說」持有相反而有力的立論，他們認為「本寂說」的立論主要的依據，其一是它堅決否認如來藏系經典在印度佛學的合法地位；其二是未將印度唯識學真諦所傳譯的古唯識學（及前文所述無為依唯識學）加以了解，或玄奘所傳的唯識學也隱含「本覺」的思想以及含有「佛性」觀念的中觀思想「三論宗」，加以完全的忽視，因而也不視為是中國佛學有機部分，這些因素使呂澂先生有了錯誤的判斷。現代學者中就有指呂澂先生的觀點錯誤，以小師較熟悉的有楊維中先生著有「論印度佛教心性論的形成，發展及其對中國佛教的影響」，「本淨、本寂與本學—論中國佛教心性論的印度淵源」等系列文章；另外的則有周貴華先生著有「『大乘起信論』的『一心二門』說—與唯識相關義的一個比較」、「從『心性本淨』到『心性本覺』」等系列的文章。在他們的文章中評論呂澂先生的「性寂說」的缺點，大致上有共同的二點，其一即是對真諦所傳攝論學派中「古唯識學」的忽視，因此在「古唯識學」中早有以八識外，該出第九識（阿摩羅識）為眾生清淨心體與佛性之理相合之心體的事實存在，這也可說早期印度唯識學即有以真心及如來藏清淨心來詮釋眾生心體的說法，可說是「本覺說」、「真如緣起」的本源依據之一。其二，大致可以說成「本寂思想」是否與「本覺」是否真的可絕然而分，實有窒礙之地，因此只能說是印度佛教以「本寂說」為主流，而中國佛教則以「本覺說」為主流。其立論大致以無「本覺」何以致「本寂」？因此「本覺」與「本寂」僅能以互補關係看待，不可絕然而分。另外印度唯識學中「無漏種子」及「見道思想」也隱含「本覺」思想的意味來論述。另外在個別的論述上，還有「本寂說」、「本覺說」都是源自「心性本淨」的思想基礎上詮釋，只是強調法性宇宙本體（自性空、畢竟空）與眾心解脫主體（心）重心、角度的不同。或是「本寂說」僅能說是用「般若中觀」的角度來解釋眾生性，不能真實反應出「心性本淨」思想在印度各期發展，於此就不細說。有興趣的緣者自可就前文提及的楊維中及周貴華先生系列諸文參閱，當有更詳細想法，了然於胸。在此，小師只舉出一些學者觀點，供緣者參照，不做是非之判，只是提出「本覺說」思想確是可代表中國佛學思想特色此點，應是事實。

(辰) 歷史抉擇下合理發展的路徑：在印度佛學晚期，僅剩中觀系與唯識學是不變事實，如來藏系被吸收在唯識學中僅能以「無漏種子」與「圓成實性」存活也是事實，但在中國（心性）佛學，「起信論」的「本覺」思想或「真如緣起」思想占有國佛學主要地位也是事實。唯識學－尤其玄奘的唯識學，唯識學派給予人性嚴密繁複的分析，固然解釋了現實人生（尤其雜染方面）有其獨到之處，但「種性制度」的觀念，也顯示了它的缺陷之處。反之「本覺」思想也並非完整無缺（如無明的由來欠缺解釋或是無論其如何自我解說是符合「無我論」，但是如來藏系總被指責成有「梵我」思想的存在）而中觀系，除修習「般若」外，對眾生而言，很難有個理解及下手處。但是如果撇開佛學的爭論，來研討「心性之說」，在佛教史學者約略分類下，將「唯識學」（玄奘一系）歸之於「妄心派」，與如來藏系真常系的「真心派」；有位學者指出妄心派以妄心為主體，正聞薰習為客，真心派則自性清淨為主，無明薰習為客，兩派各有所偏重。以妄心為主「有漏法」的產生很容易解釋，但是由生死轉成解脫的必然性，就比較成問題。相反的以真心為主，很容易說明「無漏法」的生起，而對有漏法就有難解說之處。而中國佛教的心性論「本覺說」會形成主流，原因很多，但最重要的原因，「本覺說」將「真心」即真如心與眾生之心相結合，從理論上更容易說明成佛的可能性，並提供了理論依據。其二「本覺說」所蘊含不變「真心」的理路與儒家思想，特別是思孟（子思、孟子）學派的「心學」思想及道家「本體論」思想，有較為明顯的契合點。正因如此，日後「法相唯識學」的心性論傳之未久，而「天台、華嚴、禪宗」等「性宗」的心性思想卻影響巨大，並且成為唐代以後儒、道學心性思想發展資源。另外「本覺說」仍保有「心性本淨」思想特色，如不拘「印度佛學中心論」或「中國佛學中心論」來看，有些學者竭力將「起信論」、「楞伽經」論證是中土人所撰的「偽經」，然而在無確切證據能證實及勘定之前，不論其用意不管是欲提升中國佛學的地位或是取消這些「本覺說」所依持基礎的基本經典的「合法性」，都是缺乏歷史依據的種種觀點或因素來看，「起信論」的「本覺說」試圖會通真、妄二派，並在真、妄心之爭外開啟另一條路，而又為「中國佛學」所接受而成為主流，這是歷史的自我選擇，尤以思想接受史來看，思想的發展史來看，它是一條合理的路徑。

6、隋唐佛教（宗派時期）特色與性相二宗的分立：

佛教傳入中國經過五、六百年的傳播發展，在思想上已經與中國傳統文化結合，在經濟上建立了與中國封建經濟制度相通應地以土地經營為中心的寺廟經濟，從為隨唐時期建立富有民族色彩特色的佛教宗派，提供有利的條件，也就進入了中國佛教史上的宗派時期。在此時期以總體觀點，小師覺得有二點值得重視，於下略述之：

⑴宗派特色：隋唐時期成立的主要佛教宗派有天台、三論宗、法相宗、律宗、華嚴（賢首）宗、淨土宗、禪宗、密宗這些佛教宗派，除密宗情況稍有不同外，都是中國僧人直接創立的，所奉經典中雖也有一

部或幾部漢譯印度佛經，但最重要的是各宗創始人的著作。其中的天台宗、華嚴宗、禪宗的民族特色最為鮮明，影響也最大。概括地說，學者認為佛教宗派具有以下特點：

甲、把中國道家的本體論與印度大乘佛教以空、真如（佛性）為本體的宇宙論會通結合，並依據般若中觀學說的「不二法門」，提出現象與本體的圓融無礙，主張「真俗不二」、「體用相即」的佛教哲學。

乙、依據色與心、能與所、正報與依報不二的理論，把本體論與心性論融會貫通，認為真如佛性不僅是宇宙萬有的本源與本體，而且也是人的覺悟基因，在論證中又吸收了儒家人性論的思想。

丙、發揮「真俗不二」、「煩惱是菩提」的理論，主張出世不離入世，生活日用即為佛道。其中禪宗尤為突出，寄坐禪於日常生活之中，說「平常心是道」。

丁、把儒家的善惡理論規範和道德說教，吸收到佛教中。即是將最通俗、最易於為民眾接受的善惡報應和輪迴思想、觀念相互結合，在統攝人的精神和制約人的行為方面發生了儒家思想所不及之處的作用。

戊、受中國宗法制度的影響，建立僧民冠「釋」姓制度，另外也在各宗各寺院建立了法嗣制度。

(2) 性、相二宗的分立：在南北朝各種宗派心性問題及討論所累積的理論成果基礎上，終於在隋唐心性論形成不同體系，以總體的眼光來看，可分二種：其一是比較受地論，攝論及最重要「大乘起信論」影響的天台、華嚴和禪宗，以貫通心體與本性（理體）為理論旨趣。這三宗心性思想的共同來源為「起信論」，而天台、華嚴、受古唯識學的影響較為明顯，而這三宗的心性模式可以用「心性合一」來表徵之；其二就是思想立於反對或批判地論、攝論學派及起信論的思想，以新譯法相唯識學為主要思想的玄奘所傳的「慈恩宗」。此宗以印度護法，戒賢一系的唯識學為正宗，一反梁代真諦所傳的印度早期唯識學以真心即如來藏自性清淨心來詮釋眾生心體的說法，力主佛心與眾生心有殊及分別，從而主張心體與本體（理體）二分而僅以「無漏種子」連結二者，心性模式上，某種意義可認為適用「心、性」二分的模式。前述的二種心性模式下，就是傳統所稱的「性宗」與「相宗」的分別，學者認為「心、性」是否二分，是性宗與法相（唯識）宗最大分野之處。因為「性宗」即中國化佛學所力主本體（理體）內在於眾生主體（心性），而且認為眾心之心含「覺性」，只是由於「無明」而有「不覺」，這種理路就是前文的「本覺說」。而相宗反之，法相唯識學認為心之性或稱「心性」是「本體（理體）」，而眾生的當下現實的心即「主體（心體）」則是由藏識的妄染性所決定的。在「心、性」二分的觀念下，「心體」只是一種「依他起」，因而是可「轉捨」（依轉依而捨）。唯識宗的藏識模式與「性宗」顯然不同，在呂澂先生之後，近代或現代學者有時就逕稱為「本寂說」，來區別印度佛學心性論與中國佛學心性論（本覺說），不過是否確當，前文已有所述，緣者自可評量。

7、隋唐佛教心性論所用的主要架構與旨趣：

學者認為隋唐「性」、「相」二宗的發展，大致就完備中國佛教的心性論了。同時，它也脫離了南北朝盡是談論佛性為何或眾生是否有佛性的有關範疇，進而論證如何成佛的問題。而且受到「大乘起信論」的影響，延用了體、相、用的觀念架構，尤其是「體、用」的觀念，而且是體用不二、體用相即，來闡述心性論。次者用「心（性、佛性）、佛、眾生」觀念的次架構，來解釋二者關係，有時是二者的巧妙運用。而論證的主軸，通常是萬法的本體是什麼？然後「本體（理體）」如何產生萬法？（「起信論」的「體、用」），再來就是眾生的心（性）此一「主體」與「本體（理體）」有何種關係？而結果通常是會通與融合的。這樣的論述，其目的是在為眾生成佛有形上的根據。另外，論述的其他主軸則落在眾生「心」與「性（佛性）」和萬法的關係，也就是「心、（性）」與「色」的關係，來解釋論述「心、（性）」是否會染淨的問題，而論述的目的就是為眾生解脫成佛提供心性論依據。因為「心、（性）」與「法」因而染淨的關係就是「心、（性）」是否從物或相及意義「世界」解脫的關係。而此中論述過程，除了心（性）染淨的關係外，如還加上心（性）的善惡觀念，但不管前述理論採用的名相、理論過程多麼繁複及完美與否，其論述的最後目的或旨趣會落在「心性與解脫」這一範疇或主題中，即「心性」的證得或轉變中。也就是說，佛教心性論的所有理論，其歸旨就是指向「修行解脫論」。以此旨趣或目的為視角、加上前述架構及論證的理由，來看隋唐「性」、「相」二宗，尤其是性宗，就會知道其邏輯、脈絡與用意了。也因此，為什麼學者會將中國佛教的心性論視為一種「本體論」，也是種修行解脫論，更是種特殊的「人性論」，也就是仍以關注「人」為傾向的人性論，它具有此三種或更多種合體為一的理論。同時，它是貫通或圓融這些理論為一的理論。只是小師發現學者在論述前述「本體」時，有時用「理體」即是一種假名設施解釋之，有時用「理事」合一之體解釋之，有時逕用「般若中觀」解釋，在此意義上，「本體」不是實體。但有些學者則用「心性」或「實體」來解釋，那麼「本體」就不再是虛體而有實體化的傾向。當然，也有「般若」置入「佛性」，事實上，很難說其虛實。但學者多偏向解釋是種「理體」，以符合及限縮在「無我」的意義上，這種作法或看法，古今大師也都是有的，如何判斷是虛是實？則留給緣者判斷。但不論「本體」的解釋是實是虛，緣者需了解，中國佛教的心性論或「本體論」，是具有可修可證的性質，這是與西方哲學的「本體論」最大不同之處，深盼緣者深識之，否則學佛落成戲論，也永遠進不了門。

8、天台「性具說」與華嚴宗的「性起說」：

二者雖同主張眾生悉有佛性，皆倡導心、佛、眾生三無差別，都是迷凡悟聖，都以圓教為極致，並且自認以本宗為圓教。但實際上其「佛性論」卻有差別，而「性具」與「性起」，就分別代表其「佛性論」，於下分述之：

(1) 天台「性具」說：天台智者（智顗）大師對「佛性」有個奇怪的看法，就是「佛性」善惡皆具，所謂「奇怪」就是指相對習慣前文歷史上「佛性是清淨」為主的而言顯得奇怪。不過經過前文對隋唐心性論架構及緣由的了解後，也就沒那麼奇怪了。要了解「性具」說，最簡要的方式就是將「性」、「具」分別了解。有關「性」的了解要先看智者大師在「妙法蓮華經玄義」中這樣說：「其一法者，所謂『實相』。實相之相，無相不相，不相無相，名為實相，此從不可破壞真實得名。又稱實相，諸佛得法，故稱『妙有』；妙有雖不可見，諸佛能見，故稱真善妙色；實相非二邊之有，故名畢竟空，空理湛然，非一非異，故名『如如』；實相寂滅，故名涅槃；覺了不改，故名虛空；佛經多所含受，故名如來藏；寂照靈知，故名中實理心，不依於有，亦不附無，故名中道，最上無過，故名『第一義諦』」。因此在這裡智者大師將佛性就是中道實相，義同妙有、畢竟空、如如、虛空、如來藏等，所以「性」是指一切法的實性（本體），學者一般稱此觀念為「中道佛性」或「妙有佛性」，這是他理論的第一步；其次談「具」，智者大師進一步的將中道實相，將龍樹菩薩的「般若中觀智」轉化或轉換成一種本體論型態的「中道實相觀」。即一切事法均具有空、假、中三諦，三諦圓融，任一諦涵具三諦，故不僅第一諦能涵具一切諸法實相，且三諦圓融的中道實相能涵攝世出世法，有為無為染淨，一切事法無不含有中道實相，煩惱及菩提，無明即法性，以小師理會而言，這是「具」的第一層面意義，也是理論建構的第二步。再來就是以「具」的多層面闡述，如「心、佛、眾生」三者互具，即非常繁複的說明，也是最多學者討論的「三因佛性」（此中將佛性三分，即正因佛性、代表無善無惡永存不變的佛性與了因、緣因代表染惡性真的佛性面）互具，即是包含由妄轉淨的過程與統一來談互具。再次又以「十法界互具」

即「六凡四聖、地域、餓鬼、畜生、人、天、阿修羅、聲聞、緣覺、菩薩、佛」互具。再以一法界具「十如是」（萬法實相或萬法共通面）與「三世間」（五蘊、有情、山河大地）成法界三千世界觀，而三千法即是「法性」。最後用眾生心中的「一念無明心」與「法性」互具，來完成「一念無明法性心」的理論。由此可知，「具」的觀念是多角度的、多層次的連結。但是簡約的來說，也可以以「中道實相」與「三因佛性」的連結即可表達其「佛性論」的思想。這也許就是有些學者認為「性具說」是在「一念無明法性心」的次級理論的原因。但不論如何，「一念無明法性心」是在說什麼呢？其實是說不可思議的一心或一念具一切因緣所生法，也就是說一切諸法，一切現象於一念心中當體具足。也就是通過「性具說」把一切現象收一切法收攝在「中道佛性」論中，而且把「中道佛性」歸到於眾生「當下」的心念之中，這是天台以圓融不二的中道實相來立論。也有學者論述那是與「止觀」有關的禪定修習有關，才會有如此「創發」或「六經注我」的思想有關。最後要說的是，學者認為「一念無明法性心」是天台「判教」的標準或有關，於此就不論述了。

(2)華嚴「性起」說：要了解天台「性起」說」，最好的是先弄清楚它的「本體」說是什麼？及它與「法性緣起（無盡緣起）」說有什麼關係。法藏在「修華嚴奧旨妄盡還源觀」所說「依體起用，名為性起」，這就是「性起」最基本的定義。也可以看做性起說和法界緣起說最集中的闡釋。根據這個說法可以包含兩種意思，第一、佛性是萬之體性，一切差別的相的本體；第二、依據這一本體而起的一切法，即所謂「依體起用」，而這第二層意思，就具體的體現為法界緣起，二者關係看起來「性起」像是緣起的一種期待，但是從本體論的角度則可說是法界緣起是依據性起而來。因此，學者僅論「生、性」關係時通常用「性起」來說，論及萬法待緣而起時則用「法界緣起」來說。這個確立了，就可以很清楚「法界緣起」之「法界」與「性起」之「性」的意義皆為相同，皆指同一本體，而這本體為純淨至善的本體，華嚴人稱為「真心」或「如來藏自性清淨心」、「清淨佛智」、「一真法界」或一般通指的「佛性」，其是有主、客觀唯心及具體之心的傾向。清楚這點之後，就能清楚用「萬法唯心所現」及「法性圓通」的觀點或原則下，用非常繁雜的方法，包括「理事關係」、「三性同異」、「六相圓融」、「四法界」、「十玄無礙」等等學說建立起「一切諸法都是相互為體，相互為用，舉一塵即亦理亦事，談一事即亦因亦果，緣一法而起萬法，緣萬法而入一法，重重緣起而緣起之義無窮，故稱無盡緣起（或法界緣起）即一即無量，無量是一的學說。最後以『心、佛、眾生三者一體本來無別』（不同天台『三者互具』）。」的架構下，來說明萬法都是佛性的體現，離佛性之外，更無一法後，直指眾生無不具足如來智慧，只要稱性而起，便可作佛。因此，「性起」、「稱性而起」最簡約的說法即眾生本具佛智慧，只要「稱性而起」自證佛智便可作佛。說的繁一點就是「隨拈一法，能悟無盡緣起之真理，從萬千差別，體認就是自心的妄心差別，究其實際，本是一體、一心，自能「能聽俱消」，了悟「妄盡還源」之理，也就是「若離妄念，唯一真如」，只要是離卻一切妄念，眾生本是一個自性清淨的真如佛。當然要離妄念，依華嚴人的看法，還是要通過華嚴觀法的修持才能獲致的。最後，小師帶上一筆，華嚴的「法界緣起」與中觀系的「緣起性空」又有何別？差別就在中觀系的「緣起即性空、性空即緣起」思想，並沒有「本體的觀念」，這就是與華嚴宗「法界緣起」，同樣談「緣起」，而有差別之處。

9、六祖革命：

禪宗是最為典型中國化佛教宗派，其影響力之大，在隋唐之後，禪宗幾乎成為中國佛教的代名詞。禪宗又因主張「以心傳心」，真傳佛的心印，而又稱「佛心系」。「以心傳心」的心，指佛心、自心，意思是師父不依經論，離開語言文字直接面授弟子，以佛大義使弟子自悟自解，這也叫做傳佛心印。弟子為師父當下直接認可而得心印稱為「正法眼藏」，即是得佛教的正法，被師父直接印可的徒弟可以相承嗣法，如此一代一代內證傳承，構成禪宗「法脈」。禪宗的特徵通常被概括為「不立文字，教外別傳，直指人心，見性成佛。」「不立文字」即不依據文字，不依據經典。而「教外別傳」是唐代中期的特色，所謂「教外別傳」是「不立文字」說的發展，它不是與經教完全絕緣，而是強調在傳授上不依文字、言教，即另有「心印」，故禪宗又稱作「別傳宗」。而「直指人心，見性成佛」，指深徹見心源，從而成就佛果。從這些對禪宗特色的表述，可見禪宗以直觀、參究的方法徹見心性的本源為主旨。禪宗發展至「六祖」惠能時，其禪法的創立在中國教史上具有劃時代的意義，因他對傳統禪宗進行了一系列根本性的變革，因此在佛教史有「六祖革命」一說。他的「六祖壇經」，語錄式的集文，是唯一由中國人自撰，而被奉為如佛親說的「經」的地位，可見中國佛教徒心中對其尊崇之隆，其地位之高，實難行之筆墨，南懷瑾曾譽之「古佛再來」。又六祖惠能的真身，雖曾受「文革」略有摧殘，但仍完好如初，供奉在「禪宗祖庭」廣東韶關華南禪寺，見證了佛法不虛，小師在此奉勸佛弟子，好好參究「壇經」，以為資糧，信必有成。事實上，小師個人相信壇經本來就是一本成佛之道，並以下諸點論述其思想：

(1) 前理解：也就是小師為使緣者以較少篇幅論述，又能使緣者能理解「壇經」思想，不偏不失，又能兼顧歷史思想，想來想去，以這樣的安排，了解「壇經」有關問題，具有比較清楚的架構，分述如下：

甲、壇經版本：敦煌本「壇經」曾被胡適認為作者是神會而非惠能，但此觀點被錢穆、印順當代學者駁之甚詳佛學、教二界，甚為周知，就不去論述。一般而言，「壇經」版本固有二、三十種之多，但主要是敦煌本，惠昕本及契嵩本的不同翻刻，因此，可分為主要三系。其中敦煌本「壇經」於 **1923** 年被矢吹慶輝發現，**1928** 年編入「大正修法大藏經」第四十八卷中，立成為研究惠能可據最古樸可信之基本材料，這樣的做法一直是學界的主流。又學者研究中敦煌本「壇經」目前以任子宜收藏提供之「敦博本」最佳，是最好的敦本「壇經」，最值得參看的版本，學者楊曾文在其所著「敦煌新本六祖壇經」一書附篇（二），收有「『壇經』敦博本的學術價值和關於『壇經』諸本演變禪法思想」一文，對「敦博本」發現之始末，及其版本的價值優點，有詳盡的討論。至於惠昕本和契嵩本，固有後來的資料添加，難辨真偽，但是這二本序中都有提到除敦煌本外有一個時期約略在敦煌本同時期略晚，另還有一個文繁的古文存在（現已佚失），而此古文的價值與敦煌本等同。而惠昕本與契嵩本是曾參考此古文資料的，因此二版本添加新資料，未必不是依據古文的資料所添加的，所以此二版本也有參看、補充的價值，應是無損六祖思想真義的。

乙、如來禪與祖師禪之別及輔以洪州：學者把菩提達摩直至惠能之前的禪學稱為「如來禪」（達摩之前的印度所傳入中國的只能說是「禪定之學」）。「如來禪」中的四祖道信及其高足弘忍兩代弘禪法又稱為「東山法門」。而惠能所創之「南宗禪」及其徒荷澤神會（創荷澤宗），南嶽懷讓（其徒馬祖道一創「洪州宗」），青原行思（其徒希遷創「石頭宗」）三系並弘之禪宗稱之為祖師禪，由此三系分化出來的「五宗七家」則稱為「分燈禪」，這是學者大致的分類。不過緣者要注意的是學者亦將「如來禪」時期中源自四組道信的「牛頭宗（牛頭法融）」，雖不屬惠能禪系，但思想相近，故也被歸類為祖師禪。學者又指出，就心性論而言，祖師禪與如來禪的思想差異很明顯，而分燈禪則是近一步將祖師禪之心性思想貫徹於修行實踐及日常行事之心，但是各宗「接引方式不同」，對後世影響也有流弊。如來禪所言本體之心多指本寂真心，主張由於眾之心本寂，因而去妄歸真守心、修心、安心為要，所以是漸修為主。而祖師禪則從惠能即是主張「即心即佛」眾生自心、本性就是佛，強調只要自力解脫、頓悟成佛，因此二者顯然不同。究其原因是「如來禪」時期，仍是受「楞伽經」及「般若」思想的影響，也就是此時期，仍受融合「如來藏」與「唯識學」思想的「楞伽經」或「般若」思想影響，弘揚禪學時，只是二種系統的偏重而已。即便是到「東山法門」時期也是企圖將「楞伽系」思想與「般若空觀」結合起來而未果，因而呈現實踐上二重性的矛盾狀況，也因此學者認為後來禪宗南北宗之分立或分歧就是在如此主因。總之，「如來禪」時期，從達摩至東山法門，至東山法門的繼承者神秀（北宗）都是重視經教，提倡藉教悟宗的。基本上是視「真心為本體」、「眾生心為染妄」的或具「染淨二分」的，因此重視坐禪、念佛、守心、去妄求淨，而參禪本身就是漸悟過程的。一花五葉是祖師禪南宗「南派」的觀點，所以小師認為，祖師禪中至少有三系，而此三系中固然同源自惠能。就學者的分析，三系之間是有不同之處。神會（荷澤宗）固然有澄清六祖法脈正統及傳承宗旨，並直指神秀一門師承所修法門是漸，並著「顯宗記」定「南頓北漸」之功，而使「北宗」神秀禪法影響日消，六祖惠能禪法日盛，後來成為中國佛教主流之影響。但其本身仍主張尊教讀經，追求知解，並強調開發人人都有的內在靈知，這「靈知」是人心的體性，本質亦即強調「開發靈知（即覺、即般若智）」重視「知解」在自悟中的作用。但這種思想在其他二系看來，神會只是個「知解宗徒」，依然只是在文字障裡討生活，是求不得解脫的。而洪州宗與石頭二系，固然共同主張用心於知解之外即不立文字言教，不求經義知解，提倡直指人心的直覺主義。但石頭宗據學者研究是受牛頭禪（雜有中國玄學）及華嚴宗的影響，禪法涉及「本體論」，又傾向調和頓漸法門及荷澤宗與洪州的對立。因此要了解六祖惠能的思想或比較貼近六祖的思想，是在洪州宗或源於洪州宗的臨濟，溈仰宗二宗之中，這也許是「臨濟宗」直至今日仍然大興的原因，這是緣者應有的認識，也是本文「輔以洪州」的意思。但緣者也需體認若認為他系或個別禪師就無貼近六祖思想的可能，那也非小師的本意。

丙、泯除知見，無住生心：論述「壇經」的文章是超多的但仔細看的時候，很多學者其實無論是論證多麼繁複，多少有在立於「般若中觀」或「如來藏佛性」系的立場來申說而有點偏失。小師認為較好的說法是「般若中觀」與「佛性（自性）」思想的結合（即無住、無相（般若）與無念（佛性）的結合），或「般若中觀」與「佛性（自性）」思想不二或一體兩面，或用「起信論」的體用不二的觀念解之。但以小師個人之見，論的最好的當是聖嚴法師所著「六祖壇經的思想」一文，文中說壇經所引涉的經典從楞伽、金剛經、維摩詰經……等十餘種經，重點在「般若」、「佛性」、「不二」等思想，而歸結壇經是以般若為方法，以如來藏（佛性）為目標，或者說是般若的空慧，實證真如佛性，即明心見性，其目的在於證明「相無而性有，強調本心，本性實在。」為什麼他會這麼想，他解釋說：「從中觀的立場看般若，若得般若見諸法自性是空，那就是目的，不再另有如來藏、佛性、法性等目的可求。可是從如來藏（佛性）系統來看，般若只是功能，不是其本體，功能必定有其所屬，所以產生了如來藏和佛性等思想。於是『六祖壇經』雖讓人見到般若的思想，實際上是以如來藏為根本，這是非常明顯的事。」所以小師認同此說。其實，就小師個人所體，雖然學術上「般若」及其衍生的「中道」、「實相」、「真空萬有」之「真空」或如來藏「佛性」、「自性」或「真如」以及維摩詰經「不二」的，以及見「性」之性，雖學術上各有經、論之源，但仔細詳查探其本源，終落得一句話「無形無相，無可言說」。在此基礎上能強說的，也是學者們所常說或強說的思想是「不分別」、「不執著」或「無住」、「超越」二元，對立兩邊、「沒有能聽、所聽」、「無所得」、「一法不立」、「一塵不染」、「空」及「畢竟空」等去描述、指述。再簡單點：「泯除知見」就可盡包以上諸語，而「泯除知見」的意思是說，除了以上各種「強說」，皆有去除、拿掉或放下，連「泯除知見」這四字也應去除、拿掉或放下，才算是到底意味，才算「入門」。以壇經來說就是「本來無一物」，在「入門」之後才能再談「無住生心」。至於小師為何有如此看法，與自身體驗有關，後文當有交代共享。

丁、讀「壇經」的較好方法與「保任」：小師在著筆本文之前，至少讀過三次壇經，每次都歡喜異常，可是又說不出條理，直至撰寫本文時，才覺得以前的讀法是錯誤的或是較不好的讀法。對緣者或學者而言壇經只是中國佛教思想史重要或光輝的一頁，但是就小師的經歷（包括陳師姊述於小師），與自身的受用而言，小師才體認到壇經所述的真的是在見地、方法上是真實的「成佛之道」，其意涵實包含陳師姊所說的「上、下集」，也是符合陳師姊在進修下集的理路。也就是小師在認清了這些後，才對真正的佛法及修證豁然開朗，同時對陳師姊的上、下集與壇經「說什麼」與旨趣以及較好讀壇經的方法有了更深一層的體認。不過這體會實很難為外人道，說來還是話長，於此不述，後文再說。在此只先說明讀壇經較好的方法，小師體會較好的方法是將壇經出至不論各品有關的重要語句先行摘出，然後自行設標題歸類，諸如「佛性、自性」有關為一類，「般若」有關一類，「不離世間覺」或「見性」、「心行」為一類，自己自製與歸類為自己的「壇經語錄」，即有如網路上所歸類的「壇經語錄」後，各類綜合參看，另擷取網路上較好的文章數篇參看，則小師認為不論緣者程度為何，已悟未悟，終究較能體會六祖及壇經本意。另外壇經中的「頓悟頓修」，小師查閱數文與體會後，它指的真是「融攝修行於悟境」的一種境界與方法，是可能與存在的，也是禪宗「保任」的真義，不過它真的很可能只適用於六祖所指的「最上乘人」，這個很可能就是「大和尚」或「再來人」才能用上，緣者或小師很難用上的。所以後世禪師固知「保任」之義與理，但是都主張「頓悟漸修」，來解釋「修行」之意，而其過程則為「牧牛圖」，來解釋禪宗的「成佛之道」，而不是俗人、邪人隨口說說的「頓悟成佛」。

(2) 壇經的思想核心：壇經思想解讀文章難以計數，小師參酌數文，謹以三點略述之，若緣者已如前文自製語錄，當知小師引文也是略舉，緣者自可參引更多，就不在話下。只是這裡小師需先陳明，小師所分個點，其實是一體數面，需融合思之，方不離小師之意，以下略分數點述之：

甲、即心即佛：若要細論「即心即佛」此主旨，小師認為可用「自具般若智，識心見性，自修成佛」

來解釋其含義。且小師認為這幾個字下又可含攝：佛性人人具有，不假外求，直指人心，頓悟成佛，自性自度，皈依自性佛，無相仟悔，自性五分身，自性四宏願，以性、智、行成就一體三身佛都與此有關，因此了解這幾個字，略加會解，參酌相關文語或學者文章，就可了解所含攝的觀念意思以及為何這麼說的原因所在，而不需小師在此多加筆墨論述的。所以小師就主要解釋這標題為主，其他就隨緣帶到，不加多論。「即心即佛」的意思是以人、我眾生的自心或自性就是佛，只是眾生迷昧，不知此理而已。壇經一開始就告訴你，「佛性本無南北」，就是人人有佛性，而且進一步就告訴你「佛性」長成什麼樣，佛性就長的「本來無一物，何處惹塵埃」，再來就說佛性的特性是「何期自性『本自清淨』、『本生不滅』、『本自具足』、『本無動搖、能生萬法』」。又說「本性是佛、離性無別佛」、「世人妙性本空、無有一法可得，自性真空、亦復如是」。這個大致就是「即心即佛」此一主旨的意思，當然還可引更多，於此不加贅述。次說「自具般若智」，「自具般若智」說的是人人不僅有佛性，而且是佛性上自有「般若智」，而般若智長成什麼樣、有什麼用？壇經上說「最上乘人，聞說『金剛經』，心開悟解，故知本性自有般若之智、自用智慧，常觀照，故不假文字」、「世人妙性本空、無有一法可得，自性真空、亦復如是」、「一切般若智，皆從自性而生，不從外入，莫錯用意，名為真性自用」、「般若無形相，智慧心即是。若作如是解，即名般若智」、「摩訶般若波羅密，最尊、最上、最第一。無住無往亦無來，三世諸佛從中出。當用大智慧，打破五蘊煩惱塵勞。如此修行、定成佛道」、「以智慧觀照，於一切法不取不捨，即是見性成佛道」，以上大致就告訴你了。金剛經以萬法「無所得」及「無住生心」為主旨，你若能如壇經所說「聞說『金剛經』心開悟解」，你便可以經由「覺照」自心，了解自己內心萬法亦是「無所得」，也就是你的「自性佛」本無萬法或「自性真空」，所以壇經告訴你，人人的佛性是自具「般若智」，也就是說，般若是人人自性（佛性）就有的，是沒有形相的智慧，它可以用來「見性成佛」、修行及「保任」。再來說「識心見性、自修成佛」，這幾個字，就是要你自己運用般若，也就是壇經中的「正見」、「善知識」頓悟自性，或頓時見性後「自修成佛」。其中，「識心見性」中的「識」與「見」，依學者研究，是種證悟，是種頓時的「親證」，不是一般的「知見」或「思維」，它不是以往任何概念、思維行事的直觀，沒有見及被見之區分，也就是小師前文所強說「泯除知見」的意思。就此論經中說：「自心常起正見（般若），煩惱塵勞，常不能染，即是自性」、「故知萬法盡在自心。何不從自心中，頓『見』真如本性？」，「菩薩戒經」云：「我本元自性清淨。若『識』自心『見』性，皆成佛道，……，若要起真正般若觀照，一剎那間，妄念俱滅。若『識』自性一悟即至佛地。善知識，智慧觀照，內外明徹，『識』自本心。」這些是要眾生各自於自心中「般若觀照、頓悟自心、自性」，至於「自修成佛」就如標題所含攝，除頓悟自性外，「頓悟頓修」所攝含義有關語法，甚至壇經所述其他諸法，都是源此，就不再贅述。

乙、修無念行（即般若行），時時消歸自性（即保任）：無念行（即般若行），是修行思想總綱。以下含攝三無（無念、無相、無住）主要思想，而其下又含攝「一相三昧」、「一行三昧」，其中又包含與「行直心」、「無住生心」、「禪定」思想相關，也相通。但是緣者在了解這些之前要了解「無念行」，如參酌學者意見不但是思想、是境界、是方法，也是心行功夫或修行內容。因為在「頓悟頓修」的觀念下，悟境就是修行標的，也是方法、心行功夫的著力處，才會產生這些可以表達的思想，因此壇經的「無念行（即般若行）」，處處都告訴你，如何用般若。此一方法做功夫來心行，以達悟境、佛境，這是緣者先需於此了解的。所謂無念的意思就是「於念而離念」，於諸境上不染著稱為「無念」，而非百物不思，強壓念頭，思想斷絕。同理，「無相」是「於相而離相」、「無住」也可說是「一切法上無住」，也就離「住」（執）的意思，再衍生一下就是「無住生心」的意思。而「一行三昧」的意思就是於一切「時」中修或實踐「三無」法門，「一相三昧」強調一切「處」中修行或實踐「三無法門」，所以可說是一切「時」、「處」乃至「念念」修行「三無」，時時定慧不二的實踐「禪定」，表現於外行時是行無執，無諂、誠摯的「直心」。這裡就略引壇經「無念（般若行）」數語，其他的就請緣者自行參閱壇經或學者諸文。壇經說：「若欲入甚深法界及般若三昧者，須修般若行，持誦『金剛般若經』，即得見性」、「般若者，唐言『智慧』也。一切處所，一切時中，念念不愚，常行智慧。即是般若行。」、「般若三昧，即是無念，何名無念？若見一切法，心不染著，是為無念。用即遍一切處，亦不著一切處。但淨本心，使六識出六門，於六塵中，無染無雜，來去自由，通用無滯，即是般若三昧，自在解脫，名無念行。若百物不思，當令念絕，即是法縛，即名邊見。善知識，悟無念法者，萬法盡通。悟無念法，見諸佛境界。悟無念法者，至佛地位。」，「善知識，後代得吾法者，將此頓教法門，於同見同行發願受持，如事佛故，終身而不退者，定入聖位。」其次，解說「消歸自性（即保任）」。壇經上說：「悟此法者，即是無念，『無憶無著』，不起狂妄。用自真如性，以智慧觀照，於一切法，不取不捨，即是見性成佛道。」、「念念之中，不思前境。若前念、今念、後念，念念相續不斷，名為繫縛。」、「莫思向前，已過不可得，常思於後念念圓明。」、「惠能沒伎倆，不斷百思想，對境心數起，菩提作麼長。」也就是可以「無住生心」，接應世務，但又不許「追憶」已做完之事，因為「追憶」已成染著。所以這些話，是上通金剛經「應無所住生其心」之意，在金剛經前文說「生了清淨心的菩薩，莊嚴了佛的國土，等於沒有莊嚴國土，那才叫莊嚴國土；也就是行一切善等於沒行一切善。」的深意，也就是說「隨緣應事」當可生心，但做完了事，有做等於沒做（有若「三輪體空」），回到自性清淨心，也就是「消歸自性」，方稱「無憶無著」，也就是時時「保任」的本意。

丙、不二禪法，運用在修行日常生活之中。壇經引用、省用「維摩詰所」的不二思想非常多，包括「頓悟」思想中的「悟修不二」、「動靜不二」、「出世、入世不二」、「定慧不二、（禪、定不二）」、「日常生活、修行不二」……等等，總之，要把前述壇經思想的各分點如前文所說是三面一體，隨時運用在生活日用中。

丁、壇經旨趣：了解前述各點，就可很簡略了解「壇經」說什麼?壇經說人人有佛性、覺性，人人也有般若智，也告訴你運用般若的方法，只要人人願意自覺，常用「般若智觀照」自性就能「頓悟頓修」，不假外求。並且於生活日用中一切時，處甚至念念，用「般若觀照」，就能修般若行，就能因「無念、無相、無住」及「無憶無著」之心行，達自性之清淨，而對境、相不染不迷，如此便能自成佛道，與佛等位。

〔3〕六祖與竺道生「頓悟」之別：竺道生的頓悟是悟法界「實相」、「空」理之理，因為「理」是整體的、不可分割的，故頓悟是指對「實相」整體的頓悟，是漸教漸修而來的。而六祖惠能的頓悟是指「般若觀照」對佛性、自性的頓悟，可說在一念之間，「見」到佛性，是徹底的、無跡可尋的頓悟，這大致是學者對二者「頓悟」的區別之共識。不過學者純曉先生在其著作「從道生『佛性論』到惠能『見性成佛』論之探析」一文中有卓越的見解，他認為竺道生固然指出漸修與頓悟有關係，但未說明從悟到悟的入手處使得「眾生皆有佛性、人人皆可成佛」確定下來的可能性，突然又變得渺不可求，因此竺道生的「頓悟」說並不嚴密而有缺口。反之，六祖惠能反對漸修，主張「般若觀照」、「自性」、「直指人心，見佛成性」，又以修無念（般若行）釋出方法，使眾生成佛有個明確下手處，是以二者「頓悟」說

是極大的不同之處，小師深贊同此見，略述於上。

(4)六祖革了什麼命：這是小師看了學者的一些書文，綜合整理與體會了一下，簡要述之，以供緣者參考：

甲、從真如佛至自性佛：大乘佛教發展至六祖前的思想，已在前文敘述。所以學者有從溯及「如來藏（佛性）」觀點去論述，也有從「起信論」體用的觀點去論述，或者從「佛性」與般若會通的角度去論述，甚至提出天台宗也講「佛名為覺、性名為心，主張反觀心源（心性）」，華嚴宗也明言「心作佛，無一心非佛心，並把佛性直接稱『如來藏自性清淨心』」，而唯識宗也一再強調「三世唯心、萬法為識」。從印度至中國天台、華嚴、唯識都談「心」，使用的解釋有真如、佛性、法性、如來、如來藏來解釋心或心的本質，亦有獨到之處。一般而言，對這些立論或解釋，很難說錯，那麼與六祖壇經所述思想有何差異呢？如果壇經所說的只是那些立論與解釋再論述或包裝，那麼又有何革命可言呢？對這些立論與解釋，這裡暫以「真如佛」的觀念統稱，然後以壇經「即心即佛」的「自性佛」觀念加以對比，就會發現「真如佛」的觀念都含有宇宙萬法「本體」論的觀念或思想含攝其中，但在「自性佛」的理想、觀念是「直指人心」，是以現實人心為基礎。因此，若六祖思想真要說「本體論」有何關係，那就是「人心的佛性」的本體論，未必與宇宙萬法「本體」扯上關係。就此意義是把大乘佛教虛構的精神實體、本性（理體）的論述重新拉回到眾生的現實之心，把人的解脫與否完全歸結為自心的迷悟，這一變革，就是六祖革命最首要的意義與所在。

自此之後，整個禪宗的佛性論和修行方法都產生根本的變化。

乙、由佛度、師度而自性自度：如壇經中六祖得法後，五祖夜送江邊那一段，「蒙師教旨傳法，今已得悟，應該自性自度」，五祖忙說：「如是如是」、「自心眾生無邊誓願度，自心煩惱誓願學，自性無上佛道誓願成。」、「善知識，心中眾生，所謂邪迷心、狂妄心、不善心、忌妒心、惡毒心、如是等心，盡是眾生。各需自性自度，是名真度。」就不贅言解釋了。

丙、從如來藏變革為祖師禪：如來禪至六祖以前都強調「藉教悟宗」或「佛塵看淨，方便誦經」，並在禪修主張靜坐，定慧是二。但祖師禪主張道由心悟，定慧不二及「外離相為禪，內不亂為定」，「外於一切善惡境界，心念不起，名為坐，內見自性不動，名為禪。」可見差異、變革之大。

丁、由依教修行到「不立文字」：有些文獻資料說「不立文字之始倡者為達摩」，因達摩說過：「我法以心傳心，不立文字。」但如來禪已如前述，不算真的「不立文字」，真正把「不立文字」作為自家禪法的一個原則始自六祖。這正如楊億在「景德傳燈錄序」中所說的，真正提倡不立文字，直指心源，不踐階梯，徑登佛地的，始自惠能。惠能之後，不立文字的思想更盛，如慧海說：「莫向言語紙墨上討意度。」（大珠禪師語錄、卷下），希運也說：「佛本是自心作，那得向文字中求」（筑州黃蘗山斷際禪師傳心要法）。

戊、由避世界修行到生活日用，由在世間求取解脫，而轉變到即世求解脫：傳統佛教主張遠離塵俗，出世潛修自不待言，即便是禪宗「如來禪」時期，也是比較重林谷而遠人間，都提倡獨處孤栖，潛形山谷，泯跡人間，杜絕交往。這種情況自惠能之後就發生了根本性的變化，「壇經」上就屢屢語及解脫不離世間如「佛法在世間，不離世間覺，離世覓菩提，恰如求兔角」、「若欲修行，在家亦得，不由在寺，自家修清淨，即是西方。」自惠能大力提倡解脫不離世間及至主修行是在生活日用之中，禪宗乃至中國佛教逐漸朝著既人世又出世的道路發展，最終終於發展成為一個世俗化的宗教，此中，六祖的「壇經」可說是個關鍵性的因素。

己、中國佛教何獨盛禪淨的相關因素：六祖以後，在佛就教心性思想上大致就無什麼重大創樹，可說禪宗獨特盛行，淨土也漸遍流行，其後佛教發展軌跡大致如下：在晚唐時專崇證悟即為禪宗，注重修行即為淨土。吸收「法華、涅槃及龍樹系」之義理演教即為天台宗。吸收「華嚴、楞伽及世親唯識學系」之義理演教為華嚴（首賢）宗。至此晚唐以來有「佛教所由行證不出禪、淨，教理不出台、賢」之說。到了唐末，五代兩國兩次法難以及朝代更迭戰亂後，由於經典散佚，寺院毀壞，僧侶受迫等因，致使佛教幾乎到了衰萎凋落的地步。至北宋略有復興，此時唯有台、賢、淨、律四宗及禪宗，其實禪家形成「五家七宗」，淨土於宋末三百年持續興盛，不讓禪宗。台賢、禪律諸宗，亦秉其教學，嚴以律行，而趣淨土，因此「台淨融合，禪淨融合，禪淨雙修的思潮風行」。不過宋徽宗時期，又經因崇道毀佛，佛教嚴重受挫，除禪、淨二宗猶能盛行外，其餘各宗漸沒。

宋或宋元之後至清朝逐漸傾向生活修行與宗派調和，到與儒、道二家的調和及禪淨教戒融合的現象，佛教融入中國文化，學者有謂此即宋元以後佛教的特性。即使在民國之後，雖然面臨挑戰，學界再度多元，但是在民間習佛，主流還是不出「禪、淨」，為何會是這樣？學者論述角度、論文極多，小師大致只能用思想、文化角度略舉數要，作為前文在學理或思想之外的因素，來解釋或補足一些佛教傳入中國後，中國此一文化或思想或生態環境下，必須了解的因素，來了解為何佛教傳到中國至今，民間所認識的佛教主流不外「禪、淨」。或者粗俗一點講，佛教在中國「市場」至今，民間所解佛教或學習不外是「禪、淨」二者，這是在了解前文佛教「心性思想」論述之後緣者必須參酌及了解的因素。小師就將這些社會、文化等複雜因素視之為中國思想文化中「過濾器」的種種因素配合所導致，才會了解，除前文所述的「心性思想」變化的主軸外，還有其他的因素，如此才能在思索「獨盛禪淨」此一問題時，思路不會有所遲滯，當然小師也只能擇要略述於後，緣者也可視為前文有關的補充：

(子) 小乘不能在中國佛教生根：這個問題也可轉換一下說，小乘為何被排拒在中國佛教外？當然這問題如果從前文中略思一下，就可以從竺道生到「起信論」有關的論述中，推導出中國佛教接受了這些有關思想，所以信奉大乘，而很多學者文章也從此立論。但事實上，小師發現這問題還是有其他重要因素所導致。此一因素就是魏晉南北朝時期的「魏晉玄學」有關，更確切的說就是不符合魏晉玄學的「典範」所致。因為印度佛教傳來時是大、小乘兼弘的，但是學者指出魏晉玄學並不是一般人想像的「談玄說虛」，而是魏晉學者企圖從「易學、老、莊」的本體思想了解出發與掌握後，企圖對儒家經典有一新方法、新眼光來解釋儒家經典。在當時儒家經典只重訓詁、考據，太過繁瑣，而使義理淹沒或失真的偏失，其方法是用「得意忘言」，其目的乃在重新論述或發掘出儒家經典之「經世致用」的普遍抽象的真理得以發弘，而對社會人、事、物有指導、統御的作用。說的簡單點，就是魏晉學者發現儒家敗壞，企圖由「易學、老、莊」本體或抽象原理原則的了解與掌握，來重新解釋或發掘儒家經典中「經世致用」精神、原理、原則及作用，以此目的的學問才稱得「魏晉玄學」的典範。也因此小乘的出世之學是不符合「經世致用」的旨趣，所以才被當時的學者及思潮摒除在外，這應是在竺道生之前的因素。

(丑)「神不滅論」：在印度大乘三系的發展傳至中國大因受「緣起性空」的影響，大體上都緊守在「無我論」的分際，自我限縮。此固然根本因屬「十四無記」的原因所造成，不能清楚解說有關輪迴主體為何之困境，故學者皆論以印度文化傳統或印度佛教自身矛盾。但在中國卻不是這樣，中國自古以來就盛行靈魂不死，禍福報應等思想，並認為善惡之報都是「天地罰之、鬼神報之」，這種思想、觀念就稱之為「神不滅論」，深植於社會人心之中。學者指出漢晉初期佛教學者思想，如「牟子理惑論」，康僧會，支謙皆有此等思想，而這種思想含有「主體」，甚至「實體」的觀念，而且與本體的「心」、「意」、「識」相通。意即從「神」帶有不滅靈魂之意味，再從中指向「心」的「主體」加以認知與詮釋，漢晉的學者大體就是用此種方式去認知、詮釋佛教的教義，甚至發展他們的理論。在這種「神不滅論」的影響下，印度佛教的「無我說」，東漢時期僅被理解為「非身」即只是對血肉之我加以否定而不否定精神之我，這便是一個很好的例證。甚至在「般若思想」傳來後，其略受打擊，但旋即擺開影響，這可從早期般若學者道安、支道、慧遠、宗炳，甚至到「解空第一」的僧肇，乃至涅槃經傳來後的竺道生等名僧，都認為有眾生輪迴六道的「主體」存在，而存在主體常以「心」代稱，或以後期竺道生的「佛性」來代稱與解釋的不同而已，甚至認為是種實體存在。在此意義下，「神不滅論」反應出中國市場中「無我論」並沒有什麼市場，「有我論」才是「正宗」，「有我論」固然不符合「無我論」的意旨，但卻可解決印度佛教缺乏輪迴主體之說明與矛盾。有的學者因之而主張「無我論」的解說，應該是「心或神」通用在「三界」的狀況，但解脫於「三界」外的聖者「法身」是「有我」在「三界」之外存在著。同時，學者也指出「神不滅論」，是中國「如來藏」系佛性思想上發展之先聲，同時，也是中國佛教的特色之一。

(寅) 重務實簡約：也與宗派特色與適應有關，一般學者都以中國人務實重行的人文性格，不適合複雜邏輯思辯與玄談來解說，來說明為何印度唯識學的複雜邏輯思辯，在經唐武宗會昌毀佛即被華嚴所吸收，宗派不復存。但是重修行的淨土及重悟證禪宗簡約的教理與行持反而流傳至今。但細而思之，淨土從慧遠廬山結社念佛方式弘傳，如以教義是佛力加持，力圖普攝三根，利頓全收，並以念佛攝心為禪觀。行者有根性之差別，而法則一昧於平等，故其禪觀、三昧究竟與禪宗無別或相通之特別法門，而且也可落實在生活日用中，且修證善果，也不乏其人，是以深植人心，歷久不衰。而華嚴、天台也有禪觀、禪行，但終究偏屬「如來禪」仍嫌繁複。自六祖「祖師禪」以後，也「不立文字、教外別傳」的特殊教法故不論遭受多次「法難」之後，都復興特快，又懂得改以禪院農林寺院經濟生活以變通，是以修行生活日用中也有相當關係而經歷歷代而不衰，有學者認為這樣的修行方式已有回到當初世尊在印度時緣佛教簡樸的修行方式。

(卯)又至宋徽宗後，歷代帝王在禪淨以外另有國教並行，如元有喇嘛教（藏教），明、清帝王類有同舉，佛教則在各代復興時期主張儒、釋、道三教合流，禪教諸宗力倡禪、淨教戒為一體的事實。但有學者分析：「喇嘛教」的流行，只在統治階層，「教」實則在學僧或學者，「戒」實則在僧團，真正流行於廣大民間的，還是在「禪、淨」二宗。此說於此附帶一筆供緣者參考。

10、中印佛教心性思想同異之簡論：

此子題小師大致參考方立天先生所著「簡論中印佛教心性思想之同異」一文及胡曉光先生所著「中觀唯識思想與真常思想之比較研究」一文為基並參考其他學者意見會通之後加以略述。其中，前列二文大致緣者就可以由印度唯識與中國真常思想及印度真常思想、中國真常思想在不同文化系統下的差異，所重視的角度或立足點的根本不同所造成的差異與影響，如果能掌握這二點則比較能了解下文所述：

(1)共同點：中印心性思想共同點在

甲、都是重視眾生主體心在生死輪迴得道解脫中的關鍵作用，並以「心性本淨」作為解脫的依托與根據：中印佛教一脈相承之處都是把「心」作為世間出世間賴以存在的基本原因，並依此來說成佛的根據、方法等理論問題，都強調追求心性的潔淨無瑕，從而達到解脫境界，中印佛教都以心性論為人生解脫關鍵的基本思想，這是完全一致的。

乙、真常唯心思想是最大的共同點：如來藏心（佛）性思想在印度不太被重視，甚至在印度終究被唯識所吸收，但其中的佛性思想－強調在一切眾生的煩惱身中存在著本來清潔、永恆不變的本性，是眾生成佛的內在根據，這一思想在中國深得佛教學者的歡迎、重視與肯定。與之相應的是印度的「涅槃」、「維摩」、「法華」、「華嚴」、「楞伽」諸經在中國也是甚為盛行，影響所及的在唐代天台、華嚴、禪宗純正中國佛教正統的宗派出現，都以如來藏心（佛性）思想有關，可以說印度佛教心性論中的如來藏思想對中國佛教心性論產生的影響最大。如來藏思想是中印佛教心性論的最大共同點。

丙、重要內省、觀心與見性修持的一致性：古印度瑜珈行者體驗瑜珈的沉思，以達心靈寂靜的境界，可以說是重視內省功夫的價值與功用。唯識學者也認為唯識學的建立，也是從認識論的角度出發，旨在創建一套細密的「觀心」修持之學。而「大般涅槃經」認為，悟見佛性是成就正果的根本途徑和標誌，而「見性」就是一種特殊的、直觀的內省經驗。在中國，不少宗派都有其一套內省、修持方法，尤其在天台、華嚴、禪宗中更為明確。而尤其在禪宗更是突出的強調「明心見性」的思想，認為覺知自心，徹見佛性，就可成佛作祖最為代表。總之，在內省、觀心、見性與相關修持的重視是有一致性的。

⑵ 差異點：中印佛教心性論的差異：

甲、理體與實體之別：唯識學分淨心派（古學）與染心派（玄奘新學）二派，其中淨心派（古學）就是吸收如來藏（佛性）的思想，和純正的如來藏思想。不論其如何立論，因為原始佛教「緣起無我」的思想原因，就算其目的是想解決輪迴主題而創建，理論上也上升至討論宇宙萬法的「本體論」，在印度大抵上自動限縮在「無我論」的範疇。它們所謂的「本體」學者都認為是種原理、原則或規律是種「理體」，是種「無為法」，是永恆不變的，是種「理」，而不是實體。而中國佛教上升至宇宙萬法的「本體」常被稱為「真如」，被認為是「實體」，有不變、隨緣二義，是事理的合一物，真如能萬法，真如是萬法之生的因素，所以中國佛教講真如緣起，而真如有時也被逕指為是種「心體」。由於有此差異，常被執持印度「唯識學」（玄奘一系）正宗的學者，運用「有為法」、「無為法」的基本論點，再以唯識學名相概念來斥責、申論真如緣起論是種梵我思想的神我外道。也因此，多數中國唯識論（玄奘一系）者，總認為他們是符合印度佛學在「本體」與「主體」關係，是種「理事」關係，才是佛學正宗，視中國佛學「本體」與「主體」關係是種「體」、「用」關係，因而非印度佛學之正傳。

乙、重視的角度或立足點不同：同樣遠承印度「心性本淨、客塵所染」的如來藏或是後來的「佛性論」在印度常受中觀、唯識宗派的質疑，批判在印度並不太重視及興盛，只是個弱勢族群。其主要是以「自性清淨」，如來藏論心性，佛性說的角度或立足點所申論是在較偏於佛的本質、品格或成佛的原因及可能性來論佛性。但在中國，中國佛教自晉宋之際興起涅槃佛性說思潮後，佛性說就極端重視並成為中國化教宗派天台、華嚴，尤其是為其心性思想的基本內容。但是其「佛性說」的論述角度或是立足點是側重在於「眾生成佛的根據」，也就是眾生的本性論佛性。禪宗進而說心性本來是佛，把佛性視為本來的佛，認為佛性就是佛。此外，中國主流派都強調「一切眾生皆有佛性」，反對唯識的「五種性說」，認為有的眾生沒有佛性，沒有成佛的可能。另外，中國佛教也出現「無情有性」說及「佛性有惡」說等印度佛性說所沒有的奇怪觀點。

丙、本寂與本覺：這是說學者認為中印佛教對心性的認知與界定是不同的，印度是「本寂」說，中國是「本覺」說。如前文所述，印度佛教心性思想，最早的主流思想是「心性本淨、客塵所染」，心性本淨說此一主流從原始佛教，尤其是部派佛教以來，一直到大乘佛教的如來藏和佛性說，期間心性本淨的思想是一脈相承的。心性本淨說是強調心性本來是寂靜、寂滅、明淨的和囂動不安的煩惱是不同的，心性雖為煩惱客塵所染，但其明淨本性不變，此正是成就正果的依據，所以又稱為「本寂說」。而中國佛教思想在繼承心性本淨的思想同時，又有所發展，提出了「性覺說」，認為眾生具有本源性的真心存在，真心的本性具有覺知、覺照的智慧與能力，它的這會光明遍照一切，這就是所謂的「本覺說」。中國佛教學者所撰的「大乘起信論」、「圓覺經」就在宣揚這種眾生先天本有覺性的觀點。受「大乘起信論」思想的天台、華嚴、禪宗等宗派的心性論思想基礎，就是這種「本覺說」。但值得注意的是：「本寂說」與「本覺說」固然不是對立的，但兩者意義是不同的。本寂說著重知識倫理立論，本覺說則轉而側重從本體，進而主體心悟面立論；本寂的本淨與煩惱相對，本覺則與煩惱之「無明」相對；本淨就是本性的可能性或當然而言來設論，而本覺則是就具覺悟智慧的現實性，已然性而言來設論；本淨說偏於心性道德修持，去染返淨，本覺說則重止妄歸真，返本還原並發揮主體的思想與覺照的功能性，而本覺說在禪宗的各類禪法中得到了最充分的發會與體現。

丁、強調真心到真心的落實：心性的經典至涅槃傳入中國後，經時間考驗，唯識沒什麼市場，並不盛行。中國接受的真常唯心一系的如來藏心即真心（佛性）受到普遍的歡迎，中國天台、華嚴和禪宗都以如來藏心那真心為眾生修持成佛的理論基石。但在印度真心（佛性），尚未落實如何落實在眾生心上，因此較屬於理論性的宣揚。但在中國天台的「一念三千」、華嚴宗的「一真法界或法界一心（真心）」到禪宗力主「自心是佛」、「『識』心『見』佛」，使原本印度佛教真常一系重真心的強調，在中國佛教便拆除了真心與眾生主體、現實心的間隔，而往往以眾生的現實心以代替真心，使真心能在眾生心上有了落實。不過這種作法，從而使印度大乘佛教所說的「即心是佛」的涵義也發生變化，在中國「即心是佛」不是真心（法界一心）是佛，而是眾生本體，現實心是佛。這種對立佛的內涵解說的差異，是中印佛教心性理論乃至整個佛教理論的最大差異之一。

戊、心性修持方法的差異：中印佛教心性修持方法有其共同之處，都是揚倡內心反省，但內省的類型又有所差別。印度佛教為了追求彼岸永恆無限的存在，厭惡現實世界和官能享受，要求教徒靜默沉思，進行內省或禪定。在內省、禪定中，不僅不依戀而且要力圖遠避外部物質世界的刺激與喧囂，無視、抗拒外在的影響，以求心量的寂靜、明淨，從而成就正果進入彼岸佛國世界奠定的基礎。因此，中國佛教，尤其是禪宗不同，它是遵循「大乘起信論」的「一心二門」說，心有體（真如心）用（生滅心）兩門，體用不二，真如心不離生滅心，又要超越生滅心。也就是說，絕對本體就在主體眾生自身之心存在，不在彼岸存在，是內在的而不是外在的，或者說，佛、佛土、佛的境界就在眾生的心中，不是在彼岸世界。這樣，最根本的修持就是淨化自己的心，就是要追本溯源，返本歸真。這種還原式的內心修持，又是在現實世界中進行的，是不離開外在影響中去修持心的本來面目，是靠眾生智慧而求得的自悟，在現實生活中，展開修行的，以六祖為例，修持只是在生活日用中「離相」、「離念」，無住生心而已。

11、般若（空性）與佛性的關係軌跡：

(1) 中印般若佛性思潮轉向的歷史背景：在悟殷法師所著「記『中國佛教史略』（妙欽法師、印順法師合著）之特見－真空妙有與真常唯心」一文中詳細的介紹了印度般若與佛性思想如何傳入中國南北朝及致使南北朝在佛性在般若思想相互影響的複雜過程及原因，而使南朝（方）出現般若與佛性思想融合的「真空妙有」與北朝（方）「真常唯心（或稱真常妙有）」二大學系的分流，並且反應在天台宗（真空妙有）的「性具」及真常唯心的華嚴宗的「性起」思想，以及反應真空妙有與真常唯心南北思想相融的禪宗及解說為何因此有不同的禪風及派別。此文當可做小師在論及南北朝佛教心性思想不足之補充，也可視之般若與佛性思想在中國佛教影響及交融影響之起點，這是小師於此為何提起之用意。不過由於中國佛教為何會趣向真常或是般若與佛性的關係的關鍵因素如竺道生，惠能、「楞伽經」與「大乘起信論」，前文都已提及，故這裡僅就悟殷法師所著該文中提及為何南北朝為何在佛性、般若思想的影響下會呈現南朝（方）是性空之真常—「真空妙有」，北朝（方）是唯心之真常—「真常唯心」此二學系的原因加以補述。在補述完後，加繼之以佛性與般若的關係，這樣緣者才不會失焦，才更能知道佛性與般若（空性）關係在中國佛教的始末。在前述悟殷法師的文章中提出「中國佛教史略」作者，統觀南北朝佛教之思想，認為南北朝佛教思想的特色在於從空入中的真常妙有。南方繼承兩者以來之般若性空思想，以及融攝了「涅槃」之真常妙有，可稱為「真空妙有」系。北方則性空基薄，多弘真常面說唯心，雖然有真心、妄心之爭，但是是依妙有而說唯心，可稱為「真常唯心」系。追溯造成南北方佛教都傾向「真常」的原因，實根源於印度思想的流變，以及中國當時的時機因緣所致。印度佛教在笈多王朝文學復興時期，西北印（度）說一切有部的瑜珈師，本於有部義及瑜珈禪觀思想，融攝經部等學說，成立了「虛妄唯識」論。中南印（度）則從性空轉入真常，漸而真常有與心性本淨結合，形成為「真常唯心」論。此二學系、思想都偏向於「真常」、「唯心」，印度佛教思想也就由性空一轉而邁向真常、唯心時代。此一時期思潮傳入中國以後，中國佛教亦競向真常、唯心邁進。不過，由於中國南方與般若性空特別有緣，雖然偏向真常，但是南方是性空之真常—「真空妙有」；北方則是唯心知真常—「真常唯心」。可以說南方妙有、真空並行且帶有反唯心緣起之現象，北方則反之，性空無緣而「唯心緣起」之說大張。由此，大致可了解中印佛教中般若與佛性思想轉換及融合的過程，不過這裡小師還要補述一下，為何有些學者會認為唯識學中其實亦含有印度神我思想呢？主要是印順法師在其所著「如來藏之研究」中認為後期大乘唯識學中的成佛之因的「無漏種子」或「真如種子」是有情、菩薩、如來的真實我體，有依「我」而起的意義，因此是有梵我論思想的影響之故。

(2) 般若（空性）與佛性的關係：如果用更簡易的方式去了解前文所謂的「真空妙有」及「真常唯心（真常妙有）」的思想代表人物竺道生與六祖惠能即可，而這二者前文皆有述及，在此僅簡要覆述。竺道生是以般若實相融入佛性，所以對他而言般若即佛性，但是以六祖惠能而言，佛性為體，般若為佛性上的智或用，因此二者關係不同。至於近代學者牟宗三先生所著「佛性與般若」一書，及蔡宏先生所著「佛教從般若到如來藏、佛性思想的發展及意義」一文中皆意指佛教體系只論般若中道是不足的，理由很簡單，般若只破不立，對認識萬法、世界的實相的了解是很有助益，但是還是要補充。因為若將般若視為般若智，則般若智的認識主體或主體為何需要加以闡述或補充，因而要以「佛性」來加以補足，方能完善佛教的理論。不過這裡的特性如以蔡宏先生而言是可以以般若智來認識主體的存在，是認識論上的認識主體，不是本體論的本體。另外，由於小師好奇近代大師對般若與心性的關係的看法，所以小師對此主題再加探究，在林建德先生所著「試論聖嚴法師對『空性』與『佛性』何者為高」，亦在各立場上有些質辯。大致以太虛大師根據圓覺立場認為「佛性」為高、印順法師以「般若」立場認為「空性」為高。牟宗三先生則隨真常佛性和般若性空（佛性為縱、般若橫），空性與佛性不同卻只能互補，方為佛法理境最高型態之展示。聖嚴法師則認佛性為假名，空性義通空、有，故「佛性」可會通「空性」。當然它們所據經典及理論的論述是極為複雜的，所以小師於此就不便論述。此外，小師還發現其他大師如中台的惟覺法師、佛光上的星雲法師乃至宣化上人及月溪法師他們在論「佛性」時就都逕以「般若」來詮釋，至於理由為何小師不知了。但從以上的論述，歷史的軌跡，在「佛性」與「般若」的關係是由各自分述到竺道生的二者會通，到六祖的佛性為體、般若為用，至近代學者大師各自分述及會通與補充，所以近代以會通為主流。所以在歷史中，二者關係模式的顯現上是「各自分述」、「二者會通」及六祖惠能的「佛性為體、般若為用」。

(3) 印順及聖嚴法師的看法主因：在前文林建德先生所著「試論聖嚴法師對『空性』與『佛性』之詮釋與貫通」一文中論及近代前文所指四位佛學大師對「佛性」與「般若」的高低或關係，對探究近代大師為何持有不同的立場是不可所見的好文章。尤其在台灣，印順法師及聖嚴法師可說在佛學各領一重鎮，但立場各異，緣者當可自行參看便可知曉，於此小師只是簡略提下林建德所研究的成果大意。原來印順法師重般若的原因在於重經驗事實，直接從五蘊身心作如實觀照，才能見真實得解脫，他認為涅槃解脫的關鍵，即在「緣起」和「空的悟入」。至於唯識或如來藏的思想，印順法師在「修定—修心與唯心，秘密乘」一文中表示這種思想來源是從禪定的光明經驗引出了「心性本淨」、「唯心所作」或「唯識所現」的思想，是一種以「禪定」為基礎所做的論述。因此，禪定功力雖深與重信的假想觀一樣，無法與解脫相應，這就是為何印順法師那麼重視「般若」，主張「空性」高於「佛性」的原因。至於聖嚴法師，在林建德先生前述文中指出，聖嚴法師認為「性空」與「佛性」（法身常住）在表面上是對立的，但事實上只不過是因應不同根基的眾生，在說法上有所取捨。期間的不同主要是表述方式（化儀）的差異，因此大乘三系（中觀、唯識及如來藏）乃至後來禪宗，皆可得到一致的理解。此外聖嚴法師還引「楞伽經」為例，表示此經是如來藏的思想之根本，在此經中不只講如來藏，同時講唯識和空，可見中觀及如來藏三系可以契合在一起的。也因此聖嚴法師是偏重調和大乘三宗的立場下，他的思想是：佛性=無常=無自性=法性=覺性=法身（恆常、遍在）

(4)「佛法說什麼？」：以空性（般若）與佛性來化約整個佛法所述，是個可行而簡要的說法，至少就佛學或佛學思想來說應是這樣。因為小師還沒有論到學佛最核心的層次，也就是關於修、證的問題或者是佛法實踐的問題，僅是在佛學、佛學思想或佛理陳述與論述，但是本章既然以「佛法說什麼？」為題，自然需要有個交代。但是如果參酌前文近代台灣佛學大師印順與聖嚴法師，就有如此分歧，何況各據立場的大乘三宗學者之間，難免也有如此現象。當然近代大師或學者會有各自的考量或思想核心，才會有那種思想或思考結果，很難說誰是誰非，因為佛法或佛學本來就有「善巧、方便」的一面。但不可否認的是對初學的緣者，在踏入佛學之海後會有茫然不知所終的情況，對小師這種非常「較真」的人，都會有不以為是的缺憾存在。小師對大師的思想是不敢置喙的，因為畢竟他們有他們的認知與考量，但是若問小師心中佛法說什麼？在一番探索、思考與因緣下，小師會很勇敢地說，小師會認同聖嚴法師的思想，雖用般若經，實則是沿襲如來藏的觀點，用般若的空慧、實證真如佛性，即是「明心見性」。聖嚴法師在「六祖壇經的思想」一文中提及：「『壇經』中引用『金剛經』者凡五見，引用『文殊說般若經』者一處。其目的在證明『相無而性有』，強調本心及本性實在，所引般若經典，乃至取其作為修證的觀行方便，即便是般若三昧及一行三昧」。這也就是說壇經的思想是「相無性有」，而小師的思想是近此或基此的。不過倒不是只因為聖嚴法師如此說，小師就有此結論，小師會有此結論是另有本源與因緣的，而且小師相信，「般若」與「佛性」皆可開出「修證」的一條路，只是這涉及複雜心路所得，於後文再行詳述，不過於此，小師認為「相無性有」大體上可謂「佛法說什麼」的一個結論，至少是在佛學或佛學思想的總結，而且是個合理的總結。

第五章　悟與修

先抄一段名為「明心見性」的名詩：

「道法三千六百門，人人各執一妙根，惟有些子玄關竅，不在三千六百門。達摩西來一字無，全憑心意用功夫，若要紙上尋佛法，筆尖醮乾洞庭湖。佛在靈山莫遠求，靈山只在自心頭，人人有個靈山塔，好向靈山塔下修。從來菩薩不離身，自家昧了不相親，若能靜坐迴光照，便見生前舊主人。念佛有箇自性佛，誦經有卷無字經，誦之念之常不忘，保爾平步上天堂。終朝逐物放心猿，誰肯回頭認故園，欲學修心無別法，能知心放即還元。休教六賊日相攻，色色形形總是空，悟得本來無一物，靈台只在此山中。心外求經路便差，水中月影鏡中花，真空妙義君知否，七寶莊嚴總欠佳。諸佛菩薩只此心，無論彩畫與裝金，世間燃燭燒香者，願禮慈悲觀世音。了悟猶如夜得燈，無窗暗室忽開明，此身不向今身度，更向何生度此生。」這是一幅掛在小師陋室三十幾年的詩，也是小師一番因緣，幾十年來玩味佛學、佛法之海的體悟。所以先抄置在前頭，意思是個佛法的總綱領或是個答案先給緣者諸君。

在這章中，除了將前面佛學做一小結論與檢討外，將會談論一些佛法的實踐部分，意思是小師將談論一些證悟大師遺作有關修證的東西，也會談點小師的一點經驗與陳師姊告訴小師的東西，混合的陳述。這是一般書中所看不到的，但是就小師而言，是真實的，真實到就像人是每日要吃飯、飲水、睡覺般的真實，這是小師唯一能誠摯的與緣者保證的地方，希望緣者就此章的部分能細心參看。若認不足尚需延伸閱讀的地方，就自行將小師所引附的文章搜尋參看，緣者如對第四章內容有不懂的地方，也無妨你對本章的理解，只是終究還是希望緣者能放膽操作、體驗、實證一下，方能真實解學佛與佛學的不同，最後信與不信，當視緣者因緣福澤，自由心證了。因為小師這禿筆已盡心對緣者解釋了。

第一節　佛學的檢視、省思與觀念的釐清

一、十四無記與佛學有諍：

從佛學或思想看，最原始的緣起說到十二因緣說，部派佛教企圖發展輪迴主體，再到印度大乘三系，再至有「空、有」之爭，再到中國真常佛性的發展，佛學或思想上來看可化約成「般若」（空性）與「佛性」之爭。但這種爭議的由來起點就在因為世尊的「十二或十四無記」因為不說，而導致輪迴主體不明所造成的，我佛不說的原因或可能跟修證無關。但是，不說不等於沒有，沒有就成斷滅，則緣者、小師還需擔心在六道流浪往返嗎？所以這是第一個要思考與檢視的問題。其次，在「性空無我」的思想或三法印「無常、無我、涅槃」確立之下，大乘三系空有之爭或般若與佛性之爭，就一定是必然嗎？那也未必，因為就杜瑞保先生所著「金剛經的無相境界」一文中，小師所領悟的是，僅就「佛學或思想」層面來看，則「般若」僅是談萬法或現象的本質，「唯識」是從認識論的立場，談萬法與識的關係，確立了「萬法唯識」、「唯識無境」或「境不離識」進而說明「識」的本質。而「佛性」論說的是「心」的本質而已，一定要有所衝突嗎？會覺得有衝突的，恐是執於宗派、地域或學識立場之心或欠缺修證的經驗與研究吧！這是第二個研究佛學者必須思考或檢視的問題。

二、佛法無諍：

如果將佛法定義為「佛學加上修證之學」，也就是說，從修證的角度上，則佛法、佛學的分歧，則未必有所歧異，或

者說這些歧異，自然得以了解與消蝕，不需再有爭議，也就是爭議不再有太多的意義，這又可分幾點意思表述之：

（二）佛法自始就是修證之學：

這是為什麼佛法不同中西思想或哲學書中所表示的那些東西。早年當小師還是莘莘學子的時候，就摸過幾本那類的東西，雖然有些是很引人、迷人，但之後隨之興趣缺缺。理由是縱然再偉大的思想與哲理，在歷史的歲月之流，那個不是煙消雲散。但可怕的是，這些「思想」當激化成「意識形態」後，無不是血流成河，唯一不敗的恐怕是「現實主義」而已，還需論道什麼嗎？若是佛法相等於那些東西，大概也不需小師在此寅夜執筆說什麼吧。當小師初入佛學，看點「金剛經」、「心經」之類的簡易佛學「經典」，難的倒不是古語，難的是違反一般經驗邏輯的敘述。甚至，有一次看了十個法師講解「心經」的文章來看，也看不出名堂，所謂字字都懂，湊起來就是不懂，到後來才懂得那根本就是在修證之後所說的話，非用世智邏輯所能真實理解的。如果緣者能理解這個，那麼循此思路，金剛經大家都在初步接觸佛學後知道它在講「應無所住生其心」的般若智慧，那麼誰是「般若智慧」的主體或者說是由誰來修證出這種「智慧」。如果緣者、眾生都沒有「佛性」，那麼又干卿底事，還不如大家早睡早起身體好吧。因此還需要爭修證主體或「佛性」有無嗎？再者，如果看過前文「陳師姊的故事」那章，而那章所述是二十年前小師歸納所述，不論如何，涉及陳師姊所述字語及內容是隻字未改，完整來改保留至今。大乘佛教三系至六祖惠能的東西，都含蘊其中、宗下、教下的東西皆有涵蓋其中，小師至今在執筆時，看遍的書文不知凡幾，結論都不能出其右，但是又無絲毫有違教下、宗下之理。其中的陳述，確又遠超出宗下、教下一般學者在大乘三系以世智所述的學問，如非「修證之人」必然是無法解的。而以小師所知在當時，如「陳師姊」修行境界的人，在世上也有二十餘人，只是他們皆默默行持、渡眾，隱居各地，絕非出名之人。

(二)以肉身成為例證之尋思：

從六祖以來「肉身菩薩」成道，開圓寂之後肉身不壞，為世人留下鮮明佛法的真實不虛的例證之後，內地小師就不知精確有幾個。但以早年小師就知道台灣有四個，至今日則有七、八個，甚至如放眼全球及兩岸三地，皆有「肉身菩薩」的存在，他們絕大多數是屬佛教大、小乘中人，甚至男相、女相、居士相都有。如以人世間這些肉身成道者修證標準或例證，小師特別查了他們所修持的法門，他們有禪、淨、彌勒、觀音、四念住……種種法門，若以此觀之、思之，還要有中、印佛法之分嗎？如果進一步說得更明白點，如果持中國佛學或佛法不是佛法正見的，這些「肉身菩薩」都不應修的成或有他們的出現。所以說執大、小乘或中、印佛法誰為正統，在修證之下恐怕沒什麼意義，因為終究只是修證層次之別。另外或者緣者會問，外道也有少數的「肉身菩薩」又是怎麼一回事？小師只能說，陳師姊說過，「身處外道，以佛法修行便是佛門修行中人，反之身處佛門以外道修行或不合佛法修持，皆是外道。」這話回應諸緣者，小想一下，就能開解。

(三)再來人：

延續前一思路，台灣的承天禪寺創始人廣欽老和尚—水果師在語錄中說：「他要來便來，要走便走。」藏地也有轉世靈童，在近年湖南侗族自治縣坪陽鄉發現一百個「再生人」，輪迴轉世震驚大陸。在小師看過很多關於這種例證之後，只能說凡夫只能是「再生人」，輪迴中不息，但是修證佛法有成的「再來人」也不在少數，只是有緣無緣識知而已。以小師前在寫「六祖壇經的思想」時，學者只能論以「六祖革命，但小師心中只能說是他們不識「再來人」。「再來人」以陳師姊所知，其要來不來都是依其所願，所以才有「乘願再來」之說，而且要來時，其是可優先投胎的。

三、法性、佛性、空性應分清：

中台世界的開山始祖惟覺法師的開山祖師法語就「佛性與法性」為題在不同場合講述「佛性」與「法性」二者的二篇文章，他認為三者涵義一定要分清楚，小師認為這點甚為重要。上網搜尋一下，在參看一些經典後，覺得當代法師的確是有法性與佛性混談，或法性、佛性與空（性）混談，或相等、或認為法性大於佛性的想法致使學佛人或緣者在三者概念的認知上混淆而有了錯誤的知解，因此小師認為惟覺法師之論述較為確當，所以小師在此略陳一下文中所指：

(一)「法性」、「佛性」及「空性」的意義：

「法性」是在「緣起性空」的觀念下，講的是法實相，是「相」的本質問題。由於它是無形、無色，也可說是個理，歸於「無所得」，所以它是終歸「空（性）」，但基本上，它談的是物質世界與萬物或萬法是「相」的問題。「佛性」則不然，而覺與一般的見聞覺知有何分別，一般法師會用「靈靈昭昭」或靈知靈覺來形容它，但是又有點抽象，致使會有些問題。其實這「覺」字，是指「覺察」或「覺照」的覺，覺的特性是能「分別」萬法，但又「不思量」，所以又可說是「善分別又無思量。」這個意思只是在「覺察」或「覺照」時對萬法的是非、善惡與形象都一清二楚，但對有無煩惱的「見惑」或「思惑」是否有在心中升起，也明明白白，但是又不會思量或思考它。若要比如你只能像「鏡子」能照萬法或萬相，但鏡子本身不會思考來做比喻，這裡的鏡子，就是「覺」或佛性。也因此佛法修證時講求「知是非而無是非」、「知分別而無分別」或「善惡分別諸法，於第一義不動」或六祖所說的「動上有不動」的意思。也因為眾生的一念心或佛性有此「覺」的功能，才能、才會修證自己或修證自性或修現「佛性」出來。但是要知道，不論是覺性或佛性也是無形、無色，最後也是要歸「無所得」也是歸於「空(性)」，這是初學緣者會混淆的原因。將這釐清之後，再延伸一下，佛法或佛學就一個字「空(性)」，就能代表了，修證之後，再把這個「空(性)」字拿掉，佛法修證以此為基就能大成了，此時您就會了解金剛經中所謂「佛未說一字」、「佛法如筏，已渡應捨的道理」了。

(三)「佛性」與「覺性」的關係：

在明白前述道理後，你就會明白「佛性」與「法性」的關係了，那就固然它們終究「無所得」，同歸「空(性)」，但是關係是「佛性（空）能覺知「法性（空）」、「法性（空）」不能覺知「佛性（空）。那麼弄清楚這個關係，有什麼好處呢?好處就是會知道「無情識」的木石，終不能成佛，只有「有情眾生」方能成佛，因為有情眾生才有覺性、佛性，因為這是修證的事實問題，不是理論問題。延伸一點來說，惟覺法師認為法門萬千終屬對治，最後終歸「佛性」修持的究竟法門。

四、心極光淨：

在部派佛教「心性本淨、客塵所染」形成心性論成為主流如前文所述，但進一步探究，在那之前，經典是怎麼說的，小師發現在「長阿含經」釋尊說：「識無形、無量、自有光。」在南傳「增支部」中，釋尊又說：「諸比丘，心者是極光淨，卻為客隨煩惱所雜染，……，心者是極光淨者，能從客隨煩惱得解脫，而聞之聖弟子能如實解，故我言之聖弟子修心。」這段話有學者將它解釋為「光淨」，是指「心」的無我性、空性，也有學者延伸解釋為是行者在禪定過程中，見到「心光」才會建立發展如來藏或唯識學的理論。但這些看法跟六祖「本來無一物」或前述經中所述有點差距，到後來查閱到小師認為可說是近百年來最偉大的佛教修證者之一：滌華禪師的事蹟，知道此師及特異之處即在圓寂火化後能在頭骨修正出一個「泰」字，為千古修證者所無，後來在其眾弟子所編輯的「滌華禪師行略」一文中載有人問及：「人相及眾生諸眾生等相，原始從何而來？」禪師他的答覆是：「諸人之相，與諸眾生等相，從無始以來，為含藏靈識故，而至今劫。即『地球成時』，遇虛空之靈性，即『如來之性光』，復經無量劫亦為世界，萬物生焉。復經虛空『如來』以及日陽、月陰二性，與諸靈識，即『如來性光』，混合而化成，諸人與諸眾生等相，方為原始人與眾生等。當之虛空即如來體，如來即虛空用，體用具備，即世界成。」由此，小師才覺得用「如來性光」來表示「心極光淨」可能是最為貼近的想法。不久之後，小師才憶起多年以前陳師姊在其上、下集的故事中，「秒傳」佛法給她稱之「列代祖師的人」，各個僅是名字有別，但相貌皆同。重點是每個「人」是全身或全心通透，意思是你可從全心或全身看過去宛若個透明體，有如人坐家中，透過「此端」玻璃，可看彼端街景的那種透明，小師方才了知所謂「本來面目」、「無所得」、「無一物」、「一塵不染」、「無形無相」，所指的就是那種情況。相對地也憶起陳師姊告訴我的如前文中述及我們執善執惡的「凡夫」，其全心或全身沾滿了接近趨於淡黃色及淡咖啡色之間霧塵埃於「心體」或「自性佛」之上，只是凡夫每個人在顏色上略有差異而已。由此，凡夫與聖差別就此而已，萬千經論所說的旨意也是如此而已，這是緣者要謹知的。

五、夜睹明星悟道的兩種說法：

對佛教徒而言，據佛經記載釋尊夜睹明星而悟道理，應是眾所皆知的，但悟到什麼而悟道，一般的說法是悟到「緣起性空」，這是最常見的一種說法。當初，小師在剛接觸佛學時，所讀類似「佛學簡介」或「佛學導讀」這一類的書就是持這種看法，這種看法是相當普遍的，所以小師也就一直持這種的看法，但是總搞不懂「夜睹明星」跟「緣起性空」之間的關係為何。但是讀到前述惟覺法師所著「佛性與法性」一文中則是強調悟到了佛性上的「覺性」，一翻玩味也覺得甚為合理，才知如來藏（佛性）系的法師是如此看待釋尊的「悟道」的。小師認為對前者「緣起性空」的說法有一定的合理性，因為釋尊最早的說法如前文所述是一種極樸素的「緣起」論，對後者而言悟到「覺性」不但有其合理性，而且深思之後，對夜睹明星之境，其實也可發展出「緣起」論的也是一種合理的解說。對此二說，小師無能置議，只是提供參考，當然小師也會有個人之見就是了。

六、「相無性有」的合理性：

「相無性有」，是前述林建德先生的文章指出聖嚴法師對六祖思想研究的總結，也是小師前文認為是佛學的總結。在此，小師就修證佛法更進一步要說的是，在「修證」與「空、有」的立場下，更是合理的總結。理由是就佛學來看，在印度如來藏（佛性）論，最後被唯識系所吸收，到最後印度的大乘只剩下中觀與唯識二系，但因「十四無記」與「緣起無我」論的影響一直「限縮」在「無我」論的範圍，一直無法明確指出輪迴主體與涅槃的主體。但在中國「佛性論」的高度接受下，在「空、有」二系與修證的立場下，則可化約為「般若」與「佛性」，就可突破印度佛學輪迴主體及修證主體的問題，而且小師認為最高度的發展，則為六祖惠能的「相無性有」，就足代表中國佛法或佛學的最高成就。進一步言之，「相無性有」也可以解釋為「境無性有」。而唯識學（玄奘一系）從認識論立足，的確最後的結論就是「境不離識」、「境因識有」，就「境」的部分在修證的立場，是可被般若中觀所吸收或解釋的，也就是說可被六祖「相（境）無」的部分所吸收解釋的。而「境不離識」或「境因識有」的「識」的部分是可被「佛性」論或六祖的「性有」所吸收解釋，只不過它是從汙心（染心說）的立足，從習氣、種子而立言而已。而這點在佛性論或「性有」的立場或修證的立場而言，是在悟後要修持去除的「習氣」或「煩惱」而已，一點都不會抵觸「性有」的存在，所以說修證上可以被「佛性」論或「性有」所吸收。但最重要的理由是，小師發現不論持何法門，終究是會落在「般若」與「佛性」的悟道，也就是「悟」在「般若」與「佛性」兩者各可開出一條路徑，而且確然無誤，再加上本節前述各點的考量，再加上小師對陳師姊所告訴小師有關「唯識」部分的最後體認，是在說習氣或種子就是凡夫眾生在「自性佛」的淡黃或咖啡的主因，沾染習氣後會有那種色彩覆蓋，也因為這主因，所以在六道輪迴升沉，永不停息。所以綜合前述各種因由，小師認為用六祖「相無性有」在修證上來看，也是用以表述佛法的最合理結論。也因此小師認為「佛性」本就「無我」的，而「緣起性空」之理僅適用三界之內，而解脫三界或六道之後是另有「法身」，所以小師是另有「法身」之論的擁護者。聖者解脫六道之後，是自在的存在另外的時空，不是斷滅的，這才是佛法的真諦，也是小師所了解的事實。

七、目的為一，視角路徑有二：

就學佛或佛法修證而言，解脫輪迴、涅槃成佛是唯一目的，但要達到此目的的視角或路徑，以「相無性有」的觀念來看，般若與佛性無疑的是兩種主要的視角與路徑，但目的不相同。以般若來看，濃縮六百卷「大般若經」的「金剛經」所說的「無相」、「無所得」、「應無所住生其心」及「生其心做完要放下」的道理來看，這不但是「佛」能無漏的主因，也是修證的主要關鍵，而最能體現與獲致「無相」、「無住心」、「放下」的清淨心，無疑的就是「般若」的作用，這是廣為學者所認知與接受的一種路徑與視角，這就不用小師多談了。較好較細的文章，小師於此推介的是，信堅先生所著『金剛經』要義如何用『金剛經』修行」一文及杜保瑞先生所著「金剛經的無相境界」一文。但就「佛性」的角度與路徑而言，「佛性」是「白紙」一張，本來就沒有「相」的觀念，也就是「本來無一物」的觀念所涵攝的，就「佛性」而言，只要實見「佛性」或所謂「見性」的體驗，就可知佛性中本來「無相」、本具「般若」。

小師相信六祖為何會為說「人人都有般若智慧」的道理就是這個原因，也就是它立足在「佛性」的角度與路徑說「頓悟」之後便可依此修行，這當然是「禪宗」所走的主要路徑與視角，所以依此修行當然也能達到學佛的唯一目的。

當然，這是一般學者較少論述，但在修證者或談實修文章中卻不乏存在，小師會在後文介紹之。

第二節　悟

在介紹悟的相關問題之前，小師想先提一個人的故事，再介紹近代四個修證有成的大師，從中緣者可隨緣參酌任一、二，並隨自己根器，喜歡的法門自修之，或交叉驗證就可了解佛法與修證絕非子虛、修證的相關重要問題都可在這些人的文章中得到詳解。而重要的是只要掌握小師所推薦的文章，不用讀太多書或文章就能「修證」，學佛而且不會偏頗且簡單易行，而且歸結到底，都是一樣的，對現在生活忙碌的緣者非常適合，也作為本書未論及或失檢之處的補充：

一、從文字般若悟道也能修：

這裡提一個人的故事，就是葉曼女士（2017年2月16日往生）講述自己跟學南懷瑾先生學佛修證的故事。故事中，本名劉世綸的葉曼女士本來認為對佛教非常反感，認為佛法只是士大夫階層的另外一種消遣品。後來從南懷瑾先生學佛，僅讀到「狂心自歇、歇即菩提。」走般若—放下的途徑，就能斬「赤龍」到後來能「轉河車」、「開脈輪」……等修證身心習氣的故事，舉這故事，設這標題，就是告訴：學佛，固然書文與法門浩瀚，但最簡最易的悟、證就是這樣開始的。

二、舉例近代四大有成的大師：

(一) 元音老人：

俗稱李鍾鼎的元音老人，於2000年示寂，曾習天台、華嚴、唯識，最後皈依心密二祖王驤陸阿闍梨修心中心法，並於1958年接位三祖位。元音老人的心中心法，自承除密宗的一些儀軌外，其實是禪、淨雙修。元音老人的著述極豐，不知繁幾，較有名的為「佛性修證心要」及「略論明心見性」二書，不過小師拜讀後還是嫌繁複點。如果就修證而言，則是其所著「念起念覺，不厭不隨」或「修行的六要點」及證悟景象—修行證悟的基本表現」最為精要，與之相關的是其弟子徐恆志居士著「學般若化二執」一文，走的是般若放下及覺照的修證路線。

(二) 月溪禪（法）師：

俗名吳心圓的月溪禪師，圓寂於1965年4月24日，是香港萬佛寺的創建者，也是香港馳名中外的「肉身菩薩」。其著述亦為豐碩，較有名的為「大乘絕對論」、「禪宗修法」……等書文語錄。其特色為從開悟之後，講經說法，皆從自性中流露，不看他人註解。此外，最重要的特色，在早年台灣「結緣書」盛行時候，小師蒐集數本後，發現每本書的書首數頁，都載明小師自稱「開悟方法論」的一些說明，這些說明小師後來了解其實是他自身實修至開悟的重要歷程與注意事項的總說明，小師當於後詳述之。事實上，小師今日有勇氣於此掄筆，就是因這些「開悟方法論」，而有過一些經歷，這個故事也會於後文詳述，因此此師是小師心中皈依的法師、恩師之一。此外，月溪法師走的是「親見佛性」的路徑，這是緣者應知的，而其思想可參酌聶清先生所著「月溪禪學思想及其意義」一文。

(三) 滌華禪師：

自號無名僧，寂於1996年農曆四月，著述不多，主要著作為「金剛經註解」與「關房心經、般若覺合刊」，而其眾弟子所編輯「滌華禪師行略」亦非常重要。滌華法師的特出之處在於夢見釋迦佛賜一莖草，夢醒之後，即明金剛之義，而開筆寫作「金剛經註解」。而且圓寂之後，除舍利子之外，尚在一片頭骨上發現「泰」字，至於為何是泰字，後來小師從高僧之說方知「泰」字的本義是自由、解脫之義。千古未見之神奇，故被尊稱為「千古一泰無名僧」。在其不多著作中強調一切心、相的放下、斷除，稱為「無我」。將其用功心法「提起—放下」、說明「壇經」、「心經」、「金剛經」，可說三經一體的重要性，及對「四果」羅漢的實證狀況與境界有其實證經驗的詮釋，是一般文章難得見到的特見，所以是現代「修證」的行者難得珍貴可供參酌與借鏡的資料。其自稱是「純禪」，是屬於般若的法門。其文中有很多「非」與「非非」的疊字，當初小師始讀時，還曾笨笨的當否定之義去數，想知其真意，後來才知那些「非」的疊字，就是個「放」字而已，放至無能無所放，再拿掉「放」字就是「佛心」，就是「不二」。舉此供緣者參酌一笑。

(四) 隆波田：

泰國比丘，1988年圓寂，著有「覺知指南」、「生活即禪修」……等書文後來被合編為「動中禪修行指南」一書，有人將他歸為「南傳佛教」的內觀法門。但以中國的觀念，應該稱為隆波田禪師，因為他創立了非常簡易，卻非常重要的修證法門「動中禪」，有人類喻其教法有若中國「六祖惠能」。動中禪的理論非常簡易，隆波田禪師發現並認為「覺性」與「妄念」是互斥的，兩者力量的強大與否，支配著修證的可能性，也就在動中培養強大的「覺性」，就能削弱妄念的力量，進而滅除妄念，達到「苦」的止息，也就是「涅槃」。小師雖未修習此法門，但深知其重要性，而這重要性也是一般書中沒有提及的。這重要性就在陳師姊所告訴小師她的故事中上、下集中，下集是要修習滅除細微或極細微的妄念，而她也就是在此世中要修習「下集」的主要內容。也就是因此小師知道要達高深的修行即在要滅除極細的妄念，就是靠「動中禪」這種法門才能達成修證的效果。當然這與中國法師、禪師或六祖所說的在生活日用中，時時「覺照」、時時「禪修」、「禪定」的功夫是相通的，也就是說細微的妄念（微惑、細惑）消除，一定是在「動中禪」或生活中所修習的，不論是泰式或中式，所以其實它應是屬於「佛性」的法門或路徑的。小師用以上幾個重要的人物例舉與解釋，是有深意的，緣者自可隨個人根基、程度隨緣「悟道」與「修證」，接下來，就要談談本章主題「悟」的相關問題。

三、悟（徹悟）的相關問題：

（一）悟（徹悟）很重要：

悟（徹悟）的重要性大致可由下列幾點分說：

1、徹見本來（面目）：人一般總覺得有「自我意識」，只要不犯法、有錢、有權有勢，沒什麼不可以做，甚至認為機詐權狡，就是自在。也認為人就應當如此、就是如此，反正「生、老、病、死」或「成、住、壞、空」，自然之道，沒有人會有何不同，最多是「命運」或「上帝」的安排不同，但是結局不會有所不同。所以佛經千說萬說，都在說「知真相、求涅槃解脫」。就是說一般人的那些認知都是錯誤，事實上人只是欲念、情緒、執著乃至一些情境（相）或各種知見、習氣的受縛者，所以人各有種種「命運」，其實只是六道輪迴中升沉的受縛、受難者。簡言之、進言之，人從來沒有「自由」，從來無法決定自己如何在六道「受生」，而關鍵就在人從來沒有徹見「本來面目」，不論對萬法實相或自己真實「心性」。要解決這種問題，唯一之路只有從「悟」徹見本來－尤其是自己心性的本來面目。進而「修證」本來，去除「我、法」二執，才能解決這些問題，這是世尊之所以出世要告訴世人的唯一原因，可見「悟」的重要性。

2、信心堅強，如果能「徹悟本來」－尤其是自身「佛性」，在佛經裡稱之為「見道」，以小乘果位最多是只有「七世」往返人間，大乘稱為「初地菩薩」，已入聖流。更重要的是佛經或前聖修證的過程或留下文章書籍一定越看越懂，方知佛經，與前聖修證之語皆非子虛而信心堅強，不再退轉。但這裡的「見道」，小師強調是「大乘」的。

3、全面起修與真修：何謂全面起修，這裡解釋一下，一般人修行如果沒「見道」，那麼在修行「貪、嗔、癡、慢、疑」通常是一項一項的修。以「生氣」嗔來說，即使用「生忍」來修，就算成功了，終究淡薄了「嗔」念，但總是其他的習氣如貪、癡、慢、疑種種習氣仍然還在忙於分項對治。但就已徹悟的人即使他較專注修持「嗔」時，其他「貪」、「癡」、「慢」……，種種粗、細習氣（識種），執著會一起變為淡薄的。這在前述滌華禪師的相關書文，「滌華禪師修行略」中弟子問如何降伏其心的做法那節文章時，滌華禪師說道：「重點在一個『放』字，放不下就提正念，提起、放下、再提起、再放下，久而久之，一個毛病，一個習氣斷除，心就會逐漸消淨了。能斷貪心者，嗔癡亦在其中矣。能斷殺性者，盜淫亦復斷也。所謂，內外三三合而為一，能斷其一，五則不斷亦斷矣。」就有這種說法，事實上，陳師姊告訴小師也是類似的說法，她的說法是：「就算沒有一起斷滅習氣，會因相互的影響，習氣也會一起淡薄。」在這裡，小師並非說不悟的人就一定在修行時不會將習氣一起淡薄或斷滅習氣的效果，而是在說徹悟本來的人，一定是會有對習氣全面的淡薄或斷除的修證效果，而一般人專修一項是否真能全面的淡薄或斷除習氣的效果，小師就不得而知了。總之，徹悟本來之後，就不會盲修亂練，而是「真修」與「全修」。

4、另外，悟的重要不但是「徹悟」是「真修」的開始，而且「徹悟」的「當下」，人人可以親嘗「解脫」萬事萬物的滋味，也可說是親歷「涅槃」的法喜於那一瞬間，而不疑佛法旨趣。而此後餘生與他世乃至累生累劫中都又此根基，機緣來時，隨願與隨緣奮進在真正的佛道上，進而追求佛、菩薩與其他佛教聖者的「恆永」的「涅槃」，而永生不疑，永生不悔。雖然小師相信那種「修證」到那境地是需要漫長的時空的，而陳師姊也說過修行是需要一定「時、空」並非一蹴可成的。

(二) 悟有兩門：

也就是悟的途徑，主要會有兩種，也就是「般若」與「佛性」兩門，分述如下：

1、般若門：一般而言，會說般若有文字般若、觀照般若、實相般若，意思是從文字不論是金剛經、心經、壇經的文字般若大致了解後，用「觀照」或「覺照」的方法去觀照萬法，尤其是自己內心，看能不能「悟」

到萬法與內心的實相，尤其是內心的「實相」—佛性。其實，緣者可從空或「不可得」、天台的「空、假、中、中也不存」、「狂心自歇，歇即菩提」，乃至「放下」，乃至念佛、念咒歇處，能所忘處，「知見立、無明本」，或六祖所說：「不思善、不思惡處」，種種之處皆可悟起，重點是緣者能不能用你的靈知靈悟，迴光一照，觀照內心而當下見性。所以古德說大修行人從「當下一念」，直了見性是可能的，此法門走的主要是「放下—覺照」的途徑，但是這法門，以小師之見，所謂「放下」能放下多少」，覺照時悟到多少，可能有所不同，這也許是為什麼佛經上說：「一切聖賢，皆依『無為法』，有所差別」的原因之一。換言之，小師無從確認是否真能徹見本來，明心見性，因為小師非從此門入。小師能確定的是，從此門入者一定是對緣者的修持、修證有所助益，緣者應多參考「滌華禪師」著述中有關「放下」的論述來助益自己的修證。最後小師要以「傳心法要」所說「息念忘慮，佛自現前，直下無心、本體自現。」來說明「般若門」為何那麼重視「放下」，原因就建築在「息妄即能歸真」、「狂心自歇，歇即菩提」這個觀念或基礎上。

2、佛性門與「開悟方法論」：佛性門顧名思義就是直接從心中下手，能親見「佛性」，而且能徹見本來，得到所謂「證悟」或所謂得見「素法身」而明心見性，而且一悟永悟。但此門小師蒐集到的資料只有前文所述的香港肉身菩薩「月溪法師」的資料，而重要的內容就是小師所權稱的「開悟方法論」。意思是只要接著他所說的方法去做，必能親見佛性，因為那是他歸納很多法門後的心得，也是他自己證悟的途徑，留語後人的最重要法寶。小師當年也就是依樣畫葫蘆才有寸進，也就是說小師是從他的「開悟方法論」實際去做，才得「悟」入的體驗，為報師恩、佛恩，茲將其必附於著作書前的「開悟方法論」，就小師個人之見略解詳述於後：

(1)月溪禪師認為見性人，講經說法橫說豎說皆是「佛法」，因為皆從「自性(佛性)」而出，一定說得通。反之，若只從教下經典解之，最後必是左支右絀，無法通達，所以他的解經，著述從不看人註解，這就是他的解經方式。

(2)他認為佛性是絕對的，沒有輪迴，未見佛性以前，佛性不受薰染，而且佛性遍滿虛空，光明普照。而就個人而言，見性後一念無明、眼耳舌身意，皆變為佛性。

(3)月溪禪師認為一般的參禪、打坐、看話頭、念佛、念咒，都是在集中注意力，這種注意力是在有知有覺的狀態下集中、專注的注意力。這種有覺察的注意力就是他說的「一念無明」，因這種「注意力」相對「佛性」而言，還是一個妄念、無明。

(4)用一念無明或六根的專注力，可以打破「無始無明」，而打破「無始無明」後，就可親見佛性，見佛性後，這「一念無明」有知有覺的專注力或覺照力就能轉變為佛性。「一念無明」前文已經解釋了，而其所謂的「無始無明」其實是指在打坐參禪到了「無知無覺，無生無滅，空洞黑暗，一無所有。」的狀態或境界，或是禪宗一般所說「黑漆桶」住於無明窠臼，有待打破的狀態，也可說是「無記」的狀態，只有打破此種「無記」的狀態或境界，才得親見「佛性」。簡言之，月溪禪師的「見性」論，從操作面來看就是用你有知有覺的專注力打破空洞黑暗的「無記」狀態後就可親見「佛性」。

(5) 具體的作法：

甲、向內看：也就是在打坐參禪時，閉眼然後提一專注力，向自己頭腦、心一直看去，不間斷、不急不緩，就是一直專注地看，累了就休息不打坐，但若能打坐就一直向內看，打坐的時間越長越好，向內看越專注越好。

乙、不犯「止、作、滅、任」四病：所謂「止」病，就是止住思想不起。所謂「作」病，就是想把一個惡思想，改作一個好思想。所謂「滅」病，就是將一切思想滅盡不起。所謂「任」病，就是思想任他起、滅。這四病是月溪禪師原指大乘用功最容易犯的四種毛病，套在這裡，就是指在專注「內向看」的時候，若有思想起伏，千萬不要分心犯了這「四病」，你只要持續專注的「向內看」，對思想的狀態，都不用管它，你只有專注「向內看」、持續看。

丙、守住「不管它」的原則：當在打坐「向內看」的時候，你可能看到種種光景或鏡像，比如說：光、佛、鬼、怪種種影像時或者楞嚴經所說的「五十陰魔」，緣者不要畏怖恐懼，也不要歡喜，你只要謹守「不管它」的原則，持續的「向內看」就是。為何要「不管它」，因為那些光景、鏡像不論多真，都是「心識」所化，不能當真，一當真就著相，是會妨害繼續專注「向內看」的進行與深入。

丁、靜等「因緣、時節」：這個意思是你抱持「不管它」的原則下，只有專注的「向內看」，看來看去一路光景後終究您會看到所謂「無始無明」的「空洞黑暗、一無所有」或是禪宗一般所說的「黑漆桶」或「無明窠臼」的「無記」狀態或境界。在此時，不管你覺得是無聊還是無意義，你所能做及所該做的就是繼續「向內看」。而靜等「因緣」的意思就是可能一聲鳥叫，或是一個咳嗽聲或是狀態下就能打破這種狀態，親見「佛性」。最有名的例子就是虛雲老和尚打破茶杯悟道的狀況。而所謂「時節」的意思，就是指「因緣」來時或打破此種「無記」狀態的時機或時間是不一定的，有人一日而覺，有人是數月、數年，有人是幾輩子才會有此現象，這是說不定的，但一定的是如果有人能自覺或數日、數月覺，一定是前世或前世累積而成的。但不論如何，在那「因緣、時節」來到前，你只能有知有覺的專注向那「黑漆桶」或「無記」繼續的「向內看」。

(6) 所以「親見佛性」的法門最大的缺點就是「只能做，不能強求」，這也可以從「打禪七」或「打禪月」，有些老參終身不悟，有人打了一次「禪七」就被印可，就可說明此情況。但是沒有起點，哪有這日。有的人（依唯識學）說光「見道」就要花上「一大阿僧祇劫」的，不過小師無此觀念，陳師姊告訴小師的也是這種不需理會的觀念，因為那可能是個比喻的觀念。反正做就是了，如果緣者喜歡這法門或路徑的話，就該相信佛經上或陳師姊故事中所說「有願必成」的那段話。

3、兩門差異：般若門與佛性門兩者所悟的內容或標準來看，從「無所得」或「歇即菩提」來看，兩者並無差異，差異的應只是佛性門會多個有「靈知靈覺」的不同，這個「靈知靈覺」，可以幫助日後修持、「覺照」

做功夫。但以小師個人經驗反思後，從「佛性門」入，從開悟的標準或狀態來看，是不會有「覺」或「靈知靈覺」的概念存在，而僅是純一「靈靈昭昭」的狀態，而且也能盡解般若門之意。反之，觀察從般若門入證的文章來看，他們的「放下—覺照」的路徑，也從來沒有否定或喪失他們的「靈知靈覺」，來做日後的修持功夫，否則他們怎麼「覺知」或「覺照」、「放下」什麼？或有無「放下」，甚至知道「無所得」的狀態。

小師這裡的意思是「靈知靈覺」雖是事實，但是，事實上，它是被「佛性門」事後強調的概念，就「般若門」入的強調「放下」、「無所得」也是證悟事後強調的概念，就徹悟或證悟的一瞬間或狀態與標準都是一樣的，事後的強分不見得有多大的意義。只是從理路而言，悟入是可分兩門，因而要達到證悟或徹悟而言，與緣者相應上是各有優劣的，但就「證悟」或「徹悟」的境地而言，是相同也不分軒輊的。兩門的分野只是從進入的路徑及悟後的強調不同，但就「證悟」的狀態與境界並無不同的。不要覺得小師論的奇怪，月溪法師在「講金剛經釋要」一文中，就說「金剛般若既名佛性，不名真如。」

(三)（參話頭）開悟原理與爆炸理論：

在慧廣法師所著「禪宗見地」一文中，有參話頭開悟原理一節文字，或許可佐證與補充小師在對「佛性門」悟入的說明。在那一小節文中慧廣法師說到：「在疑情成片的時候，突來的刺激，劃破了疑團；或者突發的境界，轉掉了當下的疑團。此時，呈現出一種無滯、無著的清淨心，心中空無所有（本來無一物，一絲不掛），本來無煩惱。一切是如的安詳寧靜，並不是疑團打破而得到了什麼答案。佛陀夜睹明星與古人見桃花開悟，其原理是一樣的。」這裡小師補述一下，「疑團成片」，就是跟在前述高度專注的「向內看」的狀態並無不同，而「疑團」本身就可比前文所述：無始無明看不破，鑽不破一般。而打破此種狀況，如觀明星，見桃花開悟，就是因緣時節的問題了。另外有人說「開悟」時會有爆裂之聲，這個當然也是經驗之談。例如，有人在敘述「元音老人神奇一生」一文中說到元音老人自述的開悟經驗：「一日，元音老人修法畢，步行郵局上早班，途中經四川北路，他忽然感到一聲爆炸，身心、馬路、車輛與行人當下一齊消殞而靈知了了，一念不生，亦不覺在走路，及至到了郵局，身輕鬆而心透脫，有如卸除千斤重擔相似。」這段文字足以證是有其事的。這種現象，小師暫以「爆炸理論」稱之。問題是，這種「爆炸理論」是否為「開悟」的必要條件呢？答案是：「不是的」，因為元音老人弟子徐恆志先生在其所著的「般若花」一文中寫到：「很多人，打坐中出現『爆炸』現象，但不一定人人都有，也不一定是法身成就，主要是由於心理變化影響生理變化居多，也說是一種業障化除現象。」小師寫下這節話的意思是希望緣者對「悟」的狀態與誤區能多了解而已。

(四) 證悟者對「悟」(徹悟) 的側寫與形容：

「證悟」的一致性說法是「言語道斷，心行處滅」，那是種經驗，或者是直覺式的悟入，而不是感覺或知解，照道理是沒得說的。但是或許為了悲憫後學，給後來的緣者留個參證，卻因遮戒(大致意思是為避免妨礙自、他修行及受人譏謗，即妨害自、他修行之戒)，是以有「禪打九九，不打加一」之說。這些意思是說想給您知，但是又不能說破，避免妨礙您自己的上進之心，還是要您自身體悟。所以要說又不能說破的情況下，便會留下一些事蹟或一段偈語式文字或書中一小段話供後來緣者參證或參悟之用，意思是過來人就知他們說什麼，而且各個所悟相同，未悟者，也可從他們所留下的事蹟或偈語或一小段話，有個悟入之處。不論如何，小師認為是最接近證「悟」之境最好、最貼近的側寫，所以蒐集幾個供緣者參酌，不過小師不予解釋，只說個「通通相同」，緣者若欲求個知解，可自己上網搜尋參看之：

1、「破楞嚴」的故事：在南懷瑾所著「金剛經說什麼」一書中第三十一品「知見不生分」，提到宋朝溫州瑞鹿寺有位「上方遇安禪師」，讀了楞嚴經的一段話「知見立知，即無明本，知見無見，斯即涅槃。」這法師看不懂，有一天無心之下，誤改文中標點變成「知見立，知即無明本，知見無，見斯即涅槃。」自己因而大澈大悟，後來他自稱「破楞嚴」。

2、虛雲老和尚摔破茶杯悟道所留偈語：共有二偈，一偈是「杯子撲落地，聲響明歷歷，虛空粉碎已，狂心當下息」，另一偈「燙著手，打碎杯，家破人亡語難開，春到花香處處秀，山河大地是如來」。

3、六祖教惠明：「屏息諸緣，『勿生一念』」之後，說「不思善、不思惡、正與麼時，那是明上座本來面目。」

4、三祖「信心銘說」：「一切不留，無可記憶，虛明天自照，不勞心力，非思量處，識情難測。」

5、黃檗禪師「傳心法要」說：「世人不悟，只認見聞覺知為心，為見聞覺知所覆，所以不見精明本體（佛性），但直下無心，本體自現。」又說：「學道人若不直下無心，累劫修行，終不成道。」

6、大珠禪師「頓悟入道要門論」說：「但知一切處無心，即是無念也，得無念時，自然解脫。」

7、惟覺老和尚在「明心見性，見性成佛」一文中說：「真正的『見』是「見見之時，見非是見，見猶離見，見不及見。(語出楞嚴經)，這念心就像一面鏡子，漢來漢現，物去不留影，沒有『能見』，沒有『所見』，這就是本具的菩提心(佛性)。」

8、憨山大師「禪宗法要」說：「若一念妄想頓歇，徹見自心，本來圓滿。光明廣大，清淨本然，了無一物，名之曰悟。」又說：「如今發心趣向，乃反流向上一著，全要將從前知解，盡情脫去。一點知見、巧法用不著。只是將自己，現前身心世界一眼看透。全是自心中，所見浮光幻影。如鏡中像，如水中月。觀一切音聲，如風過樹。觀一切境界，似雲浮空，都是變換不實的事。不獨從外如此，即自心妄想、情慮，一切愛恨種子，習氣煩惱，都是虛浮，幻化不實的。」

9、元音老人在「佛法修證心要問答集」說：「三世諸佛也不識，還會麼？就是悟。」又說「假心、真心、真心都不可得的心，即證悟妙心。」再說：「心中不可存有絲毫功德相，腦筋裡沒有一點東西，空空蕩蕩的就像沒有做過一樣才是『無住用心』」，「無漏是把你一切妄想執著與一切功德相都漏光了，到了無善、無惡、無煩惱可漏了，這時即是無漏。」，另在「證悟景象—修行證悟的基本表現」一文中說：「所謂大地平沉，虛空粉碎，斯當時雖一無所有，但虛明靈寂，一靈不昧，了了常知非若木石，雖了了無能知所知，此以了了全體是一片虛明靈知，不能再有能知所知。」

10、慧廣法師在「禪宗見地」一文中說：「悟道，並不是指瞭解了一個什麼真理，而是體驗到一種境界。所謂禪語，就是體驗到那無以言喻的清淨心。那種境界離兩邊，無分別，又叫不二境界。而這種境界，就是人人本具的『原始樣態』，所以稱為『本來面目』。恢復這個本來清淨的面目，叫做悟道、見道。此時感受是自在的。」又說：「勿以『學識』當作悟，懂得很多宇宙人生的道理，那是知，不是悟，勿以『輕安』（大樂）當作悟，勿以『發通』當作悟；勿以『解脫感』當作悟；勿以『悲天憫人』當作悟；勿以『物我兩忘』當作悟；勿以『天人合一』當作悟；勿以『心空如洗』當作悟；勿以『空無自性』當作悟；—於如如中無如如想，近矣。」

11、廣欽老和尚在其「語錄」說：「沒來，沒去，沒詒治（台語，國語義沒事情）」

12、月溪法師得法偈：「本來無佛無眾生，世界未曾見一人，究竟了解是這個，自性還是自己生。」

13、達摩弟子之領悟：因緣時節到了，達摩祖師要回天竺國了，於是命弟子學有所成的門人，前來逐一勘驗。達摩祖師說：「時將至矣，汝等盍各言所得乎！」門人道副就回答說：「如我所見，不執文字、不離文字、而為道用。」祖師說：「汝得吾皮。」德持尼師說：「我今所解，如慶喜（阿難）見阿閦佛國，一見更不再見。」祖師說：「汝得吾肉。」道育說：「四大（地、水、火、風）本空，五蘊（色、受、想、行、識）非有，而我見處，無一法可得。」祖師說：「汝得吾骨。」最後慧可大師出禮三拜，依位而立。祖師說：「汝得吾髓。」

14、此等文句，當然還有很多，以上不過例舉數例。在此，小師再次饒舌一句，以上諸例，所言皆「通通相同」，識者自識，不識者亦可由此悟去，再加送一句「無道理處，是道理。」送緣者參酌。

(五) 證悟有力，解悟無力：

在談完如何悟的主要二門、悟的理論與側寫後，小師想於此談一個重要子題叫「證悟有力，解悟無力」的問題。一般而言，悟有證悟、解悟之說，解悟就是從文言中去了解、體會「悟」是什麼？但是容易有文字障或理障或智障乃至定慧不等，而流於「我慢狂禪」，這在西妙先生的「證悟與解悟」一文中就有詳細說明，緣者自可參閱之。文中甚至舉「紫柏老人」集中，甚至根本不承認有「解悟」之可能，稱之為「偽學」、「偽行」，只有「證悟」一途，這也是小師在前文「般若門」說，而進此門，一般來說是除文字般若的理會外，後來還是要以「觀照般若」觀察萬物、實體自心，才有機會證悟或體悟「實相般若」的可能。至於證悟有力，但是怎麼個有力法？小師所蒐集到的資料，勉強從南懷瑾「南禪七日」第二十七盤「解悟證悟克勤禪師與聖士師等」一文中說：「南懷瑾的好友聖士跟隨月溪法師一邊炒菜，一邊參「念佛是誰」的話頭時，聽到鍋鏟碰到鍋，啪一聲，開悟，經月溪法師認可，此後在那悟境三個月。」這個例子可以勉強說明外，沒別的資料。所以小師這裡用自身例子權說「證悟有力」的另一層意義，就是「可再提起，不會丟失」，因為那是經驗所得，深藏識田的，不過這不好解釋，緣者就聽小師緩緩道來，就可盡解：在二十幾年前，當年小師離開「中央標準局」（現改標準檢驗局）後，有點感慨萬千，因為當時是向菩薩許願，僥倖入選，做事不敢逾越分毫，只求盡心。但人不尋事，事尋人，官場把戲找上門，小師左思右想，也不會餓死人，又是向菩薩許願去的，還是不要弄髒自己心性，所以跟內人短暫商議後，便辭了職。同事都不解原因，但去職之後，雖心想先休息一番，再做打算，但畢竟算是中年失業，來日何去何從總是困惑於心，最後竟有點徨徨不可終日的感覺。一日內子或許看小師有點鬱鬱寡歡的樣子，就隨手給我一本她家有的一本月溪法師的結緣佛書，書名忘了，但是看著看著有了一點興味，那興味就在小師前面所述的「開悟方法論」，是當時小師手上所有的佛書都沒有提到的。後來又知道他是個開悟法師，肉身菩薩，就耐著性子多看幾遍，覺得有幾分道理，於是望空三拜，強迫月溪法師收為弟子（小師的很多老師就是這樣拜來的），又好像跟觀音菩薩許了願，然後就依小師所理解的前述「開悟方法論」，不管三七二十一的蠻幹下去，那時的心態是反正死馬當活馬醫，於是除了吃飯、睡覺、休息、雜事處理外就是打坐「向內看」，最長的打坐時間一次大概就有三、四個鐘頭，累了就休息，休息之後就再打坐，如此日復一日，因為看過「楞嚴經」的「五十陰魔」，對打坐時一路光怪陸離的事，就一直「不管它」，也不知多久，就看到那「黑漆桶」了，但還是保持專注的「向內看」。大約四十幾日後，一日在接近正午時分，還是在閉目打坐並且專心向內看時，突然聽到好似一洗臉鋁盆砸下地面的大聲響，從窗外傳來，當時頭部如雷重擊，頭內一片金光，如癡如呆，有若木雞，沒有一點思想、一點念頭，腦袋空空，但又是靈靈昭昭全身十分輕鬆，如釋重負，心中平靜異常，甚至有泉湧的喜樂感。緩緩張眼，約十幾秒鐘，只見金光，不見一物，後來才漸見物相，又約過了五秒後，才知物相為何。當時家在二樓，於是起身後向窗外看去，外頭是條小馬路，沒見到什麼臉盆，心想這個時節，樓上的該上班的上班，應沒人，窗外又不見鋁盆，心中納悶了一下，也就算了。當晚夜夢時，好似看不清眉目的菩薩，投了一顆白色的東西給小師吃了，就沉沉睡去，但睡中感覺氣機發動，心臟碰碰大跳，一直睡到天亮。次日睡醒，發現除了頭頸之外，全身長滿二分之一綠豆般突狀的水泡，透明水泡中，又見點點或大或小血瘀，全身皮膚中大概三、五公分或大或小就長一個，布滿全身。但心中一點也不害怕，也不想去看醫生，而那些水泡大概到了第七天就消失無蹤了。在此期間，那種如釋重負，心中異常輕鬆的感覺，大概維持了三、四天才漸漸散去。之後，雖然有想起那就是「開悟」嗎？如果是？是告訴小師「萬物一體」嗎？也曾上網查，但是當時是電話撥接上網的時代，網上不如今日資料之豐整，沒什麼資料可供參考，以後雖看到一些書中，有談開悟之事或偈語，覺得熟悉又說不上什麼理路，自己又沒臉去見什麼大和尚問去，免得人家說瘋子，於是就此不了了之了。在這事之後的不到一年間，就遇著「陳師姊」了，又花了二、三年問她的故事與佛法，之後又忙著整理那些東西成為「陳師姊的故事」那一章，心想總有用處，來日自己再看看或後人看看也好，整理好了就擱著，這一擱，就是二十幾年。所以，小師說那一章的東西是二十幾年前的寫作，而且除小師註解外，其他一字未改。而之後，就去泛遊佛學之海，一混二十年，那事小師也從未對任何人說起。二十年間，有幾次猶豫不決，該不該將「陳師姊的故事」寫出來，後來就在細琢酌故事中的「一杯水給滿坑滿谷的居士，而杯水不損一滴」的情節後，小師確定決意寫出。但仍在蒐集研讀資料時，小師聯想到一事，就是為何小師修學佛法多年脾氣未減一事，又由此事聯想到二十幾年前身心如釋重負，異常平靜那日情景。會想到的原由是，小師自省脾氣未減的原因是小師所學是法政、管理，「是非之執」非常嚴重，尤其遇是非不明胡攪蠻纏之人或事，發起大脾氣來，可撕心裂肺。後來遇陳師姊後，一直取她告訴小師「心量廣大」對治，是好一點，但難脫此惡習氣，是以總在想如何有效對治，這東想西想，就給小師想到何不回到那二十幾年前「心無一念，異常平靜」的時刻，不就了結了。於是小師就回憶當時，東想西想幾次後，突然想到了「頭部重擊」時，根本不需作解，意思是不需再想所悟之事為何？僅是那狀態即是，或者說「那個」、「那樣」，就是「開悟」。就在有此想法，身心就又回到那時狀態，十分輕鬆，心中也少起妄念。一方面開始寫作本書。休息時一方面在「那個」狀態休息，有妄念就多「觀照」己心，有時覺得寫作時，就在「那個」狀態。自此，遇是非之事，脾氣有時還會來，但是心底早已不是以前的波濤洶湧，不能自已的情況可以比擬。有時，遇事表面上仍是口粗言惡語，張牙舞爪，可是心中卻是想氣也氣不起來的，且是自己心知肚明，不與外人道的。到後來，將自己二十幾年前，跟自己現在的「那個」狀態證諸前面小師前文所述：「證悟者對『悟』的形容與側述」一節各點，無不心領神會，無不通解，所以小師說「通通一樣」，但無法向外人道，因為「那個」就是那樣，是無法言說的。由此，緣者透過小師的細述，大概可知什麼叫「證悟有力」的另一層意義與實際。

㈥ 悟後景況：

這是說「證悟」後會有什麼身心狀態或是到什麼情況，其實這也可當作自勘是否「開悟」的一個標準，有的舉心淨平和，即能和善，亦知何者當不當為，有舉心不執取，身心皆有變化，甚至容貌皆有變化。這裡小師推薦張玄祥居士（現為善祥法師）所著「禪宗行者開悟的次第」、「開悟的境界是怎樣？」二文與慧廣法師所著「禪宗見地」一文供緣者參考，在參考前諸文章及自身經驗，小師認為「心地平和、較不執取」，或者也會出現消消業障外，雖然有人列舉甚多點，但其中小師比較認同的是，一定會有幾個現象，分述如下：

1、越來越看得懂佛經：諸如以前百思不解的事，如說「佛是萬德圓滿」，又說「佛不只煩惱漏盡，功德也漏盡」，又天台談「空、假、中、中也要離」，現幾乎不思而得，主要在「那個」處無「執取」，可謂「為善不執善」，做完便了，所以「無漏」。也因是「無漏」所以佛教是「純善或淨善」之教，要「萬善奉行」又無「純善或淨善」之想。

2、身體氣機變化而影響身心：所謂「氣機變化」的意思，以小師而言，曾看過一些氣功的書，但是沒有練過一天氣功的「功」，但照樣能體會並產生「拙火」、「七輪」、「開任督、中脈」的現象，而且氣脈日夜行走，只要一樣的抱著「不管它」就好。後來方知「氣功」的那麼多種類的「功法」，完全是種不同人接觸與領會「無為法」不同層次所產生的現象，與事後的紀錄。但學佛人，當知此種現象固會有之，但應不需加以理會，因為那最多只能說是學佛時的助緣，跟「佛性」清淨與上求「佛道」兩不相干。

3、阿賴耶識種子翻出：月溪法師著作裡，特加以著述，所薦前文亦有。事實上，小師知很多人加以引述，所謂「種子翻出」，意思是會有此生中習氣與久不思及之事翻出，乃至畢生累劫之事、之習翻出的可能。

4、不善高談，善於容納異己，不要爭辯：這大概是「心量漸廣」，又覺得世間諸事，就是那樣，無話可說，也不能向外人道自己身心及用功諸事。反正，外人不懂，所以還不如自己用功，外人看似略偏孤寂，而自己可能覺得是平淡自處，任運而已。

第三節 修

佛教或佛法不外是信、願、行、聞、思、修，最後歸於戒、定、慧（見地）、三學，廣義來講這些都是「修」，但這裡小師要說的是從實修的角度，去談修是什麼，次談如何修，尤其不論是否能悟，或者是「悟後起修」，就真實的下手處來說。最後論及陳師姊的說法，希望緣者能有實益，但是因涉及的問題不少，小師約略的整理一下，講述重點，希望緣者能看懂才好：

一、修什麼：

（一）大小乘修行概說：

小乘講從苦、集、滅、道的四聖諦，十二因緣，三法印……等等，到歸諸要修，四念處、八正道在內的「三十七道品」，但就實修而言，總結是在修三界內的見惑與思惑的止息。而所謂的見惑就是身見、邊見、邪見、見取見、戒取見。思惑就是貪、嗔、癡、慢、疑等，而惑又有煩惱，結使，隨眠、習氣等異名，欲了解這些大致看點網路上「佛學概要」中三界天人表與斷惑或證真的次第或斷惑證真的看法可了解，而複雜點就可參看周柔含先生所著「說一切有部的斷惑或理論」一文。也就是說小乘的斷惑理論，在部派時期就有一套完整的「三界五部九十八隨眠」的斷惑理論，後來之說不過沿襲於此，因此小乘的斷惑或理論是非常完整有次第的。至於小乘為什麼重視斷惑或理論？那是小乘重視自我出離三界或六道輪迴，也就是自我的解脫與六道輪迴的出離，所以小乘的斷惑或理論有可稱為「斷惑證真」的理論。而這個「斷惑證真」的理論重點或取證就在四禪八定加上四果羅漢所修的「滅盡定」才能出離六道輪迴，也就是在四禪八定的過程中除了定力的加強，還是要定中思維「微細」的「思惑」，然而加以「斷除」後，在修習「滅盡定」才能成為「四果羅漢」出離六道輪迴。那為什麼要四果羅漢還要加修「滅盡定」呢？原因就在「四禪八定」是與外道共法，也就是外道也能，也會修行「四禪八定」可說是人、天共法，但是還是出離不了輪迴，所以四果羅漢是一定要修「滅盡定」。到了大乘時期，因為加了「法」的觀念，也就是萬事、萬法的「法」是實體需加破除的觀念，再加以菩薩道需慈悲渡眾，積功累德的觀念，因此將小乘的斷「見、思」二惑延伸為「我執」（或煩惱障），而且還分為分別（此生）我執與俱生（前生已有）我執。除此之外，還有「法執」（又稱「所知障」或「智障」），「法執」也分「分別」法執（稱塵沙惑）與「俱生」法執（又稱無明惑）。同時說分別的我執與法執是「見道位」（開悟）、所斷，而俱生「我執」與「法執」則在修道位所斷（有關大乘我、法二執的詳細說法可以參看徐恆志居士所著「學般若化二執」一文）。因此學佛、成佛就是除去此種二執，因此大乘的修行理論除了六度外實修上可稱為「斷執除惑」理論。而大乘的「斷執除惑」理論以外，上有配合長長的時間之河中從菩薩至修行成佛的「菩薩位階」的理論，不過「菩薩位階」理論是各宗派有很大的不同，因此頗為紊亂，唯識、華嚴、天台各有不同的位階說法，而一般以「菩薩瓔珞本業經」所舉之五十二位說「十信、十住、十行、十迴向位、十地位、等覺、妙覺、位次無缺」而廣為一般採用。

有關「菩薩位階」的說法，可參考慈怡法師主編的佛光大辭典中「菩薩位階」一節及聖嚴法師所著「羅漢、菩薩和佛有何差別」一文便可有粗略了解。大乘除了「斷執」論與「菩薩位階」論外，比較一致的看法是菩薩修到最後要成佛時會進入「金剛喻定」的狀態或階段而成佛，而所謂「金剛喻定」的階段，就是由佛、菩薩加持成佛的狀態與過程。以上便是大、小乘實修整理學者所說的概說，但是除上述重點外，還有幾個小點補充如下：

1、小乘十二因緣的無明是一念無明，而大乘的無明是指無始無明；小乘重律戒、制戒，大乘重心戒；小乘重在四禪八定及「滅盡定」的修持，大乘則在六度中重視般若的修持及佛性除妄的修持；小乘重解脫生死，大乘則重視「生死即涅槃」與隨緣度眾。

2、羅漢解脫於六道輪迴之後，欲向大乘或迴向大乘或四禪八定不落歧途或外道而且能順利走向大乘，有學者主張應修「空、無相、無願」（三三昧）三般若。因為這是大、小乘的分水嶺，這個道理可詳看信堅先生所著「金剛經要義及如何利用『金剛經』修行」一文。

3、念佛法門與禪宗無位階之說：念佛法是一個極為特殊的法門，文章亦無數，小師亦不敢說深解，不過粗分可分念自及念他佛。念自佛則通達「實相」與禪不離，念他佛則靠「信願」往生淨土，更何況若念自佛及念他佛能交融時，則含修證止觀除妄及蒙佛接引之效，所以是個極特殊法門，小師實不敢妄論終極，這裡就諸緣者參閱蘇俊榮先生所著「談『稱名念佛』在修証上的意涵」一文就可知其複雜度為何了。不過這裡小師可確定的是，若是蒙佛接引，是不涉菩薩位階的，若是自、他相融是難定位階的。另外禪宗開悟之後，是自力除妄，或自力斷我、法二執，是以並無菩薩位階之說的，所以雖然有見配以菩薩位階的，但並無定論。另外，若是禪、淨雙修，由禪轉淨，或由淨土轉禪更難定論，總之，在禪宗正統的體系是無「菩薩位階」之說的，這是緣者需了解的。

4、另外，妄念、妄習或執著、種子是否斷除之勘驗，有「取像」之說，意思是在心中成像或取像，自判自知，心中是否絲毫動搖，便可知曉。由此推知，身處實境，自判心中有無絲毫動搖，應有相同效果，這或許是史上有云禪師證悟自修後，有混跡酒肆的原因。

5、會有妄念、妄習或種子及我、法二執，究其根源，依「大乘起信論」，是有「三細六粗」的過程，即根本無明起動真如，現出生滅流轉之妄法（迷之現象），這點可參看慈怡法師主編佛光大辭典「三細六粗」一節文章，或參看劉承符先生所著「從苦談到三細六麤」一文。另外，根據「楞嚴經」則是因有「妄覺」的現象所致，不過小師認為其理為一，沒什麼不同。

6、或許基於前述這點原因，即一念根本無明，而有「三細六粗」的過程，在佛學上，有成佛後是「不動心念」的，他們的說法皆是有「念」即造業，造業造染皆是業，所以佛是不動心念的。但是，依小師所知，成佛後，佛仍在三界外教化菩薩，所以，正確的說應是佛不動「妄念」。也就是「無住生心」的意思，而不是「不動心念」。另外，佛學上也有一種說法，說在大乘上，因「生死即涅槃」而且「妄念」斷不盡，所以不用盡斷，關於這點，小師認為也應是「不斷」心念，也就是「念而無念，無住生心」，而非「不斷妄念」才是正軌，於此，併予說明，望緣者識知。

(二)一切修行必歸於心，也就是說修行就是在修心：

從最早的觀「五蘊」無我，至小乘修「四念處」的觀「心」、「無常」、觀「受」是苦，到大乘修「止觀」，止觀談到最後的「即境觀心」，到學「觀照」般若以達「實相」，到禪宗的體悟「自性佛」後，自力除去「自性佛」各種妄念執著或淨的念自、他佛到「實相念佛」，都是涉心理活動。說到底佛門八萬四千法門，最後實修上必歸諸於心，也就是學佛、修佛就是修心，否則就是走錯路。而修心藉唯識學的道理，就是去除六識的分別及七識的執著（我法二執），使八識內的習氣、種子清淨。對學佛、修佛就是「修心」，修「自性佛」是陳師姊對小師般般叮囑、再三確認的。

(三)般若、佛性（自性佛）與心念的關係：

般若在實修上主要是用「覺照」，也就是觀照內心的起心動念，用般若無所得的道理，掃「相」、掃「念」，也就是說既然一切「無所得」，便可無分別放下「相」或「念」達到「念而無念」，來達到自性（心）的清淨。至於走佛性（自性佛）門的，於開悟後實際漸修的過程中，主要是知自性佛「本來無一物」的道理，一樣用「覺照」來直接掃除「相」、「念」—尤其是「妄念」，而達到「念而無念」或「無住生心」後，就能達到自性佛（心）的清淨。總之，二者都是涉「修心」時，使心念歸於「念而無念」的效果，在經歷一段時間修持後，終究使習氣、種子消除，而達成「自性佛」的清靜，而所謂的我、法二執的粗惑、細惑，也就是這過程中，經歷漫長的時間漸漸消除的。因此，悟道或修道固可分二，而用般若或自性佛除妄念，最後以小師看來最終是無二無別的。

(四)回歸「金剛經」與「六祖壇經」(及心經)：眼尖的緣者大概就會發現，前述的道理，在實修上最貼近的莫過是「金剛經」與「壇經」的道理（心經之道涵攝於內，就不去論），小師在長長佛學之路摸索及釐清自己思路之後，再加上對陳師姊「上、下集」的了解與玩味之後，認為佛學固然經、論、文章萬千，但若是要談真修、實證，除念佛法門特殊例外，恐怕還是要回歸「金剛經」與「壇經」的道理去實行，才有可能（當然那是小師經歷了一番心理歷程）。原因無他，因為「金剛經」主要是講「無相」、「無所得」與「無住生心」之道，而壇經講「三無」(即無念為宗、無相為體、無住為本）與「一三昧」(一相三昧與一行三昧)，二者根本相通，只是精粗有別而已。到後來決定要寫本書，寫到六祖壇經那部分時，才重新細讀壇經與金剛經，驚覺自己二十餘年前所整理寫好「陳師姊的故事」那一章，其實，除了強調戒、信、願及六道輪迴中的升沉與「變識」外，所說的就是「金剛經」、「壇經」有關修證的道理，也就是「上、下集」最核心的道理。最後再參看、細看本章例舉有關「悟」那節中，那些近代「證悟」的行誼與所遺留的修證文章後小師才確立，最快、最簡略的修證「經典」就是金剛經與壇經。而且參照前述近代修證有成者，雖理論上可分「般若」與「佛性」(自性佛）二者或二門，但終究是無二無別的，所以小師於此力主要修證，尤其「悟」後要漸修，是應該回歸金剛經與壇經的道理與修法才是最重要的。至於有關本節（四）、(五）點除有關所例舉近代有成就的修證者的文章外(已於前節敘明外)，可參見楊佛光先生所著「六祖的『三無』和『一三昧』」一文及杜保瑞先生所著「金剛經的無相境界」一文與徐恆志先生所著「怎樣實踐佛法」一文。

(五)金剛經與六祖壇經示意圖：為了方便緣者對前文的了解及後文的撰述，在此小師做了一個結合金剛經與壇經（並參考小師領略「陳師姊」上、下集佛法核心）的示意圖如下頁：（至於是否正確緣者自判）

(1) 時時（處處）無住生心（應無所住其心、不取不捨）

=

(2) 時時（處處）於念無念 = 相起時知分別而無分別（識（了）知分別而心無分別不起念）
（例如：知男女，而心無分別，不起念）。（又如，知是非而無是非）

＋

(3) 時時（處處）無住 = 不憶念（做完了事，不追憶）
事、念過於心（不留於心）
（不惡念、不妄念、有錯必改） = 無相（離相）
無念（離念） → 〔（除粗惑 = 除粗執 = 除粗習氣）
（除細惑、微細惑 = 除細執、微執 = 除細習、微習氣）〕

=

(4) 修持無執（一切無執）= 不執（我法二執）
不執細惑、微細惑 → 〔去除（我法二執）
去除細惑、微細惑〕 〔去除（我法二習氣）
去除細習氣、微習氣〕

=

(5) 消除業識種子、習氣、惑 = 消除業識種子（消除業識種子消除粗惑、細惑、微細惑）

=

(6) 清淨 = 自性佛（心）清淨（還本來面目）

備註：

- (1)=(2)+(3)=(4)=(5)=(6)
- 小括號內為同義詞：(內為同義詞)
- 大括號內為產生之作用〔產生作用〕
- 時時無住生心通常透過「覺照」而完成，詳情請見後文
- (1)、(2)通般若中觀的佛性
- (3)、(4)、(5)通唯識學，作用和目的在減輕或滅除覆蓋在本心上的心垢(陳師姊語減輕或滅除本心覆蓋的黑影)
- (6)通如來藏、禪宗、淨土。
- 本表通經論與實修、通陳師姊上下集。

(六)陳師姊對本小節涉及有關問題的解說：

小師在行文本節文章時，有些問題還是無法肯定(諸如「菩薩位階」及修行時間……等問題)，還去跟陳師姊請益一下，因此結合以前記憶，對本節所涉問題，就小師理會所及分述如下：

1、學佛就是修心，最重要，沒別的就是修心，而菩薩道或學佛重要「心戒」。

2、六道輪迴乃是地球眾生業力自造，是地球此一星球獨有的，其他星球所無，所以「地球」是宇宙最汙穢的星球，而會分「六道」也是地球眾生生心念所造成的，也就是依眾生心的清淨不同或業識的不同，所發出的心念及其所產生的業力不同所造成的。

3、對於佛學上的大、小乘之說：師姊認為那是一般眾生在自我意識下，或為方便解說所做劃分，對修證之人來說，心中是不存在此種分別的觀念。

4、有關「菩薩位階」及「修行時間(如三大阿僧祇劫)的問題：師姊說她知道是有四果阿羅漢那種人的存在，而他們的確是「自以為足」所以不能成就佛果。而菩薩是在三界外的淨土，繼續聽佛講經說法，繼續修行的，她認為的確是有修證佛法程度深淺不同的，但無論阿羅漢或菩薩他們都不會有「位階」或「修行時間」的觀念，他們都是只有知要盡力修持觀念而已。另外，師姊又說無論羅漢和菩薩，若以佛學的「位階論」來論，都會有俗人所說的「跳階」現象，意思是說羅漢和菩薩修行程度並不一定是要一階一階爬上去的，有些精進修行的菩薩或羅漢是可跳升數個所謂的「位階」。

5、由於菩薩主要是在三界外淨土修行的，所以在人間的菩薩可分二類，一類是為償還宿世因果而來的，一種是乘願再來的菩薩，而乘願再來的菩薩，是他們知道因緣俱足的狀況下，便會再來渡眾。但無論哪一類菩薩，來到人也間，，他們不會告訴你、他是那種情況再來，或自稱「菩薩」，他們與一般世人無異，只是默默修行，隨緣慢慢影響人來渡眾。

6、肯定「金剛喻定」的存在：這是在二十餘年前，師姊告訴小師的，不過師姊當初沒有用「金剛喻定」這名相來形容，而當時小師也不知有「金剛喻定」的這個名詞，師姊當時說的是：「菩薩修行到最後，會有佛、菩薩加持，幫助他成佛的」。而多年之後，行文之前，小師才查閱到「金剛喻定」這個名詞，才憶起當年師姊告訴小師的就是「金剛喻定」的意義與內容，又使小師對師姊所說的更加欽敬與信服。

7、菩薩道也不可執：師姊說：「菩薩是有悲願渡眾生的事實，但若菩薩是執於渡眾生，不懂『隨緣』渡眾之理，就成佛而言，也是種執著，也是種『心垢』。」小師乍聽之下，愣了一下，後來想到「無住生心」及「佛法如舟，已渡應捨」，才知深深在理。

8、對念佛法門的看法：師姊曾說：「曾隨菩薩看娑婆世界，眾生自性佛哀聲叫苦，其中念佛的眾生聲音也很大聲，但是不懂修心，故難入西方淨土。」她也肯定西方淨土的存在，還曾一次路過，那地方確如經上所言「黃金為地」。不過她也說，要去西方淨土的人，也要守戒持律很好，才有希望去，不是光念佛號就可以。

9、佛無妄念，非無心念：小師問過師姊：「佛若還在講經說法，教化菩薩，怎麼會沒『念頭』？」師姊說那種不能稱為「念頭」，佛教化菩薩，講經說法是極為自然的，有若人的飢渴飲食，所以不能稱為「念頭」，要稱為「佛智」。所謂「念頭」是有分別好壞、執著的才稱為「念頭」。因此，小師才解為「佛無妄念，非無心念」。其實，小師有此問題的根本原因在於看過有些文章，說佛是「不動念」的，因此想到是與「無住生心」有矛盾的，經過了解後，才知一般文章所謂「佛不動念」，應解為「佛不動妄念」才是，也就是與「無住生心」是不矛盾的，而這個理解是會影響緣者修行歧誤與否的一些根本。

10、「善知識」：師姊又說，佛在淨土講經說法，除菩薩外，其實雖說一般眾生「心垢」重所以聽不到，但有些成道的修行人還是聽得到，所以這些人才是人世間真正的「善知識」。小師以此推估，這是人世間會有那麼多經、論的主因，但也是一般人從這些「善知識」得知真正佛法，使佛法流佈人間至今的另一原因所在，當然這些「善知識」一定不包括自詡成佛、成菩薩之人。

11、出離三界六道輪迴：師姊說要出六道輪迴，就要修到心中「一塵不染」（這裡的「一塵不染」究竟程度為何？小師無法確知，如配合教下之說，應至少是我、法二執中的粗惑而不及細惑），才能出三界，事實上就算出離三界後，也是分居不同的淨土或星球繼續聽佛講經說法，繼續修行，這就是其見到的「歷代祖師」解脫或出離三界後的情況。至於所謂的大菩薩，師姊見過的只有「地藏菩薩」與「觀世音菩薩」。但是她確知的是這些大菩薩們，在各淨土或星球是來去自如，甚至一心念便可到達，而且他們對我們所居住的這個娑婆世界每一個眾生的心、念、想法是皆能知曉的。但是她確知的是如果沒有修到「心」一塵不染，是無法出六道輪迴的。

二、如何修：

這裡談的就是真修實練的東西，小師相信悟與未悟都應依此修行（尤其是悟後實修），但細閱網上文章，能較契合小師所知或小師之心又能細談知其中關鍵者卻實在屈指可數，所以小師本於無宗派之別，將這些文章重中之重者細列於後，供緣者參酌。緣者要知道這些文章已是小師盡力篩選出的精粹，望緣者不要嫌繁，盡量交互參閱。當然，這些文章會有要點重疊之處，有些文章在前文也有提及，不過事關「修心」、「修證」，可說是本書千里來龍，結脈於此，故再次彙整於此，望緣者善自珍攝，也望緣者如小師般本無宗派之見，細心參閱，而小師在本小節擇要論述，小師所知也實出於此，深望緣者體察之。

(一) 參閱資料：

1、元音老人所著：「念起念覺，不厭不隨」、「禪悟景象—修行證悟的基本表現」、「修行的六個要點」、「見性與著相之別」、「元音老人問答什麼是真正了悟佛性」。

2、徐恆志先生所著：「怎樣實踐佛法」與「般若花」。

3、滌華禪師眾弟子所編著：「滌華禪師行略」。

4、憨山大師所著：「禪宗法要」。

5、黃檗禪師所著：「傳心法要」。

6、「動中禪修行指南」編寫組著：「動中禪修行指南」（或直接參訪隆波田相關網站影片亦同，因小師粗試，覺得是有加強「覺性」之功）

7、高麗國普照禪師知納撰，湛然注釋：「真心直說精解」與「修心訣精隨」。

8、張玄祥先生彙編：「禪修的經歷與體驗」。

9、張玄祥先生於「法爾禪修中心（網站）」中所撰：「開悟後功用行－求法空智」與「開悟後用功行」系列文章。

10、中台禪寺開山祖師法語：「十牛圖頌」。

11、慧廣法師著：禪宗見地。

（二）參看秩序：

站在實修立場，以及文章容易的了解度及重要性，小師個人推薦閱讀秩序，宜先由普照禪師二篇文章為先，其他依序為「十牛圖頌」、再次為元音老人及徐恆志先生文章，末為「滌華禪師行略」，其他參酌，理路才不會困惑，也就是從7、1、2、3的次序來閱讀，其他參酌。

（三）修即修心：

修心即止妄念，何為妄念、妄執。有人我、我法二執即為妄念。在前述提供的文章中通常所指即妄念止息，也就是悟「空寂靈知之心」，先保後任，直至無為，即是時時處於見性時那種空寂靈知的狀態。但有些文章則直指「無一切心念」，致有緣者茫然之處。但依六祖之言「一念絕即死，別處受生，是大錯」，「於諸境上心不染，曰無念」。而陳師姊也說佛仍在三界外，淨土為菩薩講經說法，故可見並非無心念，而是無妄念，無一切微細妄念才是修心正旨，於此辨明。

(四) 般若門「悟」的補述：

小師於「悟」的那一節中談及佛性門的「悟」途徑，除談月溪禪師「開悟」的方法論，好像也沒談到宿慧大師當下的直悟「無心」的方法，因為那些方法是小師於文章中搜尋不到的，是小師不知的。除此之外，也好像未談到「般若門」如何「悟」的問題，雖然在「修什麼?」那一小節中的「般若、佛性與心念的關係」敘明般若門如何修心的理路，但是小師也真未說明「般若門」如何得到「悟」的方法。這類方法如宿慧大師可能聽聞「無所得」便可悟入了，但小師沒那程度，所以無法揣度，但是就參閱過的文章，比較多也比較一致的是此方法是指因知「無所得」，故「放下、再放下」一切所見思慮與事、物，「放下」至「無可放下」處，便是行者要「承擔」起來，這個所承擔的「無可放下處」便是「悟」境；也就是所謂由「狂心自歇，歇即菩提」這一句的了解與運用，來達成「悟」境。然後依此「悟」境，依「般若、佛性與心念關係」那一小節理路，匯歸於心，來修心止妄，這也是為何小師說「悟」的路徑從入處有二，但匯歸於心後，各依其「悟」境，修心止妄，終究是無二無別，只是側重的表述不同，於實際心的「修證」（止妄）上，相信終究是沒有絲毫差別的。

(五) 修心止妄的主要方法與原則：

1、止妄方法：在方法上而言，以小師所知，大致有：

(1)「咄」：也就是在覺知有妄念起時，行者自發「咄」聲，以斷妄念。據說，南懷瑾當年遠赴邊藏，就是在那學到此法，其實就前文所列憨山大師所著「禪宗法要」亦記載有此方法。

(2)「轉念」：也就是行者察覺妄念時，轉念他事，或用他念代替。試舉一事，若覺知有一蛋糕好吃，念之越愛，提起一念「吃下去，還不是一坨大便」，則前念自散。

(3) 放下：覺知妄念起時，旋起「放下」之念，妄運用「放下」的功夫，使妄念消散。

(4) 替代：妄念起時，專注念佛、念咒來替代。

(5) 從心流逝：妄念起時，因為妄念本空，只要不隨、不睬，自會從心流逝。如聖嚴法師，就授此法。

(6) 覺照（又稱觀心）：即是用覺性時觀照自己心念，如有妄念並需用前述各種方法，使妄念消散。如更簡單說，即是時時觀察遇事、遇境的「起心動念」，才用前面各種方法使妄念消散。因此，這方法可說是各種方法的源頭，否則怎知有「妄念」或「真、妄」之分。

(7) 另在普照禪師的「真心直說」中將古今法師、禪師做「無心功夫」（即止妄功夫），略分十種：(1)覺察見妄。(2)體歇息妄。(3)泯心存境。(4)泯境存心。(5)泯心泯境。(6)存境存心。(7)內外全體。(8)內外全用。(9)即體即用。(10)透出體用。並說明這些法門擇一取用即可。至於此十種法門意義為何，參閱本章所列文章即可知曉。

(8)「放下、提起、再放下」：這是滌華禪師的特殊用功方法，參閱本章前列文章，自可知曉。

(9)惟覺法師所著諸文中是強調「安住本心、本性」(覺性、正念)，小師認為即是普照禪師「體歇息妄」的應用。

(10)在這些方法中，如參閱文章所列大師行證或相關文章，主要是以「覺照」自由搭配「放下」、「從心流過」、「轉念」、「念佛、念咒」或「加強覺照」等方法為主，當看行者適用何種方法較為相應為定。

2、止妄修心原則：以小師所知，較重要者有：

(1)念不可壓：妄念起時，不可強壓、強止、強放，最好是知之不睬，知之不隨，讓它自然流逝於心最好。否則容易牢執，妄念反而揮之不去，對重大妄念有時不易去除，依先賢經驗，有時以念佛、念咒或打坐加強定力為加行，反而更易成功。

(2)時時觀照(通「覺照」)：在行、住、坐、臥當中冷冷自用，綿綿密密的觀照妄念，既不讓境界拉著跑，也不隨妄念流浪，這與六祖所說：「於一切時中，念念自見本性，萬法無滯」及「三無、二三昧」有相通之處。

(3)要有耐心，進退無懼：在徐恆志先生所著「怎樣實踐佛法」中提及觀照(觀心)一段文字，配合小師自身經驗，才訂下這個標題，就不拘其文，綜合解述如下：有時起一妄念，力量甚大，有時，盤桓三、四日不去的情況，有時初覺得為勝，但日後反覆修習，反而敗下陣來，這些都是重大習氣種子在內翻動，此時亦為常事，不必氣餒。總之，照樣觀照，運用耐心、毅力，就算屢戰屢敗，運用前述方法，混和運用，妄念總會日漸淡泊、消散的。

(4)動中禪：有些書文提到一些「微細心念」，需要日常對應，或事情發生時，才能察覺妄念，小師認為是真的，而且這才是所謂「動中禪」的本意。也就是說，在日常中遇事，尤其是特別的非常大事，更要重視「妄念」的察覺與清除。

(5)適時反思、反省：有時覺得用功無什麼進步，適時反省或反思是必要的。茲舉一例說明之，由於小師才是粗修之人，也談不上精進，一旦覺得常常心逐相之習太過，於是看些文章時，想讓自己「我執」能否較淡，於是觀文細想：「我只不過是內有『四大五蘊』，外有『色、聲、香、味、觸、法』六塵的產物，而四大、五蘊、六塵皆為夢幻不實之理」，雖早已知悉，但那日特別細想確感悟特深，對「無我」的想法又比常日進了一層，自此之後，就覺得心念逐相的習氣，比以往漸淡了。由此可見，悟後漸修自省，反思還是不可少。

(6)心量廣大，以為加行：有前述文中提及修證之時，修道人心量不能小，要寬宏大量的容納一切，縱然別人對我不好也不可「傷人傷己」（這是陳師姊特重之一），不與其計較。心中沒有絲毫愛、惡、喜、厭的觀念，隨緣隨分地做一切善。做完便了，時時瀟灑自在，沒有患得患失，毀譽成敗之念，這在「修心止妄」的過程，小師認為是重要加行，也是時時應擺在心上的。

(六) 般若、佛性兩門實際「修心止妄」的操作功夫：

由於理路在前一節「修什麼」的(三)、(四)、(五)點皆已談清，也述及金剛經與壇經的關係，這裡就不再贅述，只談如何實際操作或實踐的功夫。基本上，如觀察本章所述大師及所列文章，「般若」與「佛性」門，皆以其「悟」境為目標，並主要用「覺照」修心。差別的是二門對「覺照」一詞的解說，及相關理路認知不同，而有操作的說法不同而已，但實際上，並沒有不同，以下分說於下：

1、般若門認為「覺照」(通觀照)在「悟」前是領略「般若」的方法或智慧，在「悟」後就是「保任」自己的方法或智慧(壇經說：要起真正般若觀照，一剎那間，妄念俱滅)。因此在修持上，實踐「無所得」的「般若」就是「放下」，所以實際上操作，在「悟」境的前導下，用「覺照」後，對心上「妄相、妄念」用「放下、再放下」加以剔除。

2、佛性門而言，依「起信論」與月溪禪師之論，「覺照」就是「自性佛(心)」上覺性的基本「功能」與「性德」，因知自性佛是「本來無一物」，因此在「悟」後，任何「妄念」一經「覺照」便可除妄。因此在實際的操作是在其「悟」境為標的或前導下，「覺照」妄念後，直接除妄。

3、因此，簡單說般若門是一經「覺照」、「妄念」，便是「放下」，而佛性門一經「覺照」便可直接「除妄」，就是「止妄」的實際操作功夫，簡單至極。但前提是個要有其「悟」境為前提或前導目標，修行較容易，這就是一般大師為何總說「悟後真修」的真正道理。

4、但就「修心」的實務上，「覺照」後運用「放下」或直接除妄，或配合前文的各種方法，混合搭配運用亦無不可，只要「止妄」成功，效果上並無不同，那些理路、名相，在「修心止妄」的終極來看，終究雲消霧散，無二無別的，所以小師認為不需「執著」的。

5、在這些了解後，緣者就可了解為何「覺照」如此重要，而且在前一小節「修什麼」第（五）點附圖中在「於念無念」及「無住」或「無住生心」之前畫上一個「覺照」的符號或裱框，就可連結到解釋金剛經與壇經那個圖表，就可知道修行或修證在實際的操作功夫與歷程，就可以達到去除「我、法」二執的修行目標。說的簡單點就是在「悟」境的前導下，只要懂得時時在「覺照」後用「放下」或「直接除妄」或混搭緣者相應的方法（如從心流過），直接實現「無住生心」或「於念無念」達成「無住」的要求或境界，假以時日的修行，便可去除「我、法」二執。而這是小師觀察本章所列修證大師及相關文章及陳師姊「上、下集」所知後，整理出來的最快，也最實際修心止妄的理路，與佛法的真諦，深望緣者識之、惜之與習之。

6、何時初成：小師離此境界太遠，不敢深論，但在所見過諸文，有些人認為就會有大成，但依小師所知菩薩尚需我佛講經說法，何能言大成，只能說初成吧，就以所見諸文提及的境界或情況，略說於下，不加解釋。在這些文章匯歸起來，在持續的用「覺照」實際的操作後會有：

⑴習氣盡，而發神通。

(2)終究放下或無「覺照」後，妄念不起。
(3)能所交融。
(4)習氣來時，「不轉而轉」，無可捉摸，寂寂了無一念，又可活活潑潑的不可思議，無動、無靜、非凡非聖超然思議之外，趨達於「圓覺」之境。
(5)達悟的境界或目標，不再覺照，即始覺歸本覺。

以上的現象之一。不過這要經歷有「取相」的考驗或實際經驗的勘驗及遇境時，自己能作主（自主）的歷程。

結語、感言與補述

寫到這裡，應是本書的尾聲，為了使緣者更加了解事實，也避免無端的臆測，小師在此對本書涉及的事項，做最後的釐清交代，分以下數點述之：

一、聲明與意旨：

(一)本書雖肇因二十幾年前與陳師姊的一段因緣舊事，今始力圖成書，但所述絕非偽托，或是坊間一般所謂靈見、天語或靈魂出體，乃至類如新時代叢書「賽斯」高靈傳授或是誤入靈界可比，更非一般心理師所謂精神「脫離」或催眠後所得幻境可言。就小師而言，那是小師在極嚴格的交叉詰問下，判為真實的一段陳師姊修持所遇善境，即使小師二十多年後的今日相詢所憶往事，也大致相同，彼此記憶相符合，如非陳師姊個人親歷，恐難如此。是以就小師而言，那是簡單的事實而已，雖然事涉如此神奇，但小師認為除自有因緣外，也絕非陳師姊個人專有，應是一些修行人也會有類似善境，只是他們皆隱忍不說或是親近之人不似小師好事，想將此等事蹟，記錄成書而已。小師能盡力之處，就是將事蹟盡量詳實而已，至於能否信受與得益，則端賴緣者諸君福緣與否，小師只能說，不問其他，小師已盡心力了。另外，小師力成此書，只求上報佛恩，了卻此世心中的「菩薩」債，不求聞名、利祿，只要緣者不視為一般善書並有些進益，心足矣，希緣者能鑒察之。

(二)本書除記述陳師姊的善境事蹟外，其他皆是小師自行研修結果，從理論到實修，參究先賢、大師之著及少許個人初修經驗，分享緣者諸君而已。所以不論述其他法門除個人因緣所致，偏重「禪法」外，諸如「密宗」師姊早年有言，多走「冤枉路」因此小師贊同並從之。另外淨土法門以小師個人所知雖說易行，但其背後深邃的理論與實務，是涉及佛力與自力信、願、戒所成，所以不敢妄論。其實佛法八萬四千法門，皆可進入，只是小師個人研修所得後相信，不論從哪門深入，小乘與大乘三系之說其實各有所側重終歸「般若」與「佛性」此二門，而最終歸於「修心成佛」一途，此外無說，這也是千經萬論，終是如手指月的原因。是以，小師在此陳明，本書不論其他諸宗，並不是否定其他諸宗，只是相信終究必歸學佛，修佛終究是「修心」，還諸本來面目而已，這是陳師姊二十年前或後，反覆告訴小師而小師信受的，這也是小師希望緣者要明白與確立的。

(三) 本書意旨，表面上是記述陳師姊修佛善境，與小師修習佛學、佛法經驗分享，可免當代緣者在繁忙逼人的工作、生活後，如同小師當年欲習佛學、佛法摸索耗時、耗心之苦，盼早日進入「實修」的意旨外，其實還有更深的意圖，那就是能泯除大、小乘及大乘宗派之見。原因無他，要知「本來面目」本來就沒有這些東西，而陳師姊更指出那些見解皆是學者「自我意識所做的分別」，其實就是一種執著，是妨害緣者的修行的。另外，如信受陳師姊善境之說的小師來說，要修個「一塵不染」出輪迴就屬不易，何況我佛釋尊現今還在娑婆世界之外，向各淨土菩薩說法，可見成佛、成菩薩境界，豈是還在拘執那些宗派或大、小乘之見的凡夫可了解萬分之一的。因此緣者如遇十分執著的學佛或佛學之人，只需說是我佛隨機設說，各有側重便可，至於與之爭辯，則是不需的，這些是緣者需深識的，而更深切的希望是對真實的佛法，能夠深體與決疑。

(四)本書有關「陳師姊故事」一章，皆為小師二十幾年前的舊著，除小師註解外其他說過一字不改，已如前述。但小師行文至此，於收筆之前，特將記憶中有關「上、下集」的事項，再多次求證與詢問陳師姊，若略有出入，當是小師當年未問清或問出之故，這點「小失誤」將在後文詳細述之，希望緣者不以為忤，也希望緣者對陳師姊所遇善境或記憶的一致性不要有所質疑。

(五)小師心路歷程總說：小師心路，前文約略都有提及，不過行筆至此，想想還是較完整的交代一下歷程，免得緣者對小師於二十幾年後才力成此書之因由與思緒有無端揣測與質疑，也才能瞭解本書的價值。就在二十幾年前小師離開中央標準局（現為標準檢驗局）後，心中鬱結實難以復加，而且將來的生活、工作的規劃，完全失了方向，最後竟有點惶惶不可終日。就在此時，於平日的胡思亂想中想到命運之說，想一探真偽，哪知這一動念，就逐漸開啟了探討各類新舊玄學、宗教與佛學的探究之門。各類玄學、靈學與佛書在那時，蒐集約略數百部與有關的電視節目，皆無所不看、無所不讀，甚至有關奇人、奇書無不蒐羅、探究，甚至能力所致，隨緣的參訪一探究竟，目的只有一個：想知道「人生目的與意義為何」。到了後來，大抵知道命運實有及自己對佛學的偏好與接受性後，便加強這方面的專修、專學。一日內人大概看小師平日惶惶不可終日及對佛學的偏好，於是給了小師其在娘家附近所得的「月溪法師」的著作結緣書，小師閱畢，深覺有理，尤其是其「開悟的方法論」部分，是一般佛書所無的，便將自己「死馬當活馬醫」，鐵了心照表操實作，經一個月餘而不及二月時，有了善境，至此後氣機發動，心境大寬，有時行至街頭，雖滿街人車，卻似獨自一人，這個善境前已述，於此就不贅說。至此之後約經數月而不及半年，就在住家附近小山運動時，巧遇陳師姊才有了瞭解其一生與神奇故事的機會。說實在的，一開始小師是質疑的，深怕只是尋常通靈人的境地之說，哪知想方設法的交叉詰問，後來越聽越奇，在深入相處之後，深知其持戒精嚴，禮佛恭敬，生活刻苦，卻絲毫不改勇猛精之作息，加上小師有時故意拿一些佛學難題、疑題，刁難師姊，但覺難不倒她，反而使小師能醍醐灌頂，思緒融通無礙，才知若非真有那些善境親歷，不能如此，也才逐漸信服了她，小師才興起紀錄其故事之念。但師姊當時幾乎不識字，佛學名相也懂不了幾個，而且組織思索與表達能力不如常人，與其對話如一般人二、三分鐘可確知彼此意思的，但小師與師姊之間，反而可能要花上二、三小時才能從其記憶深處確定意思，這艱難的過程，前文已述，就也不贅說。總之，大概與她對話二年。而將對話重點整理，小師閒暇整理出來大約又花上一年，才有本書「陳師姊故事」那一章的內容。但小師要說明的是，小師當時並沒有要將其故事成書的意圖，只想留下自己後參看或給子弟知道有此奇事而已。在記錄完陳師姊那章後，有一個感覺揮之不去，當時小師心想，佛、菩薩給陳師姊看「上、下集」也許是憐她此世不太識字，所以給她看「上、下集」好讓她能繼續前世修行。而小師當時除了對自己「善境」不明其真義，無人可問外，總想著自己是知識分子，應有能力研究文章，或許多參酌點先賢、大師的著作，可探求佛法真義。尤其是當時小師因缺佛學史及佛教思想史的背景，老是搞不清楚「唯識與如來藏」交涉那部分及其原因，所以當時也未向陳師姊問足有關「唯識」有關較深入的問題，尤其有關實修的問題，在當時小師有欠缺蒐集研讀也因之小師就決定讓自己投身佛學大海，希有所得。不過，自己知道，遇陳師姊之後，名利之心，全然瓦解，只要生活過得去，就在閒暇之餘，讀些經論文章以自娛，自此一混二十幾年，如常人無異。只是這二十幾年間，小師雖與陳師姊各自營生，但心中老是縈繞著陳師姊的「上、下集」到底該不該公諸於世，老是起起伏伏不能決定，因此就讓「菩薩債」深埋心底。就在二十幾年後的一日，小師突然憶起「一杯水（大悲水）給滿山滿谷居士飲，卻未乾涸或失去一滴」那一節往事，小師思之再三，就決定將陳師姊「上、下集」成書。因為，那一節故事雖屬陳師姊之夜夢情節，但是小師研讀過很多大師的夜夢，認為「案情不單純」，修行人的夢境，絕非如凡夫之夢，何況那種夢正確地來說是「似醒似夢」，極可能是「意生身」跟著菩薩遊境了，有其對將來的喻意，而佛法本是眾人的，這一思讓小師如夢初醒，就決定了將故事成書。繼之，小師就思及如何撰寫此書，想著想著就想起當年的「切身之痛」，也就是耗時研讀佛學經論、文章，卻沒有從一本思想、理論到實修的書或文章，精簡的提綱挈領，深入淺出又能貫通教、宗的書，而能從理論到實踐，配合陳師姊的故事及小師研修經驗分享，告訴有志佛道的緣者確知佛法不虛，早日進入實修。這也就是說，如果小師當日能接觸有這樣的一本書，小師大致就不會迷航「佛學之海」那麼久了。如何成書的主意打定了，就開始蒐羅與研讀先賢、大師的書文，並好好整理思路，思考如何表達並進行寫作之時，一日小師又思及自己研修佛法多年，為何還那麼容易執持「是非」，脾氣、嗔心習氣那麼重時，才想到何不回到自己二十幾年前「善境」之時，心境清涼的狀態，這一想，才知當年欲思「善境」之意，只是越思越遠，不必作解，放下知見，「那個」就是。自此又回復那時狀態，觀萬事、萬物如鏡，心境日寬，嗔習越淡，看先賢、大師諸文更日得其旨，自己寫作之餘，也常呆在那裡休息，寫作進行也更加順利，也更有信心。就這樣日復一日，寫到六祖壇經那節時，細讀「壇經」、「金剛經」有關文章時，才猛然想到二十幾年前小師問到佛法（載於陳師姊故事一章中）修證的核心，其實就是「金剛經」與「壇經」的主要內容，也就是「上、下集」中佛法的核心內容，也是陳師姊所認為其稱之為「歷代祖師」的主要修持方法。而當年小師雖然也讀過「金剛經」與「壇經」，但其實未讀通，而且不夠細，在問陳師姊佛法時也已忘卻，所以未能聯想起來。因此在寫至本書「六祖壇經」一節，才幡然醒悟，因此更加感佩陳師姊回答小師的真誠及越對其親歷「善境」的真實性確信更加堅定不已。除此之外，只有一個自認高級知識份子不如幾近不識字但精進修行之人的感覺而自覺汗顏。然後就是寫至本章、本書收尾時，小師才至陳師姊再多次確認，當年小師記憶與記述「上、下集」的內容有無偏失，才發現有一點小失誤及一點當年未問出或無能問出的小細節。不過現在陳師姊已不太願意多說了，因為就她而言，那是二十幾年前的記憶，她也不知小師要寫本書。而小師是為「力成此書」的必要性，才發揮纏功挖出一點小細節，不過大致不影響緣者對「陳師姊故事」了解的完整性。以上，就是小師大致的心路歷程。在此心路歷程中，小師要提一下為何保留當年所撰「陳師姊故事」那一章，隻字不改的原因，一是留下當時小師自認最真實的記述，供緣者自判。二者小師慮及會否師姊的記憶受到日後其觀看佛法節目的記憶混淆或滲入。因為就小師而言，那時候陳師姊的「善境」記憶最鮮明，那時的她，也許也是最清靜的，所以才有那些「善境」，但臨本書收尾時，小師再多次求證時，這些顧慮是多餘的，她的記憶始終如一，倒是小師在當時認知與理解有點小失誤而已，於此特向緣者說明。而小師寫下這些，就是要緣者知道，這本書也許對一些緣者是「很奇怪」的書，但對小師而言，緣者可放心，因為這絕對是一本「真實」的書與心態嚴謹下所撰述的書。

二、上、下集的總說與補述：

（一）小師寫本書時是一直往前衝的，是不顧及二十年前究竟寫了什麼的，說過「一字不改」的留在那裡，一直到本章時，在多次求證陳師姊時，才約略去翻閱當時寫了什麼。發現小師當時為求完整記述寫的又臭又長，但大致算是都寫全了，然而重點未加敘明，於此再加說明。「上、下集」皆已如「陳師姊故事」一章前述，不再贅述，但這裡要強調所謂「上集」就是陳師姊禮佛時，觀世音菩薩帶陳師姊看娑婆世界，我們眾生所居地球如一顆「小蘋果（佛經稱「菴摩羅果，芭樂」）那一次「善境」時，知六道輪迴乃眾生自造，每個眾生的歷代六親眷屬關係及眾生每個心念無不一目了然外，重點在眾生都有「自性佛」及無論行者從哪個法門入，都要除去「貪、嗔、癡」，達到「一塵不染」才能出三界、六道輪迴，也包括知道「成道者」如何修持的方法。而這裡的「一塵不染」至少是經論裡的我、法二執的「粗惑」應該盡除。而細惑依師姊所舉的如「愛吃香蕉」，或「個人行事風格或原則」等無關「善、惡」等二元執持或對立之事項則屬細惑或微細惑，是在下集修之。，而且這些事項是師姊在當時當下一看就能自知。而且她特別指出，眾生大部分都不知自己有個「自性佛」，而且眾生自性佛被「貪、嗔、癡」覆蓋，見到佛菩薩時，其實是會哀聲叫苦的，只是凡世的眾生並不自知，一如平素的生活者，時而喜樂，時而憂戚不已，不知自己已被貪、嗔、癡覆蓋的自性佛正在叫苦的。另外還見到有些眾生是佛號震天響，但是由於不知修除自性佛的貪、嗔、癡（我、法二執的粗惑），達到「一塵不染」，所以他們被覆蓋的自性佛見到佛、菩薩仍然是哀聲叫苦的，只是他們一樣不能自知。上述的重點，在當年小師的記述應是很詳盡的。

（二）至於「下集」，就是指一日陳師姊禮佛時，親見「釋迦佛」及「心性光明」，沒有「差別像」的「歷代祖師」，並由歷代祖師「印心」、「秒傳」他們所知的佛法及修持方法。而這個修持方法之核心就是小師後來悔悟的是如「金剛經」與「六祖壇經」的修持方法，他們都是依此修行的，以及「釋迦佛」告訴她「能行則行，能忍則忍」這一句。這些業已詳述於「陳師姊故事」那章中，重點就是出除我、法二執（包括空執）的「細惑、微細惑」，而成就佛果的「成佛之道」，連修到最後，而當時小師所不知的「金剛喻定」這名詞的境界，也是當時陳師姊描述過大致情況，而小師後來查閱經論中確有此種名詞與境界，才能成佛的，也包括在內。而小師當年能力所及皆已表述「陳師姊故事」那一章了。但在那些記述之外，小師於行文本章再多次去求證陳師姊時，才發現有些細節沒問清，也就是小師前文所稱的「小失誤」。這個「小失誤」就是在「下集」時，小師原以為如原記述在「陳師姊故事」一章中，那樣非常高大（約190公分）的釋迦佛在大樹中為眾菩薩弟子（師姊稱列代祖師）說法，後由歷代祖師「印心」、「秒傳」佛法。後釋迦佛向師姊說完「能行則行，能忍則忍」後，陳師姊便順便路過「西方極樂世界」，因為那就在鄰近的星球，她一念即至，是以她知那地方真是如經中所說「黃金為地」，只是她的學佛標的意不在此，所以她沒有「深逛」此地。但在本書收尾時，小師再多次求證時，比較完整的內容是當「釋迦佛」向陳師姊說完「能行則行，能忍則忍」之後，她轉身離去後，曾再回頭一望原地時，「釋迦佛」已如一座小山丘，向菩薩弟子說法。師姊行至更遠時，回頭一望，「釋迦佛」則是在虛空中向眾星球（不知多少的星球）的菩薩弟子繼續講經說法，而這些星球若是跟常人比時，又僅是「小蘋果」一顆的大小。同時，她知道這時「釋迦佛」講經說法有一種效果，這效果後聽人解說，應就是像小師搜文後是語出「無量壽經」中所說：「世尊能演一音聲，有情各各隨類解」。但陳師姊說，不僅「隨類解」，而且也能解決那些各不同星球（淨土）的菩薩弟子的修行問題，而且釋迦佛「演一音」時，在這娑婆世界（地球）上一些清淨的修行人也可聽見。而隨後，陳師姊才一念路過「西方極樂世界」。這才是完整「下集」的過程，是小師當年沒問清之故。另外，在最後幾次的求證中，陳師姊還說到當年小師沒問過，也不知道的事，就是在「上、下集」後，「釋迦佛」還給她示現，「釋迦佛」成佛那一世的情境。陳師姊說那情境意思是說，她在那一世，也是出生人道，也許在那時，就曾聽聞佛法了，不過那時示現的「釋迦佛」如高大的常人而已，但面目一如她在「下集」所見是相同的，小師就於此順便補述。

(三)在陳師姊「上、下集」補述完了之後，小師有一想隨筆告訴緣者，那就是對初入佛門的緣者，「上、下集」可能只是二則「神奇」的故事而已。但若信受如小師者，則不知解決了「佛學」乃至「佛法」的多少疑難之處，如有深深體悟，則所謂大、小乘之爭及什麼大乘三系之爭，及佛經何來之爭，恐怕都是不需執著的。那些都是存在但是僅能述明佛法因時教化所側重的一部份。而就小師而言「佛法」只有一乘，那就是「心乘」，因為全修在「心」，在找回或修證每個眾生都有的「自性佛」或「本來面目」而已。而這個心得是小師走過「佛學之海」及仔細觀析陳師姊佛法「上、下集」，及近代大師修證的總心得。

㈣陳師姊故事中有關佛法「上、下集」中，小師記憶最深，也許是小師個人隨想時覺得最重要的大致有以下要點，可做為「上、下集」中的重點回顧，不過細節或其他要點，還是要緣者自行細酌：

1、願力：一般佛書大致都有講到「初發心」或「惟有願力可大於業力」，但鮮少提到若在六道輪迴中，如何能夠再續佛緣，繼續此生未完的佛法修證，乃至真正的「上求佛道，下化眾生」，就是要靠「願力」。這也使得小師當初困於若是輪迴中，不幸輪迴他道，何能於再世為人，能不失宿慧，繼續修行的問題迎刃而解，所以這點是小師記憶最深的第一點。

2、最親是自性佛：一般人總是在人世有六親眷屬，以為最親，事實上最親的是自己的「自性佛」（本來面目、佛性），這是一般人沒有想到的。此外，佛學、佛法講「明因果、重因果」或是「戒、定、慧、信、願、行」，這都是從「自性佛」上發起的，而「金剛經」、「壇經」也再再的明確此點。因此「人最親的是自性佛」這話是最為坦率、親切的，能「成佛做祖」或「沉淪六道」的就是這句話的體會深淺差別而已，所以「自性佛」難道不是人「最親的」嗎？

3、心量廣大：世間的權力、財勢大小，乃至人的貴賤賢愚，並不一定決定福報或福德大小。而且「福德」再多也未必能換到一絲「功德」，因為功德需邁入修行才可獲致，而「功德」卻是在法界中唯一有用的東西，已在「陳師姊故事」一章中敘明。但不論求取「福德」或「功德」，其大小的決定因素首在「心量」的廣大與否，這也是一般緣者不知之處，也是小師引以「立身處世」的重要一點，也是學習佛法很重要的一點。

4、「能行則行，能忍則忍」：這是在「上、下集」中釋尊對陳師姊所講的唯一一句話，但這句話實則也是對天下的「修行人」所講的一局話，其意旨大致已表述於「陳師姊故事」一章及前文中，但其深意就是說，在人世間修習所謂菩薩道時，該做能做的，不可少也不可執外，「忍辱」還是不可少，不可執，也就是終究「要做、要忍」而且做完、忍完還要於心中放下「不再思憶」與「無住」，方為學佛正軌，是以「立身處世」或修習「菩薩道」的人所需知、重要的，這是緣者不可不知的。

5、「不論何教、何宗，依佛正法修行是修佛，反之僅身在佛教不依正法修行是外道」：在昔日及今日陳師姊常對小師說：「佛菩薩不欠你拜，祂們只要你如法修行」，又說：「光知道拜佛、念佛不懂心上用功都是無關修佛」外，小師記憶最深的就是這句話。而所謂「正法修行」經小師研讀表述於前大致可以用「明信因果」、「戒、定、慧、信、願、行」，「明悟自性佛」、「時時覺察心念」，所做所為知反省又能「不思憶」、「不分別、不執著」，一切又能心量廣大，於「本來無一物」的心地上做功夫或修證，才能稱得上「正法」修行。瞭此、向此、行此方為「佛門中人」，否則就是外道，所以不論教內、教外、宗內、宗外，彼此還有什麼是好爭的？

6、「菩薩道亦不可執」：如果緣者前者的道理都懂的話，就能知道這句話的意思了，所以陳師姊對小師說過不下數次的認為「執著」菩薩道的修行人，就是「菩薩的心垢」，是不能解脫成佛的，這些比較深邃、細緻的道理在「金剛經」、「六祖壇經」都已細說了，這也是為何佛法談到最後會告訴你「佛法如筏，河渡需捨」的道理，也是「本來無一物」或「一絲不立」又不礙世間萬法的主因。

7、觀音菩薩與二十一位解脫眾：這個故事小師記得很深，但已忘記有無記述在「陳師姊故事」那章中，或文中是另有記述，但因無關了解「上、下集」，僅將此事的意涵表述在有關對佛法了解的問答中，不過小師走筆至此，記憶還很鮮明，就將此事在此敘述一下，當作補述也行。此事就是有日陳師姊與觀音菩薩及其他二十名修行人，並列在娑婆世界上空，他們都偏居在世間寺廟，默默修行。但是彼此間都不需言語，就能相互「印心」，彼此慶幸與祝賀超出六道輪迴，而不會退轉，也就是修完「上集」的人，連她共二十一人，而觀音菩薩僅陪同這些行者在側，並無言語。因有此事，所以陳師姊在昔日對小師說過：「真正的修行人大都是『偏居』在鄉間小寺，默默修行，不為人知，且絕非電視上或媒體上自謂或自詡『成佛做祖』的人」，不論其稱謂為何。就因有此事，小師才知道與堅信不管有多少徒眾，那些就算十萬、百萬信眾，甚至有全球網站，信眾多而自稱已「成佛做祖」的人，「貪享名聲供養」的人，絕非「佛門」正法修證之人。繼之，小師總想到那些人，果報為何，實不敢逆料。

8、佛仍演音教化十方菩薩，娑婆世界的清淨修行人仍能聽見：在小師行筆至本章時，才發現昔日小師未曾完全弄清楚當年陳師姊佛法「上、下集」的情境，也就是小師所謂的「小失誤」，已如前述。初探佛法時，小師曾認為基督教等一本「聖經」的經書便可了事，然而佛家卻經論萬千，不知如何下手，但搞清楚之後，才知道「佛法」傳布之深遠及十方各有菩薩渡世皆非子虛外，於是今日小師便逐平了昔日初入佛門探索「佛學之海」時迷惘的小小埋怨。更欣喜的是了解到，真實佛法會永存在真正清淨修行人，不會斷絕。事實上，在今生小師體會更多的經驗與感覺是，真心學佛的人，此生不論你程度、根基為何，或基於前世今生之願，或今生的認真求取，一定會遇到能指引緣者一程的「善知識」或「菩薩」，再續佛緣與修行，而這通常會發生在人生吃過苦頭之後，不過會否錯失或輕忽，則似依個人的「因緣」與「願力」而定了，因為大小「菩薩」終究未曾遠離這世間。

9、「不傷自己、不傷他人」：這是小師行筆至此，最近一次見到陳師姊，陳師姊見今日世道及修行「菩薩道」的情況，殷殷叮囑小師的一句話，而於此再次提上一筆。至於意涵，小師後來發現，曾在當年「陳師姊故事」一章中有關「上、下集」佛法中的問答，關於「處事圓滿」一節文字中已有細表，於此就不再贅述。

10、自動念佛機：在前文已述及，在此再提一次，只要睡前能輕念佛號，念到睡著，則佛號可入人潛意識，佛號會隨緣自顯、自念，這是小師親身體驗的，也是小師深知陳師姊打坐時佛號自動不念而念，響徹山谷的主因，於此鄭重再提一次，分享緣者，但小師不敢保證緣者會有此效果。

(五)觀念、經驗、習氣與修證：這裡小師有個大題小作的題目想表述一下，因為「人」是小師從小偏愛觀察、研究的一個項目，而從比較人文的角度來說，人說穿了是種觀念及經驗影響的結果的一種思維與習性系統而已。於是學理工科學看這世界看人、看宗派、看佛法，結果可想而知，上焉者、下焉者各有不同，反之、迎之皆有不同。學人文的也好不了哪裡，學史的、學思想、學人文、宗教的，認為佛法可能只是一頁歷史、思想或人類文明的創發而已。即使是有了「科學無法解釋」的「神跡」的體認，或是已是步入各種宗教也鮮少溫和持平的去審視各宗教的真實內涵與去了解「佛法」是一種「修證」之學。於是，小師就曾聽過將宗教比擬只是一種安撫人心或思想更激進的說法，那就是「不過是一種『催眠』」，那麼就算了解「佛法」是種「修證」之學，也就常用教外之氣功、仙家、道家、靈學或新時代叢書的「高靈」來比擬或自認修證「佛法」，小師認為那些也沒有必要或者說亦有謬誤的危險，但是卻是此世間常見之事。小師為什麼這麼說，或是要說的是什麼呢？簡單的來說，人是種觀念、經驗與習性的系統，一般人所學到的觀念、經驗與習性，永遠是二元對立的觀念與經驗，他們無法跳脫與理解，「佛法」有超越二元對立或出世的一面，因為「佛法」始終是「修證」之學，就算有人了解「佛法」是「修證」之學，或者是「修心」之學，也容易拿其他的宗教或前述所說仙、道、靈、氣種種比擬或自創或自認是在「修證」佛法，會有這種現象或亂象，佛經講一句「末法時期」或「隨業發現」就應可解釋完了。但是談「修心」或「修證」小師發現比擬、自認是「修證」佛法卻又比比皆是。固然佛法「修證」有「八萬四千法門」可入，但「近似佛法」的也不在少數，真實的佛法從中匯歸只有一乘，就是修證「本來面目」（本心）的「心乘」而已。而且要「如法修行」或「正法修行」，方可到達彼岸，捨此皆非，這也是陳師姊所說：「不論身處教內或教外，能依正法修行則為佛門中人，否則即是外道」的意思。而小師從另外的角度說，不管你是何種的觀念、經驗與習性系統，或自認或比擬，不能知泯除「知見」如法修證「本來面目」則與了解「佛法」或修證仍有距離，只是身在其中，不自知而已。

(六)人生:「生從何來?死從何去?」這是人生的謎，也是人生的課題，小師開始知道這個課題，大概還是懵懂的年少，到了青壯年才知道那是多麼嚴肅的一個課題。在這過程，看到了所謂命好的人，學習者所謂新式包裝的「達爾文主義」的西方思潮的教育，競爭、成功、享樂，然後希望他們的子女也能複製他們的經驗，然後「望子女成龍鳳」，然後便可告慰一生。直到一些「無常」或痛苦，才會接觸那個命題，才會思索「人生」有何意義，才知道世界上最公平、正義的是「生、老、病、死」，不論多顯要、權貴，都是如此一般。然後也許才瞭知一生的暢快，是會有多少「罪業」在其中，如果他能接觸「佛法」才會瞭知，終究在輪迴中「人生」不過是輪迴六道中可能僅是、僅比「畜生道」更長的一段「生命」而已，然而終究是「夢幻泡影」，「萬般帶不去」。而所謂「命不好」的人，不是為自己或子女的生存工作、生存、生活的所逼，過了一天又一天，就算有時能觸及那個嚴肅命題，或「人生的意義」，也不能深刻的去探討出什麼答案出來，因基本的生存與生活就足以逼得他們艱辛的走下去，一直到「無常」或「死亡」來臨。對他們來說，「人生」或「生命」可能只是一種「艱辛」、「迷惘」與「無奈」，很難再說上什麼。於是小師發現「命好又不會太好」、「命不好又不會太不好」或者是前述的那二種人在苦、痛、「無常」或命運的轉機下，才會有真正的契機，去真正深刻接觸那個命題或思索「人生的意義」。而就「人生的意義」這個問題上，大致似乎存在一個光譜的兩端，一個是「人生或生命是無意義」，這端通常是心靈在生活有過重大折傷，或是心思極為聰明與敏感的人，在看破所謂人世間冷暖與虛妄的人的一個選項與答案;

而另一端的答案與選項是「人生是來學習或做功課的」，通常他們是從另一端艱辛的走出及較幸運的人，或經由一些有關靈性的書籍或「善知識」的引導，來確信這一個答案與選項，而光譜中間則存在無數的答案與選項。發現「人生」並沒有什麼意義的人，在那當下，有人會想到自殺，事實上，小師相信很多人在人生的某個階段、某個坎時會閃過這個念頭，直到生命中一些本能的力量或其他機緣的力量來喚醒你超越那個坎。這裡，小師必須鄭重的告訴緣者，希望緣者也能轉告他人，民俗或靈學的一種說法：「自殺的人，會日日月月的重複表演自己自殺那一幕，直至其陽壽該盡或是有人超渡，才有出期」，這個說法是存在的、是事實的。這不僅是小師研究各種靈學、靈異事件所信的，也經陳師姊確認的，所以絕對不可自殺。至於為何是這樣？有的說自殺者的執念，令其在法界會重演，或法界的法度如此或未完成生命的功課則莫衷一是，但這種事實的確是存在的。然而脫離「想死」解決「人生」的那階段後，自然而然隨緣順命去迎接後續的人生，也許是渾渾噩噩，也許是積極奮發，又也許在經觀自己或他人的人生滄桑，或沉靜的夜晚翻閱一本好書、一章好文，你的靈性才再次甦醒，才知道「人生」是來學習、做功課的。學什麼？做什麼功課呢？在所有有關心靈的書文中，恐怕最多與最容易了解與接受的是一個個「前世今生」不容否認的事實與故事，那裡會存在各種的答案，也許是要學「勇氣」、「負責」、「堅忍」、「寬容」、「慈愛」……或是一了前世的「恩怨情仇」，在看過那無數的故事後你才能開始「靈性」或「心靈」的釋懷，你才算開始解為何要來這人世界過著總有一些不如人意的生活或者經歷這種人生。繼之，如果緣者是睿智與幸運的，與宗教知識中遊歷，最後你會發現與驚覺，所謂一篇篇的「前世今生」的故事，不過是一篇篇「心的故事」與「輪迴中的故事」。此時，而你也正在撰寫著一篇篇的「心的故事」與「輪迴中的故事」，那麼你會對「生從何來?死從何去?」或是「人生的意義」這類問題，會有一種嶄新又嚴肅地看待與抉擇，你才會從汲汲近視眼前的成敗得失，移往更深、更遠輪迴中「靈性的成長」，最後乃至瞭解學習「佛法」的必要與了解「佛法」的嚴肅與尊貴。

（七）相與本心：至深的感悟之一，萬事萬物，宇宙人生皆是「相」，連每個人與心的任何慾望與感觸皆是「相」。人人在各自他物相、人相、心相中互動，在互動中悲歡離合，世間更多聰明之士，只是在人世間逐相、避相而有喜怒哀樂而已。而很多自認瀟灑不羈、不執的人，其實只是在遂行自己的執著或者是貪、嗔、癡而已，主要是因為始終無法遠離「相」的羈絆，而自陷輪迴與因果。佛法告訴我們。「相」的接觸是不可免的，因為每一個相都有成就的因緣，只能「處相而離相」才不會「執著」，而這顯然與「心」的本質或者說是「本心」、「佛性」及其修證有關。而很多人不明如此，或者是從無盡的輪迴中已忘失如此，在次次的生生死死仍然是一頭迷糊，永無出期。為明此義，佛菩薩及修證有成來世渡眾的高僧大德，「掌握佛法、隨緣設說」的方式，從「緣起」、「五蘊皆空」到大乘三系的「般若中觀」、「唯識」、「如來藏」到「覺性」、「佛性」到「畢竟無說」，乍看只是歷史的演進結果，其實從「相」到「心」是種邏輯與經驗的必然。「談相明心」或「破相明心」也是唯一的主旨，因而真正的佛法是「知分別、而無分別」，是「知是非，而無是非」，是「真空萬有而歸真空」，是「不執善、也不執惡」，是「不礙、不離世法，又出世法的」，總之，從「相」與「心」的關係或直徹心源，緣者予以略思，當可立明佛法之旨，才能由「明心見性」一途，從心修證就路返家，別無他途，也無他旨。而得旨之人，就能盡通佛學、佛法，這是小師所深感與堅信的。

（八）再細說一點，人人輪迴，就是「觀念、經驗與習性」的動物，不免就是「情執」、「理執」或種種「我執」、「法執」，究其原因，不外是「因相成識」，受到各種「相」的牽引，而有了不同的「識種」或「習氣」，有了各種的「貪」、「嗔」、「癡」而不自覺或忘失「本心」。至死上焉者才曉得各種「執念」不過是一種「夢幻泡影」，下焉者，至死不休，共同的是再入輪迴，永無出期。是以大乘佛法從「般若掃相」至「唯識」談「存淨識掃劣識以獲『圓成實性』」，到「如來藏」如何重獲「本心」或「禪心」或是掃除妄念、劣習，來獲致「本心」、「真心」或「禪心」以達佛法旨趣或要稱為「佛旨」，本是歷史思想發展的必然。但是有不少數自認明「佛旨」的學者會質疑這種發展是否會偏離原始佛教，或獨崇大乘三系的哪一系才是比較符合「原始佛教或佛法」才是如法，或正法的而有了爭論與激辯。對此小師是深深地認為大可不必，因為佛法本是一味地，也就是說大乘三系是論述「解脫」於輪迴主旨下的三個切面。「般若掃相」是談人一入輪迴，污染的起源是在於「相」，所以掃相，入輪迴之後必然因相成識成習，是以「唯識」談存淨掃劣識、劣習等貪、嗔、癡等「識種」與「識變」之學，而「如來藏」談的是未入輪迴或解脫輪迴後的「本心」、「真心」或「禪心」、「佛心」的本來面目的本旨來切入。雖各有側重，其實大乘三系可說是漸進分層論述人因何沉淪六道輪迴不自知，到如何解脫於六道，返歸本源（本來面目）的修證之學。也可說是間接到直接的或遠近因地論述的側重差別而已，是以大乘三系是毫不衝突或逆背的。若緣者或學者會覺得衝突或逆背的。而欲獨尊一系必是有所執，而且忘卻佛法本是解脫輪迴的修證之學，而且旨趣終歸一心而一味，是以若有所執是人之執，非佛之執。而大乘三系所論述的東西，是否會偏離原始的佛教或佛法的旨趣而僅是一些學者或學僧在歷史的創發呢？答案是不會的，因為在原始佛教或佛法中，我們可以從阿含經得到「樸素的緣起論」或「十二緣起論」以及談論「五蘊」無常或無我，「心極光淨」、「心淨故眾生淨」分別是「般若中觀」、「唯識」及「如來藏」三系之真正起源。而現時所見三系的論著當然是古今中印大學者及修證之人始之為精緻化、理論化的結果，怎會有偏離原始佛教，只是較為繁複些而已。但是幸好的是古今中外乃至近世實修有成的聖者，以己身的修證與印證，甚至留下聖跡與珍貴的遺作，告訴芸芸眾生，無論從何門進入，皆可實修有成說。而這些聖者，小師認為最合理的解釋，就是他們本來是乘願而來的佛、菩薩或佛家聖者，所欲為唯一的事就是：希望芸芸眾生如他們一般「上求佛道、下化眾生」，並且以自身為證，說明佛法不虛，無門不實，終歸同旨，這點是小師此生最深的體悟，亦希望緣者同體深感之。

(九)書中第二章論及「中陰界」及靈界一段，乃小師研究佛法無心之得，但深感與中外靈學與命運之學相通，是以存錄，不足之處，就請就教方家及四方大德指正便是。

(十)無論「悟」或「未悟」小師強調推介緣者多用「覺照」來現察自己的「起心動念」或「執念」，因為「動念」或「執念」常來自吾人的「識習」或「識種」，就是這些「識習」、「識種」，使自己沉淪於六道輪迴，無法返歸本來而不自知。那些「執念」或「識種」絕非是一些人口頭說說：「我不執著」可以解決或了事的，那必須是一種心性上恆常的鍛煉或者是成為一種習性或「識種」，才有助於佛道的「修證」或進取。即便緣者是「未悟」那也是可以在六道輪迴中，有較好的去處與修行資糧的累積，這是小師深信的，是以小師強烈推介給各位緣者。另外，有些強大「執念」是覺照之後不易去除的，這時輔以「念佛號」或「打坐」，不論是強養定力或在定中加強「覺照」，便會較有清淨滅執之效，固然經數日或數月「執念」或「識種」仍未完全清除，但是認清這些執念或是識種是此世或累世所成，只要不認輸，常加用功，這些執念或識種中有被清除或清淨的一天，這是小師切望緣者深體與共勉的。

(十一)　「住」即「執」即有「煩惱」、「習氣」，有「煩惱」、「習氣」即有「粗、細惑」，有「粗、細惑」即需修持、修證，然而欲「全面修持」需從「悟」知「無所得」(即小師認為「泯除知見」或陳師姊所言「一切歸零」)方能出輪迴乃至成佛，是佛法主要的要旨，這是緣者需要體會與認知的。

(十二)　陳師姊曾說，對她而言，入「輪迴」不過是一齣又臭又長永無盡頭的連續劇，即使是現世的人生也僅不過是連續劇中的一集，這是她決志修行的主因。也曾說，這世界上有很多人是有恆心毅力能夠修行有成，只可惜他們都將他們的恆心毅力用於世間俗務，這是非常可惜的，這裡小師就用這段話來警勉緣者，希緣者善體之。

(十三)　對本書第四章無法消化的緣者，倒也不需勉強自己去完整了解，只要是看清大意，其他章看熟、看通，就無損你的修行之路。另外，佛既「無說」，那麼小師本書的千說萬說後，也終歸「無說」，方合「佛旨」，書中的千說萬說終究是僅讓緣者參酌、領會的而已，緣者若本書不契，自當請「谷歌菩薩」幫忙或向「大人」們問去，方是正解。此點切望緣者識之。

末語

小師不是什麼大修行人，勉強只能說小修之人，而逢奇緣，此生餘年再撰本書後部。也許是年逾花甲，竟斷斷續續的寫了近兩年，原思可能力有不逮，但終蒙佛力護佑，勉力成書。至此，當說已說，說無不盡，說無不實。此世雖不知何因，但因緣在我之事的心願已了，希望後世緣者能從本書有感有醒，則足慰寅夜執筆之勞。一生心血所注所習就將本書獻給曾習、現習、將習佛法之人，於末除願緣者福壽吉祥，早成道果外，倉促成書，失檢之處，深望緣者海涵是幸。

小師竟書於新北陋室
民國108年9月

本書蒙小友張哲維君與蘇振傑君協助潤校，特此銘記感激

封面及書中照片為淨師父(陳師姊)近照

如欲索取本書電子檔案請與 doon44doon44@gmail.com 聯繫

國家圖書館出版品預行編目資料

佛法上下集：真實的佛法與佛學研究／小師著.
--初版. --臺中市：白象文化，2020. 12
面；　公分.
ISBN 978-986-5526-70-2（平裝）
1. 佛教　2. 佛教修持
220　　109010898

佛法上下集：真實的佛法與佛學研究

作　　者　小師
校　　對　張哲維
排　　版　張哲維
專案主編　吳適意
出版編印　吳適意、林榮威、林孟侃、陳逸儒、黃麗穎
設計創意　張禮南、何佳諠
經銷推廣　李莉吟、莊博亞、劉育姍、李如玉
經紀企劃　張輝潭、洪怡欣、徐錦淳、黃姿虹
營運管理　林金郎、曾千熏
發 行 人　張輝潭
出版發行　白象文化事業有限公司
412台中市大里區科技路1號8樓之2（台中軟體園區）
出版專線：（04）2496-5995　傳真：（04）2496-9901
401台中市東區和平街228巷44號（經銷部）
購書專線：（04）2220-8589　傳真：（04）2220-8505
印　　刷　基盛印刷工場
初版一刷　2020 年 12 月
定　　價　350 元